新工科·普通高等教育汽车类系列教材

智能网联汽车技术基础

主 编 李 刚
副主编 刘姝依 李贵远 李 宁
参 编 白鸿飞 王东兵 白云龙 李继庆 王华东

机械工业出版社

智能网联汽车是智慧交通的核心组成部分，是智能汽车与车联网结合的产品。本书以智能网联汽车为主体，结合智能网联汽车技术框架进行编写。本书共 10 章，分别介绍了绪论、智能网联汽车车联网技术、智能网联汽车线控底盘技术、智能网联汽车环境感知技术、智能网联汽车定位技术、智能网联汽车决策与规划技术、智能网联汽车控制技术、智能网联汽车测试与评价技术、智能网联汽车智能驾驶辅助系统、无人驾驶方程式赛车关键技术。

本书结构严谨、逻辑性强、体系完备。本书配备的习题与对应的理论知识点紧密结合，习题的难易程度适中，实践性和针对性较强。

本书可作为应用型本科学校和高职院校汽车相关专业及智能网联汽车技术专业的学习教材，也可作为汽车相关机构进行技术培训学习用书。

图书在版编目（CIP）数据

智能网联汽车技术基础/李刚主编. —北京：机械工业出版社，2023.12（2025.6 重印）

新工科·普通高等教育汽车类系列教材

ISBN 978-7-111-74406-1

Ⅰ.①智… Ⅱ.①李… Ⅲ.①汽车-智能通信网-高等学校-教材 Ⅳ.①U463.67

中国国家版本馆 CIP 数据核字（2023）第 236123 号

机械工业出版社（北京市百万庄大街 22 号　邮政编码 100037）
策划编辑：刘元春　　　　　　责任编辑：刘元春
责任校对：张爱妮　张　薇　　封面设计：王　旭
责任印制：单爱军
北京盛通数码印刷有限公司印刷
2025 年 6 月第 1 版第 2 次印刷
184mm×260mm·10.75 印张·265 千字
标准书号：ISBN 978-7-111-74406-1
定价：39.00 元

电话服务　　　　　　　　　网络服务
客服电话：010-88361066　　机　工　官　网：www.cmpbook.com
　　　　　010-88379833　　机　工　官　博：weibo.com/cmp1952
　　　　　010-68326294　　金　书　网：www.golden-book.com
封底无防伪标均为盗版　机工教育服务网：www.cmpedu.com

前 言

智能网联汽车是当今汽车领域研究的热点，也是汽车发展的方向，积极发展智能网联汽车已成为我国创新发展的战略。智能网联汽车融合了车联网技术、线控底盘技术、环境感知技术、定位技术、决策与规划技术、整车控制技术等多种技术，是多学科领域理论和技术高度集成的产品。随着传感器技术、信息技术、人工智能技术等的不断进步和智能交通的不断发展，智能网联汽车技术必将日益完善。目前世界各国的汽车公司、造车新势力和科研机构都在不断推出自己的智能网联汽车技术及产品，港口、码头、矿山等特定场景部分实现了智能网联汽车应用，城市出租车、公交车也逐渐成为智能网联汽车的重要推广领域。智能网联汽车将带动上下游多个产业链发展，其产业将成为国家重要经济支柱。

世界主要汽车强国都在聚焦于进行智能网络汽车关键技术的攻关，并制定相关政策、法规，推进技术革新和产业发展。随着智能网联汽车热潮的兴起，当前国内整车厂、零部件供应商、新兴自动驾驶初创公司等，在智能网联汽车方面进行了大规模投入，而相关领域人才短缺是目前急需解决的问题，因此需要高度重视对该相关专业人才的培养工作，满足产业发展对人才数量和质量的需求。

党的二十大报告中强调"必须坚持科技是第一生产力、人才是第一资源、创新是第一动力，深入实施科教兴国战略，人才强国战略，创新驱动发展战略，开辟发展新领域新赛道，不断塑造发展新动能新优势"。智能网联汽车作为我国的战略新兴产业，其快速发展与人才培养之间矛盾日益突出，智能网联汽车人才培养是当前急需解决的问题。世界各国高等教育都在大力进行智能网联汽车人才培养，完善相关领域人才培养体系。本书通过对智能网联汽车技术进行介绍，将科学知识与人才培养相结合，有利于实现创新型人才培养。

本书共10章，分别介绍了绪论、智能网联汽车车联网技术、智能网联汽车线控底盘技术、智能网联汽车环境感知技术、智能网联汽车定位技术、智能网联汽车决策与规划技术、智能网联汽车控制技术、智能网联汽车测试与评价技术、智能网联汽车智能驾驶辅助系统、无人驾驶方程式赛车关键技术。

本书主要面向应用型本科院校及高职院校本科生、从事智能网联汽车技术的研发人员以及热爱智能网联汽车技术的读者。本书是辽宁工业大学的立项教材，并由辽宁工业大学资助出版。全书由辽宁工业大学智能网联汽车技术基础课程组编写，辽宁工业大学李刚任主编，李刚编写第1章、第3章、第4章，李贵远编写第2章、第5章，李宁编写第6章、第7章的7.1、7.2节，白云龙编写第7章的7.3节，李继庆编写第7章的7.4节，刘姝依编写第8章，白鸿飞编写第9章，王东兵编写第10章的10.1、10.2节，王华东编写第 10 章的 10.3、10.4 节。

本书的出版还得到了教育部产学合作协同育人项目（220300805234738）的资助，特此致谢。同时，本书的编写得到了辽宁工业大学、苏州清研车联教育科技有限公司、锦州万得汽车集团有限公司、沈阳东信创智科技有限公司的大力支持，在此一并表示感谢。

由于编写时间短、编者水平有限，书中难免有疏漏和不足之处，请读者批评指正。

编　者

思政二维码索引表

二维码名称	二维码	位置/页
中国创造：无人驾驶		6
科技让通信更便捷		20
北斗：想象无限		63
新时代北斗精神		162

目　录

前言
思政二维码索引表

第1章　绪论 ·· 1

1.1　智能网联汽车定义与分级 ·· 1
1.2　智能网联汽车发展概述 ·· 3
1.3　智能网联汽车关键技术 ·· 4
课后习题 ··· 6
参考文献 ··· 6

第2章　智能网联汽车车联网技术 ··· 7

2.1　车联网概述 ·· 7
　　2.1.1　基本概念 ·· 8
　　2.1.2　车联网的基本框架 ·· 9
　　2.1.3　车联网的技术路线 ·· 9
2.2　车联网应用技术基础 ·· 12
　　2.2.1　基于中间件的车联网通信技术 ··· 12
　　2.2.2　车联网安全技术 ··· 17
课后习题 ··· 20
参考文献 ··· 20

第3章　智能网联汽车线控底盘技术 ·· 21

3.1　线控转向技术 ··· 21
　　3.1.1　线控转向系统简介 ·· 21
　　3.1.2　线控转向系统组成和工作原理 ··· 21
3.2　线控驱动技术 ··· 22
　　3.2.1　线控驱动系统简介 ·· 22
　　3.2.2　线控驱动系统组成和工作原理 ··· 22
3.3　线控换档技术 ··· 23
　　3.3.1　线控换档系统简介 ·· 23

3.3.2　线控换档系统组成和工作原理 23
3.4　线控制动技术 24
　　3.4.1　线控制动系统简介 24
　　3.4.2　线控制动系统组成和工作原理 24
3.5　线控悬架技术 26
　　3.5.1　线控悬架系统简介 26
　　3.5.2　线控悬架系统组成和工作原理 26
3.6　滑板底盘技术 27
课后习题 28
参考文献 28

第4章　智能网联汽车环境感知技术 29

4.1　传感器介绍 29
　　4.1.1　激光雷达 29
　　4.1.2　毫米波雷达 32
　　4.1.3　超声波雷达 33
　　4.1.4　视觉传感器 36
4.2　多传感器融合感知技术 40
　　4.2.1　多传感器融合的定义 40
　　4.2.2　多传感器融合的体系结构 40
　　4.2.3　多传感器融合的方案 42
4.3　目标检测技术 45
　　4.3.1　车道线检测技术 45
　　4.3.2　行人和车辆检测技术 47
　　4.3.3　交通信号灯和交通标志检测技术 49
课后习题 51
参考文献 51

第5章　智能网联汽车定位技术 52

5.1　全球导航卫星系统（GNSS） 52
　　5.1.1　GPS定位系统 52
　　5.1.2　BDS定位系统 54
5.2　差分定位技术 54
5.3　惯性导航定位技术 56
5.4　地图匹配定位技术 58
　　5.4.1　地图匹配常用算法 58
　　5.4.2　地图匹配影响因素 60
5.5　同时定位与建图技术 60
　　5.5.1　视觉SLAM 60

VII

5.5.2　激光 SLAM ……………………………………………………… 62
　课后习题 …………………………………………………………………………… 63
　参考文献 …………………………………………………………………………… 63

第6章　智能网联汽车决策与规划技术 …………………………………… 64

　6.1　决策与规划概述 …………………………………………………………… 64
　　　6.1.1　决策与规划基本概念 ………………………………………………… 64
　　　6.1.2　决策与规划体系结构 ………………………………………………… 65
　　　6.1.3　决策与规划方法介绍 ………………………………………………… 67
　6.2　行为预测和决策 …………………………………………………………… 68
　　　6.2.1　交通环境行为预测 …………………………………………………… 68
　　　6.2.2　车辆行为决策 ………………………………………………………… 71
　　　6.2.3　马尔可夫决策过程 …………………………………………………… 73
　6.3　路径规划 …………………………………………………………………… 73
　　　6.3.1　环境地图的表示方法 ………………………………………………… 74
　　　6.3.2　全局路径规划 ………………………………………………………… 75
　　　6.3.3　局部路径规划 ………………………………………………………… 87
　6.4　决策与规划技术发展 ……………………………………………………… 92
　课后习题 …………………………………………………………………………… 93
　参考文献 …………………………………………………………………………… 93

第7章　智能网联汽车控制技术 …………………………………………… 94

　7.1　经典控制理论 ……………………………………………………………… 94
　7.2　现代控制理论 ……………………………………………………………… 95
　　　7.2.1　模糊控制 ……………………………………………………………… 96
　　　7.2.2　线性二次型最优控制 ………………………………………………… 97
　　　7.2.3　滑膜控制 ……………………………………………………………… 97
　　　7.2.4　模型预测控制 ………………………………………………………… 99
　　　7.2.5　神经网络控制 ………………………………………………………… 101
　　　7.2.6　自适应控制 …………………………………………………………… 101
　7.3　汽车模型 …………………………………………………………………… 102
　　　7.3.1　模型概述 ……………………………………………………………… 102
　　　7.3.2　运动学模型 …………………………………………………………… 102
　　　7.3.3　动力学模型 …………………………………………………………… 103
　7.4　汽车运动控制 ……………………………………………………………… 105
　　　7.4.1　预瞄跟随控制 ………………………………………………………… 105
　　　7.4.2　前馈控制 ……………………………………………………………… 106
　　　7.4.3　反馈控制 ……………………………………………………………… 107
　　　7.4.4　前馈-反馈控制 ……………………………………………………… 107

7.4.5　横向控制 …… 107
　　　7.4.6　纵向控制 …… 108
　　　7.4.7　横纵向协调控制 …… 109
　课后习题 …… 109
　参考文献 …… 110

第8章　智能网联汽车测试与评价技术 …… 111

8.1　测试与评价技术概述 …… 111
　　　8.1.1　测评目的 …… 112
　　　8.1.2　通用测试原理 …… 113
8.2　测试方法 …… 114
　　　8.2.1　模型在环、软件在环测试方法 …… 115
　　　8.2.2　硬件在环测试方法 …… 115
　　　8.2.3　车辆在环测试方法 …… 115
　　　8.2.4　道路在环测试方法 …… 116
8.3　评价方法 …… 117
　　　8.3.1　常见的通用评价方法 …… 117
　　　8.3.2　常见的安全评价方法 …… 118
　课后习题 …… 118
　参考文献 …… 118

第9章　智能网联汽车智能驾驶辅助系统 …… 120

9.1　智能驾驶辅助系统概述 …… 120
9.2　自适应巡航控制系统 …… 121
　　　9.2.1　自适应巡航控制系统概述 …… 121
　　　9.2.2　自适应巡航控制系统组成 …… 122
　　　9.2.3　自适应巡航控制系统工作原理 …… 123
9.3　车道保持辅助系统 …… 123
　　　9.3.1　车道保持辅助系统概述 …… 123
　　　9.3.2　车道保持辅助系统组成 …… 124
　　　9.3.3　车道保持辅助系统应用 …… 125
9.4　车道偏离预警系统 …… 125
　　　9.4.1　车道偏离预警系统概述 …… 125
　　　9.4.2　车道偏离预警系统组成 …… 126
　　　9.4.3　车道偏离预警系统应用 …… 127
9.5　自动紧急制动系统 …… 127
　　　9.5.1　自动紧急制动系统概述 …… 127
　　　9.5.2　自动紧急制动系统组成 …… 128
　　　9.5.3　自动紧急制动系统应用 …… 129

9.6 自动泊车辅助系统 129
  9.6.1 自动泊车辅助系统概述 129
  9.6.2 自动泊车辅助系统分类 129
  9.6.3 自动泊车辅助系统组成 130
课后习题 132
参考文献 132

第10章 无人驾驶方程式赛车关键技术 133

10.1 无人驾驶方程式赛车架构 133
  10.1.1 无人驾驶方程式赛车硬件架构 134
  10.1.2 无人驾驶方程式赛车软件架构 137
10.2 无人驾驶方程式赛车环境感知 138
  10.2.1 基于激光雷达的锥桶检测算法研究 139
  10.2.2 基于摄像头的锥桶检测算法研究 145
10.3 无人驾驶方程式赛车路径规划 151
  10.3.1 直线加速 152
  10.3.2 8字环绕 154
  10.3.3 高速循迹 155
10.4 无人驾驶方程式赛车运动控制 156
  10.4.1 无人驾驶方程式赛车横向运动控制 156
  10.4.2 无人驾驶方程式赛车纵向运动控制 156
  10.4.3 无人驾驶方程式赛车横纵向协调控制 157
课后习题 162
参考文献 162

第1章 绪 论

学习目标

1. 了解智能网联汽车的定义。
2. 了解自动驾驶的分级。
3. 掌握智能网联汽车关键技术。

1.1 智能网联汽车定义与分级

智能网联汽车（Intelligent and Connected Vehicle，ICV）是指搭载先进的车载传感器、控制器、执行器等装置，融合车联网、5G和V2X（Vehicle-to-Everything）等现代通信与网络技术，实现车与X（车、路、人、"云"等）智能信息交换、共享，并逐渐具备复杂环境感知、智能决策、协同控制等功能，且可实现安全、高效、舒适、节能行驶，最终实现无人驾驶目标的新一代汽车，如图1-1所示为智能网联汽车示意图。

智能网联汽车技术包括智能汽车技术、车联网技术两部分。智能汽车也称为自动驾驶汽车，车上装载先进电控系统，应用人工智能、大数据、云计算等新技术，该类汽车具有自动控制功能，是一种智能移动的新型汽车，如图1-2所示为智能网联汽车发展路线。车联网采用先进的网络通信技术，能够实现车内、车—车、车—路、车—人、车—云等网络联接，即形成V2X网络体系，利用此网络体系可提高车辆智能化水平、提升交通效率、为使用者提供更安全的综合服务、改善驾乘体验。智能汽车技术和车联网技术相辅相成，因此智能网联汽车是智能汽车和车联网二者的集合体。

图1-1 智能网联汽车示意图

美国汽车工程师学会（Society of Automotive Engineers，SAE）在SAE J3016中提出了自动驾驶分级方案，分别是L0级（无自动化）、L1级（辅助驾驶DA）、L2级（部分自动化

1

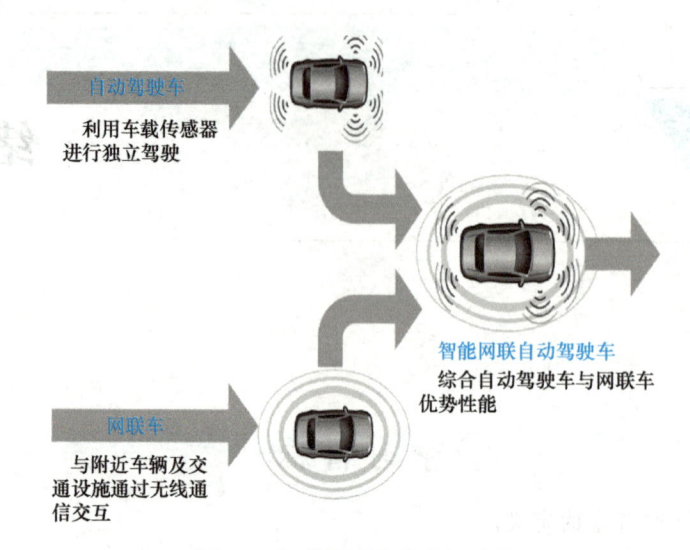

图 1-2　智能网联汽车发展路线

PA)、L3 级（带条件自动化 CA）、L4 级（高度自动化 HA）、L5 级（完全自动化 FA），此分级方案是当前被普遍采用的标准，具体见表 1-1。L0 级是没有驾驶辅助的人类驾驶，L1 级~L5 级对应着智能驾驶的不同程度，最后一级是完全自动化，是指汽车在没有驾驶人的操作下可以完成驾驶任务。

表 1-1　美国汽车工程师学会自动驾驶分级

分级	名称	定义	驾驶操作	环境监控	监控干预	系统接管
L0 级	无自动化	一切靠自己	驾驶人	驾驶人	驾驶人	—
L1 级	辅助驾驶 DA	根据环境信息，能够为驾驶人提供在汽车转向、加速和制动方面的提醒	驾驶人或机器	驾驶人	驾驶人	特定路况
L2 级	部分自动化 PA	根据汽车所处的环境状态，能够辅助驾驶人在汽车转向、加速和制动等方面进行辅助支援	机器	驾驶人	驾驶人	部分路况
L3 级	带条件自动化 CA	可提供综合辅助功能，如环境感知，知道道路状况、天气等。在自动驾驶无法应对时，有足够的空间将控制权交还给驾驶人	机器	机器	人类	某些路况
L4 级	高度自动化 HA	增加回退系统，即系统性的失效发生时能够最小化风险，打开警告灯，停在路边	机器	机器	机器	大部分路况
L5 级	完全自动化 FA	车辆智能化，达到人类驾驶水平，可以处理所有的状况	机器	机器	机器	全部路况

我国关于自动驾驶分级与美国汽车工程师学会分级标准类似，制定了《汽车驾驶自动化分级》，将驾驶自动化分为 0 级~5 级，见表 1-2。

表 1-2 我国自动驾驶分级

分级	名称	车辆横向和纵向运动控制	目标、事件探测与响应	动态驾驶任务接管	设计运行条件
0 级	应急辅助	驾驶人	驾驶人及系统	驾驶人	有限制
1 级	部分驾驶辅助	驾驶人及系统	驾驶人及系统	驾驶人	有限制
2 级	组合驾驶辅助	系统	驾驶人及系统	驾驶人	有限制
3 级	有条件自动驾驶	系统	系统	动态驾驶任务接管用户	有限制
4 级	高度自动驾驶	系统	系统	系统	有限制
5 级	完全自动驾驶	系统	系统	系统	无限制

根据实现的功能不同，智能网联汽车网联化方面分为网联辅助信息交互、网联协同感知、网联协同决策与控制三个网络通信级别，见表 1-3。

表 1-3 网络通信分级

分级	名称	定义	典型信息	传输需求
1	网联辅助信息交互	基于车—路、车—后台通信，实现导航等辅助信息的获取，以及车辆行驶与驾驶人操作等数据的上传	地图、交通流量、交通标志、油耗、里程等信息	传输实时性、可靠性要求较低
2	网联协同感知	基于车—车、车—路、车—人、车—后台通信，实时获取车辆周边交通环境信息，将获取信息与车载传感器的感知信息融合后，作为自主决策与控制的输入信息	周边车辆、行人、非机动车位置、信号灯相位、道路预警等信息	传输实时性、可靠性要求较高
3	网联协同决策与控制	基于车—车、车—路、车—人、车—后台通信，实时并可靠获取车辆周边交通环境信息及车辆决策信息，车—车、车—路等各交通参与者之间信息进行交互融合，形成车—车、车—路等各交通参与者之间的协同决策与控制	车—车、车—路间的协同控制信息	传输实时性、可靠性要求最高

第一级别主要起辅助作用，用于信息的交互，对传输实时性和可靠性要求较低。第二级别主要是 V2X 网络体系与交通参与者的交互，可辅助车载传感器进行信息的融合，对传输实时性和可靠性的要求较高。第三级别可实现协同决策与控制的功能，真正做到信息交互融合。

1.2 智能网联汽车发展概述

智能网联汽车成为当今汽车发展的主要潮流，是世界汽车强国创新发展战略的重点。搭载先进传感器的智能网联汽车，结合先进网络通信技术，通过控制器、执行器，能够实现对复杂环境的感知、智能化决策、车与 X（车、路、人、"云"）的协同控制，从而将物联网技术在智能交通领域进行延伸。

早在 20 世纪 80 年代，控制器局域网（Controller Area Network，CAN）总线通信协议被德国博世集团公司开发设计出后，它凭借着网络通信结构和无延时传输的优点使车辆中可以搭载更多的传感器，为智能网联汽车单车智能化、网联化提供了重要支撑。

20世纪90年代，全球定位系统（Global Positioning System，GPS）开始得到广泛应用，汽车导航成为可能。美国率先提出了智能交通系统（Inteligent Transportation System，ITS）的想法，1995年ITS的项目规划被正式承认并且得到实施，推动智能网联汽车技术进入了快速发展阶段。2000年后，美国相关政府和交通部等多个部门开始大力扶持车联网领域的技术研发。2009年谷歌开始了自己的无人驾驶汽车项目。在2010年后，随着各种先进的技术被搭载于汽车中，智能网联汽车项目取得初步的成果，研究者们开始注重研究和测试网联汽车技术，并极力推动自动驾驶汽车的研发，《自动驾驶法案》和《自动驾驶汽车3.0》由美国政府相继推出。

2000年后，欧洲的宝马、奔驰公司分别推出智能驾驶控制系统、车联网系统，提升驾驶的安全性，重点研发智能网联汽车可行性技术。日本的汽车公司在汽车智能驾驶方面也投入了较大的精力，重点研发智能汽车与智能交通结合技术。德国、日本等国家的顶级汽车公司纷纷进入智能网联汽车技术研发阶段，开发各自的自动驾驶汽车。造车新势力的苹果、特斯拉等公司也进入这一领域进行产品研发。

我国智能网联汽车发展迅速。2013年，在国家相关部门的支持下，中国汽车工程学会联合科研院所、车企、诸多部门开始关注中国智能网联汽车的发展，并积极推动成立一个共同的联盟或组织，旨在结合不同厂商的优势，共同进行智能网联汽车的研发。2015年，经过政府、科研院所和车企的推动下，进行了企业之间的技术共享和合作，开始完善我国智能网联汽车发展的相关技术和法规标准；随后，共同搭建了智能网联汽车协同创新技术平台，营造出一个智能网联汽车持久发展的环境。2016年，中华人民共和国工业和信息化部（以下简称工业和信息化部）和交通部联合汽车企业紧急制定出智能网联汽车发展战略和技术规范，并大力扶持智能网联汽车技术创新和示范试点工作。2018年，我国工业和信息化部印发了关于智能网联汽车的行动计划，在ITS、无人驾驶、智能网联汽车等交通领域要全方位发展。

2020年2月25日，工业和信息化部等十一部委联合制定发布了《智能汽车创新发展战略》，提出到2035年我国建成中国标准智能汽车体系。智能网联汽车在新一轮科技革命中起到引领作用，能够积极带动上下游多个产业发展，并且国家相继出台激励政策，支持基础性、关键性技术研发。

1.3 智能网联汽车关键技术

智能网联汽车融合了汽车、电子通信、计算机网络、模式识别、自动化、智能控制、交通等多个技术领域。

1）从功能角度上，智能网联汽车系统包括环境感知系统、定位导航系统、路径规划系统、运动控制系统、先进辅助驾驶系统、中央处理单元等，如图1-3所示。①环境感知系统通过车速传感器，加速度传感器，转向盘转角传感器、激光雷达、毫米波雷达、超声波雷达传感器，摄像头等多种传感器，感知车辆本身运动状态、周围环境信息。②定位导航系统使用GPS卫星定位系统对车辆进行定位导航。我国北斗导航卫星系统（Bei Dou Navigation Satellite System，BDS）为我国智能网联汽车发展提供很好支撑。③路径规划系统基于环境感知信息对车辆路径进行全局规划和局部规划。④运动控制系统主要功能是通过对线控底盘中转向、制动、驱动控制实现车辆按照期望路径进行行驶。⑤先进辅助驾驶系统是智能网联汽车重要组成部分,可以感知车辆及其周围情况,如果发现危险,能够提前进行预警或者控制车辆安全行驶,避免交通事故发生。⑥中央处理单元通过采集各种通信数据和信息,进行车载网络之间的通信,实现V2X网络体系间的信息交互,建立移动互联网络。

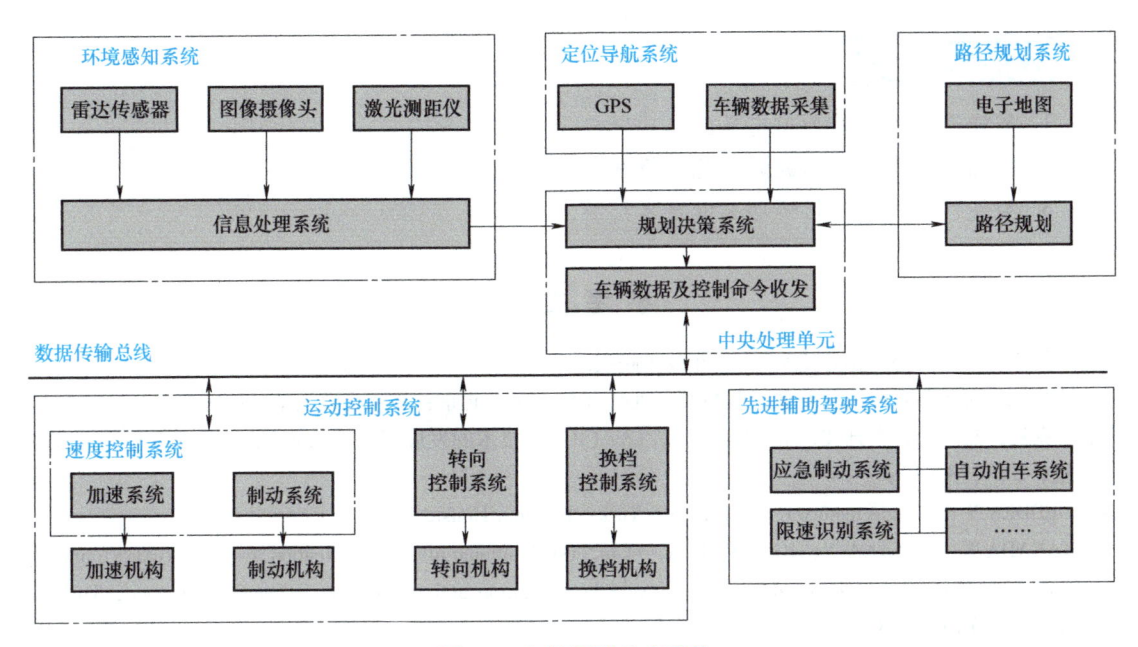

图 1-3　智能网联汽车系统

2) 从技术角度上,智能网联汽车由环境感知层、智能决策层、控制和执行层组成（图1-4）。①环境感知层通过环境感知系统、定位导航系统、无线通信和车载网联系统对车辆行驶状态、道路状况、行人、周围车辆等信息进行提取。②智能决策层接收环境感知层信息,并进行判断,通过路径规划系统对路径进行合理规划,并向控制和执行层发送指令。③控制和执行层通过运动控制系统,利用环境感知、行为决策、路径规划的结论,来控制车辆的位置、姿态、速度、加速度等,使车辆状况与最新决策相符合。

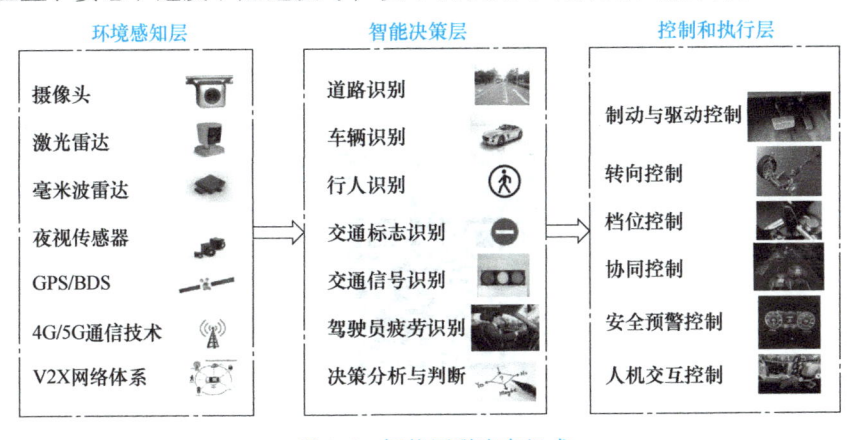

图 1-4　智能网联汽车组成

线控底盘技术、环境感知技术、定位技术、决策与规划技术、运动控制技术、测试与评价技术等构成了智能网联汽车的关键技术，每一项技术又涉及很多细分领域。基础支撑中不仅包含车载硬件平台，而且还包含配套的整车安全架构、软件平台，以及人因工程系统等。智能网联汽车研究领域虽然本身作为智能交通领域的子领域，却同时涉及计算机、大数据、通信等领域，甚至覆盖了路侧单元（Road Side Unit，RSU）等新基建领域。

【课后习题】

1. 智能网联汽车是如何定义的？
2. 我国将汽车自动驾驶分成几个级别？
3. 智能网联汽车包括哪些关键技术？

参考文献

[1] 中国汽车工程学会. 节能与新能源汽车技术路线图[M]. 北京：机械工业出版社，2016.

[2] 李聪聪. 面向车联网信息安全问题的安全机制研究[D]. 北京：北京交通大学，2019.

[3] 李克强，戴一凡，李升波，等. 智能网联汽车（ICV）技术的发展现状及趋势[J]. 汽车安全与节能学报，2017，8（1）：1-14.

[4] GEDDES N B. Magic motorways [M]. New York：Random Houses，1940.

[5] TAKADA K, TANAKA Y, IGARASHI A, et al. Road/automobile communication system（RACS）and its economic effect [C]// Proceeding of IEEE vehicle navigation and information Systems Conference, Toronto. Canada：IEEE，1989：15-21.

[6] 元卉. 智能网联汽车：提速发展市场升级[J]. 上海企业，2019（11）：20-23.

[7] 李子龙. 基于人工神经网络的智能汽车循迹控制研究[D]. 合肥：合肥工业大学，2019.

[8] 滑思忠. V2X关键技术在城市道路智能交通中的应用研究[D]. 西安：长安大学，2018.

[9] 宋炜炜. 基于时空信息云平台的空间大数据管理和高性能计算研究[D]. 昆明：昆明理工大学，2015.

[10] 苗莉. 边缘计算环境下安全防御模型及算法研究[D]. 北京：北京科技大学，2019.

[11] 廖明阳，刘兴伟，马宏亮. 智能网联汽车信息安全风控系统研究[J]. 计算机时代，2019（10）：19-23.

[12] 荀毅杰. 智能网联汽车CAN总线安全研究[D]. 西安：西安电子科技大学，2021.

中国创造：无人驾驶

第2章 智能网联汽车车联网技术

学习目标

1. 了解自主式与网联式智能汽车的特点。
2. 熟悉车联网的基本概念和类型。
3. 熟悉智能网联通信的基本需求和基本技术路线。
4. 了解基于 ROS 中间件应用程序的基本通信方式。
5. 了解车联网安全技术包括的基本内容。

2.1 车联网概述

智能汽车有两种基本类型,一种是自主式,一种是网联式。自主式智能汽车主要依靠车载传感系统获取环境信息并以此进行决策和控制车辆行驶;网联式智能汽车主要通过车载移动终端从路端或云端获取感知或决策信息,进而控制车辆运行。两种方式各有特色,前者不限于网络的覆盖,具有更高的自主性,但难以保证在雾雪等恶劣天气环境及遮挡、盲区等复杂交通场景下驾驶的安全性和可靠性;后者是促进自主式无人驾驶技术发展的有效途径,但需要大规模网络设施建设,同时也可能存在网络信息安全问题。自主式与网联式技术优缺点对比见表 2-1。

表 2-1 自主式与网联式技术优缺点对比

	自主式	网联式
优点	1. 系统独立,自主性高 2. 信息安全	1. 可降低车载传感要求、可降低成本 2. 通过数据共享,提高环境感知精度、可靠性,拓宽环境感知范围
缺点	1. 需要高端车规级、大算力芯片 2. 系统复杂、运维难度大 3. 成本偏高,在 10 万元以下车型中难普及	1. 需建设高速网络设施,前期投入大 2. 隐私保护较差、数据安全面临挑战 3. 易受网络性能影响,存在视觉死角

目前,商业化智能汽车的自动化水平已达到 L3 级,这些车辆基本上都是自主式,如

前所述，面对一些特殊场景，自主式存在难以克服的技术短板，这导致更高级别的自主式智能汽车的商业化发展遇到了瓶颈。自动化水平达到 L4~L5 级后，其最理想的技术路线是达到"车—路—云"三端之间的高度协同。网联化是解决高级智能驾驶（即无人驾驶）技术长尾效应的有效途径。可见，单车智能化水平的提高与网联化水平的提高紧密相关。美国、德国、日本、中国等国家都把智能网联汽车发展作为汽车产业发展的战略方向，所发布战略规划也各具侧重。如图 2-1 所示为各国单车智能化水平、网联化水平及战略优势。

美国、德国在汽车电子零部件供应商和整车厂方面具有很大优势，并以人工智能芯片企业为核心开展对车联网的布局。日本则借助国内较好的交通设施提升自身的车联网技术水平。我国是世界汽车产销量及市场需求的大国，因此通信产业得以迅速发展，这为车联网技术的发展奠定了基础，但我国在车规级的高精度传感器、核心算法、计算芯片、操作系统等方面与欧美发达国家相比仍具有一些差距。

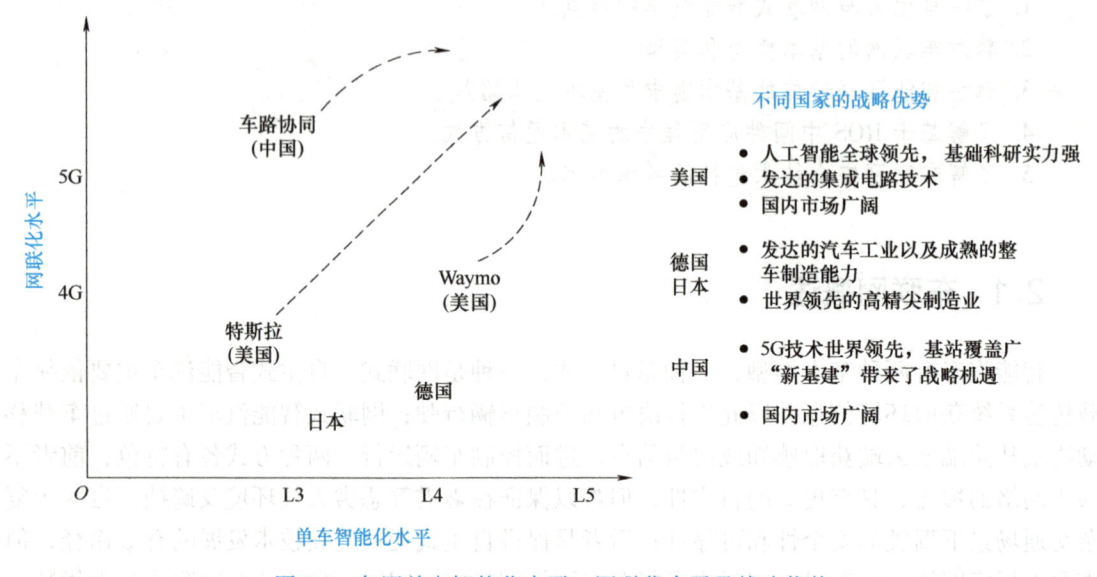

图 2-1 各国单车智能化水平、网联化水平及战略优势

2.1.1 基本概念

车联网也称为 V2X，是指车辆和其他车辆（或是可能影响车辆的设备）所进行的通信，包括车—车之间 V2V（Vehicle-to-Vehicle）、车—路之间 V2I（Vehicle-to-Infrastructure）、车—人之间 V2P（Vehicle-to-Pedestrian）、车—网络之间 V2N（Vehicle-to-Network）的通信。按照通信的空间范围车联网可分为车内网、车际网、车云网。

车内网：通过控制器局域网络 CAN 在执行部件、各检测部件和汽车内部控制系统之间进行数据的通信。

车际网：基于专用短程通信技术（Dedicated Short Range Communications，DSRC）或以蜂窝通信为基础的移动车联网（Cellular Vehicle to Everything，C-V2X）技术实现车—车、车—路间的无线通信。

车云网：通过 3G/4G 等通信技术实现车与互联网之间的无线通信。

2.1.2 车联网的基本框架

车联网基本框架是基于通信平台的，由车端、路侧端、云端所形成的闭环组合，主要由车载设备、路侧设备、云服务器、通信平台组成，如图2-2所示。

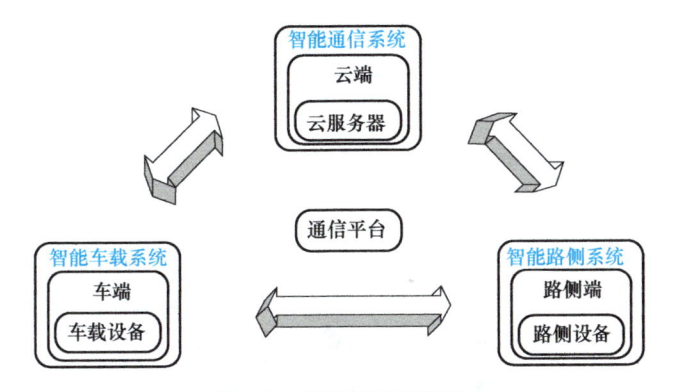

图 2-2 车联网基本框架

智能车载系统主要包括车载传感器、处理器。智能路侧系统主要包括路侧传感器、边缘服务器和远端服务器。智能通信系统由车载通信模块、移动通信基站、路侧通信模块以及其他通信设施构成，可实现车—路—云三端之间的信息传递。

2.1.3 车联网的技术路线

1. 智能网联的通信需求

自动驾驶系统处理的信息量巨大，信息传输的时效性对于车联网应用至关重要。自动驾驶系统若由于数据传输延时过长不能及时传达指令，将会威胁到驾驶人的安全。不同自动化水平的自动驾驶技术对通信技术要求不同，一般情况见表2-2。

表 2-2 不同自动化水平的自动驾驶技术对通信技术要求

自动驾驶分级	描述	传输延时/ms	传输速率/(Mbit/s)
L1	驾驶辅助：车道偏离警告、正面碰撞警告、盲区报警系统等。目前属于普及阶段	100~1000	0.2
L2	高级驾驶辅助：自动泊车、紧急车道辅助、紧急自动制动技术等。国外市场趋于成熟，国内也在逐渐应用	20~100	0.5
L3	驾驶人监控，汽车在特定驾驶路况下可自动控制行驶。目前大部分汽车企业都在积极研发此类汽车产品	10~20	16
L4	无须驾驶人监控，汽车在各种气候、路况的条件下，可实现自动驾驶	1~10	100

2. 基本技术路线

不同的应用采用不同的技术路线。智能网联汽车的低频率（<10Hz）、高时延（>100ms）应用，可通过LTE-V2X（4G）蜂窝通信技术实现；高频率（≥10Hz）、低时延（≤100ms）的应用，需要有DSRC或NR-V2X（5G）通信技术的支持才能实现。

DSRC（5.850~5.925GHz 共 75M 带宽）的通信距离一般为数十米，在小范围内，此技术可以实时和准确地双向传输数据，例如，传输语音和图像等。此技术主要用于车与车、车与路间的通信，例如路口信号灯警示、横向来车警示。DSRC 的组成主要包括专用短程通信协议、路侧单元（Road Side Unit，RSU）以及车载单元（On Board Unit，OBU），如图 2-3 所示为 DSRC 的组成。

图 2-3　DSRC 的组成

DSRC 标准化主要基于以下标准：IEEE 802.11p，它定义了汽车 DSRC 的物理标准；IEEE 1609，也称为车载无线通信标准（WAVE），它定义了网络架构与流程；SAE J2945 与 SAE J2735，定义了消息包中携带的信息。该数据信息包括汽车传感器的信息。

DSRC 采用主动式和被动式的输出方式。①DSRC 采取主动式时，RSU 和 OBU 均有振荡器，都可发射电磁信号。OBU 接收到 RSU 发出的询问信号，就会通过自身的电池能量给 RSU 发射信息。主动式的 OBU 需要配置电池。②DSRC 采取被动式时，RSU 发射电磁信号，激活 OBU，使其进入通信状态，并以切换频率反向输送给 RSU 信息。被动式的 OBU 对于电池的配置并无要求。

C-V2X 是我国具有自主知识产权的车联网技术，包括基于 4G 网络的 LTE-V2X（5.905~5.925GHz 共 20M 带宽）和基于 5G 网络的 NR-V2X。其标准协议架构由物理层、数据链路层和应用层组成。

物理层主要是底层协议，主要负责传输控制和失效服务、激活信道，具有定时收发及同步功能。数据链路层主要负责信息的可靠传输，以及差错与流量控制。应用层主要用于实现通信初始化、广播服务、释放程序、远程应用等相关操作。

基站和路侧单元以及用户终端组成 C-V2X，C-V2X 通信模式有短程直通链路式和蜂窝链路式。其中，短程直通链路式比蜂窝链路式基站覆盖范围更广。系统之间的负荷由直通通信（PC5）和蜂窝通信（Uu）合理分配。两种模式的互补，可快速实现车联网连续通信能力。PC5 接口在智能运输系统专用频段中，可支持低时延的业务，例如 V2P、V2V 等。Uu 接口可以在 4G 或者 5G 的频段中使用，同时支持下载地图等。

C-V2X 两种通信模式示意图，如图 2-4 所示。

DSRC 技术限于短距离信息传输，而 C-V2X 技术长短程均可覆盖，二者的比较见表 2-3。

图 2-4　C-V2X 两种通信模式示意图

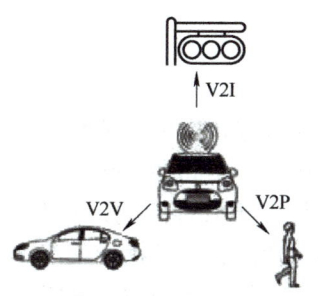

a) 短程直通链路式　　使用ITS频段(比如ITS5.9GHz)，可独立于蜂窝网络运作。主要用于短程(小于1km)

b) 蜂窝链路式　　使用传统移动宽带许可频段。主要用于长程(大于1km)

表 2-3　DSRC 和 C-V2X 对比

	DSRC	C-V2X
主导	欧洲国家、美国、日本、韩国	我国
联盟/组织	电子与电气工程师协会（IEEE, Institute of Electrical and Electronics Engineers）、美国国家高速路安全管理局（NHTSA, National Highway Traffic Safety Administration）、美国汽车工程师学会（SAE, Society of Automotive Engineers）	第三代合作伙伴计划（3GPP, 3th Generation Partnership Project）、5G 汽车联盟（5GAA, 5G Automotive Association）
主要支持者	原始设备制造商（OEMs, Original Equipment Manufactures）、Tier1 一级供应商	运营商、通信设备商
代表企业	通用汽车公司、丰田汽车公司、恩智浦	AT&T（美国电话电报公司）、华为技术有限公司、中国大唐汽车集团公司、高通汽车有限公司
成熟度	高（1980 年至今） 起步早，产业成熟，但尚未规模商用	低（2013 年至今） 起步较晚，前期相对滞后，近年来产业各方不断推动，已具备小规模部署应用条件
覆盖范围	小（150~300m）	大（大于 450m）
技术性能	终端会自主抢占无线资源，当网络拥塞时，可靠性较低	PC5 在网络拥塞时可利用公共网络进行调度，系统的容量以及可靠性都得以提高
长期演进	目前无后向演进计划	推出 NR-V2X，支持高阶自动驾驶
成本	高（需单独组网）	低（无须单独组网）
应用场景	短距离、低延时（车辆碰撞预警），协议仅支持终端设备之间的直通通信	长距离、广覆盖（车路协同、自动驾驶），与蜂窝网络先天结合，除支持直通通信业务外，还可基于公共网络支持更高阶的辅助驾驶和自动驾驶

随着未来网络技术的发展，诸如 5G 等网络的广泛应用，为速度有很高要求的业务提供了机会和可能，车联网会向车内网、车际网、车云网三网互相融合的方向持续发展。

2.2 车联网应用技术基础

车联网应用涉及不同的网络链接的建立、网络数据包的读写及网络协议的处理等一系列复杂的基础性操作，通常采用中间件来完成这些操作。中间件屏蔽了底层的通信、交互、连接等环节，解决了异构网络环境下软件互联和互操作等共性问题，并提供标准接口、协议，操作系统可以通过中间件在不同的处理器架构和芯片间共享数据，如图2-5所示为中间件在车联网开发中的应用。开发者可以直接采用中间件提供的库函数，方便地建立网络链接、收发消息，避免了大量的代码开发和人工成本，同时开发者可以集中精力关注消息处理相关的算法。智能网联汽车技术开发中应用最为广泛的中间件当属机器人操作系统（Robot Operating System，ROS），此外还包括我国百度公司开发的基于ROS的Apollo自动驾驶系统和日本名古屋大学加藤伸平教授领导开发的Autoware自动驾驶系统。

图2-5 中间件在车联网开发中的应用

2.2.1 基于中间件的车联网通信技术

1. ROS

ROS是建立在Linux系统特别是Ubuntu系统上的分布式进程（即节点）框架，具有免费开源、多语言支持等特点。在ROS系统中，基于主题的异步通信是最主要的通信方式，支持传输控制协议（Transfer Control Protocol，TCP）和用户数据报协议（User Datagram Protocol，UDP）两种通信协议。ROS1中必须包含一个Master节点，该节点通过XMLRPC（eXtensible Markup Language Remote Procedure Call）机制实现发布节点和订阅节点的链接和配置。节点间的数据流被称为消息。ROS中间件可通过网络套接字机制实现消息传递，如图2-6所示为ROS1节点通信结构。

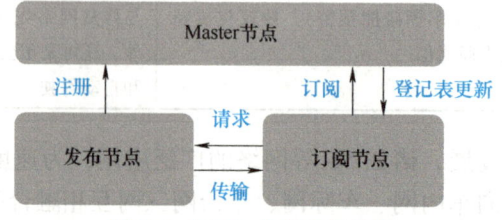

图2-6 ROS1节点通信结构

ROS1 的所有的子节点通信都需要 Master 节点，如果 Master 节点出现故障将导致整个系统通信故障。ROS2 基于数据分发服务（Data Distribution Service，DDS）通信机制，取消了 ROS 上 Master 节点，同时保留了 ROS1 中 Topic 数据结构概念，ROS2 每个节点都可以通过主题、服务、动作或者参数向其他节点发送和接收数据。DDS 通信机制遵从发布和订阅模式，可创建全局的数据块。每一个数据的发布或者订阅者都是数据的参与者，可以读写全局的数据，如图 2-7 所示为 ROS2 通信节点结构意图。

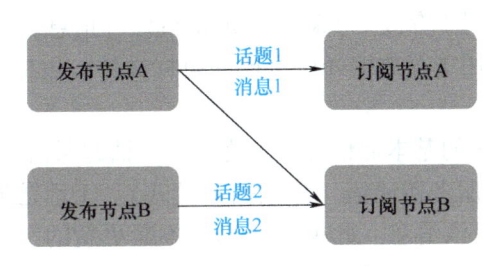

图 2-7 ROS2 通信节点结构意图

选用 ROS 作为上层传感器与底层执行器之间的中间件，通常涉及以下几个问题：工程文件的设置、传感器通信、数据类型、ROS 项目建立。

（1）工程文件的设置 基于 ROS 开发的程序称为项目，项目以文件的形式保存，包括多个文件夹，其结构如图 2-8 所示。

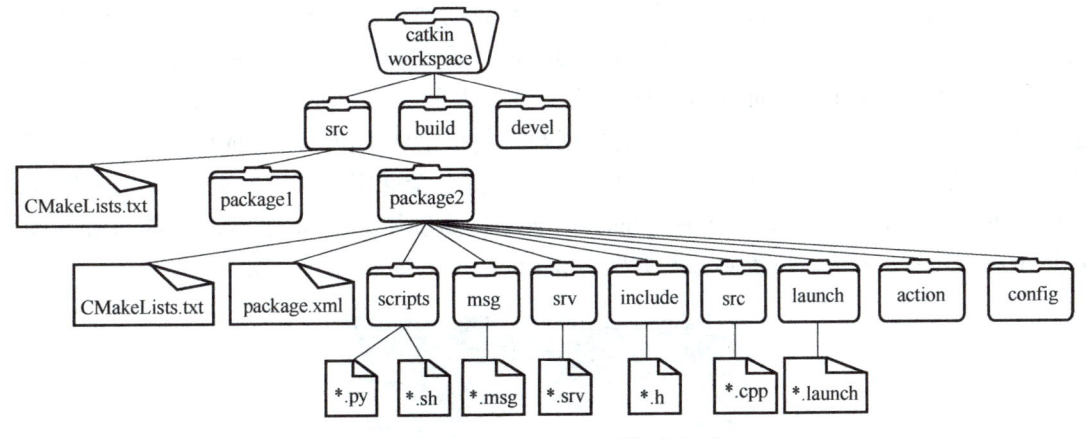

图 2-8 工程文件组织结构示意图

catkin workspace——自定义的工作空间。

1）src：源码。

① CMakeLists. txt：编译的基本配置。

② package：功能包（ROS 基本单元），包含多个节点、库与配置文件，包名所有字母小写，只能由字母、数字与下画线组成。

 a. CMakeLists. txt：配置编译规则，例如源文件、依赖项、目标文件。

 b. package. xml：包信息，例如包名、版本、作者、依赖项（以前版本是 manifest. xml）。

 c. scripts：存储 Python 文件。

 d. msg：消息通信格式文件。

  e. srv：服务通信格式文件。
  f. include：头文件。
  g. src：存储C++源文件。
  h. launch：指定要启动哪些package下的哪些可执行程序。
  i. action：动作格式文件。
  j. config：配置信息。
  2）build：编译空间，用于存放CMake和catkin的缓存信息、配置信息和其他中间文件。
  3）devel：开发空间，用于存放编译后生成的目标文件，包括头文件、动态和静态链接库、可执行文件等。

  （2）传感器通信 ROS的基本通信方式分为三种：话题通信（发布订阅模式）、服务通信（请求响应模式）、参数服务器通信（参数共享模式）。①话题通信，一般是指一个节点发布消息，另一个节点订阅该消息。此模式适用于不断更新的、少逻辑处理的数据传输场景。②服务通信是基于请求响应模式的，是一种应答机制，即一个节点A向另一个节点B发送请求，节点B接收处理请求并产生响应结果返回给节点A。此模式一般用于偶然的、对时效性有要求的、有一定逻辑处理需求的数据传输场景。③参数服务器通信是指在ROS中实现不同节点之间的数据共享。参数服务器相当于是独立于所有节点的一个公共容器，可以将数据存储在该容器中，被不同的节点调用，当然不同的节点也可以往其中存储数据。参数服务器一般用于存储一些多节点共享的数据，其作用类似于全局变量。

  （3）数据类型 ROS内置消息不仅包含基本数据类型，还包含header消息头，header包含seq、stamp和frame_id，分别表示序列号、时间戳和帧ID。seq表示消息序列号，一般从0开始，逐次递增1。stamp表示ROS消息产生的时间，称为时间戳。frame_id表示帧ID，这里的frame常表示消息发布者所发送的数据帧，包括全球定位系统、IMU惯性测量系统和LIDAR激光雷达等。如图2-9所示为数据类型示意图：全球定位系统的类型和状态用status表示，纬度用latitude表示，经度用longitude表示，高度用altitude表示，位置的协方差用position_covariance表示，位置协方差类型用position_covariance_type表示。

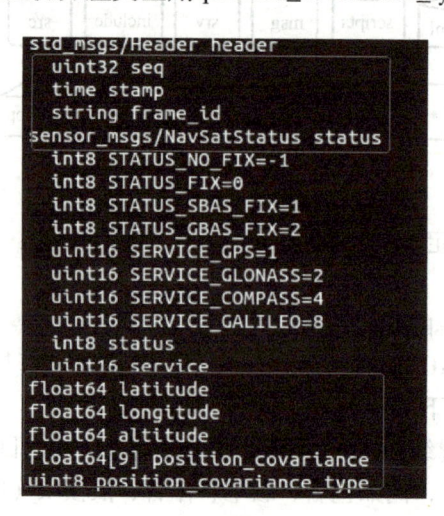

图2-9 数据类型示意图

(4) ROS 项目建立 ROS 有一套用于编译 ROS 程序包的编译系统，名为 catkin，利用 catkin 提供的工具来创建 ROS 项目的工作空间、程序包等。ROS 开发的第一步就是创建 ROS 工作空间，采用 catkin 的工具 catkin_make 完成创建。该工作空间保存在一个自定义的文件夹下，如图 2-8 所示，图中该文件夹名称为 catkin workspace，该文件夹下同时包括了 catin_make 自动创建的 build、devel 文件夹。创建工作空间之后还需要向系统添加工作空间的环境变量，这样工作空间中的程序包才可以被 Linux 系统访问。完成上述工作之后就可以创建 ROS 程序包，利用 catkin 工具 catkin_create_pkg 创建的程序包会自动生成一些辅助文件，如图 2-8 中程序包 package2 中包含的文件。在每个程序包下可以创建多个节点，来实现具体的消息传递和处理。图 2-8 中在 src 文件夹中添加支持 C++语言的消息节点程序，其文件类型为 .cpp，或者在 scripts 文件夹中添加支持 Python 语言的消息节点程序，其文件类型为 .py。当完成节点程序的编写后，可以使用 rosrun 或 roslaunch 启动程序，其中 roslaunch 可以同时启动多个 ROS 节点。ROS 的 catkin 编译系统有良好的扩展性，可以极大地简化编译构建过程，能够管理更加复杂的、大型的项目。

(5) 基于 ROS 建立通信的实例 辽宁工业大学万得无人驾驶赛车的环境感知模块与路径规划模块基于 ROS 中间件进行设计。其中感知部分所采用的传感器有摄像头、激光雷达、组合导航等，其作用为准确实时获取锥桶赛道中锥桶空间位置信息；路径规划部分作用为将感知到的信息进行计算得出一条平滑的路径。底层执行机构主要为线控制动、线控转向、驱动电动机等。如图 2-10 所示为无人驾驶赛车系统框架图，ROS 中间件将上层感知硬件传感器和底层线控硬件执行机构紧密联系在一起，通信的主要节点有 6 个，各个节点有特定的作用，下面对每个节点进行简要介绍。

1) 节点 1：组合导航的解算节点。

此节点的输入为串口实时返回的数据，此节点可输出各个参数如经度、纬度、海拔、线加速度、角加速度、各方向速度、航向角、翻滚角、横滚角等。参数传递主要通过发布 /gps，/imu_correct，/odom 等话题，此节点作用是将各个数据发布给其他节点并用于算法设计。

2) 节点 2：激光雷达解算节点。

此节点的输入为激光雷达以包形式返回的点云数据，通过解析后输出 10Hz 激光雷达的原始点云，每帧 1800×40 个激光点。此节点发布话题为/pandar_points。

3) 节点 3：相机的解算发布节点。

此节点的输入为 30Hz 相机返回的实时图像，发布的是未经去畸变的相机原始图像，这些图像可提供给后续算法订阅。

4) 节点 4：激光点云的处理节点。

此节点的输入为点云话题/pandar_points，此节点可将原始话题中的点云经过一系列如下处理：去除无效点、点云体素化下采样、提取感兴趣区域 ROI（Region of Interest）、点云地面分割、点云欧氏聚类、特征提取等，最终输出的为带有锥桶大小特征和位置信息话题/euc_points。

5) 节点 5：相机的图像处理节点。

此节点的输入为相机返回的实时图像话题，对图像去畸变并与激光雷达标定修正，然后识别图像中的锥桶和其颜色，并将锥桶的位置和颜色传递到融合节点。

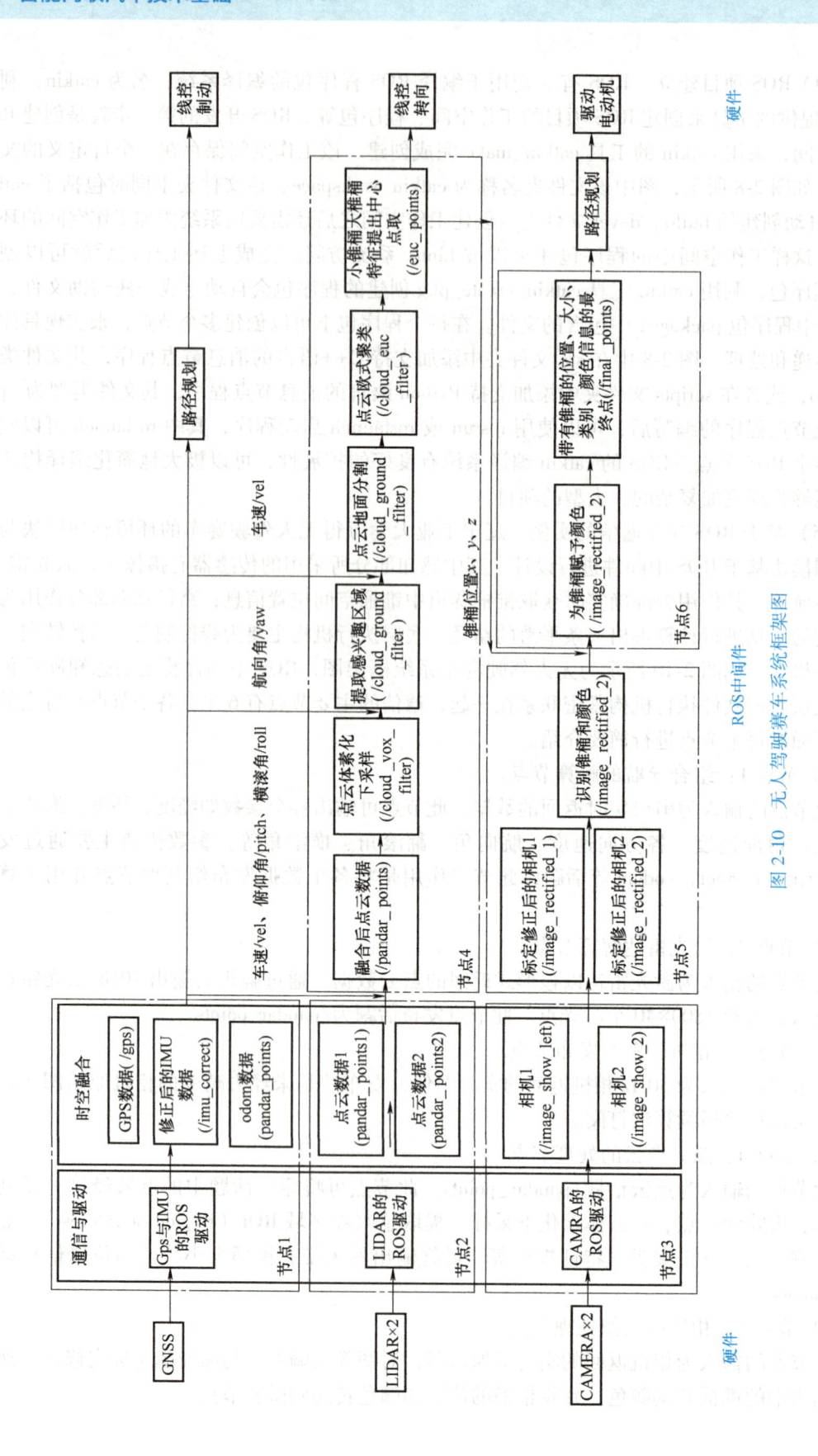

图 2-10 无人驾驶赛车系统框架图

6）节点 6：相机雷达的信息融合节点。

此节点的输入为带有锥桶大小特征和位置信息的话题，以及带有锥桶类别和颜色信息的话题，输出的是算法处理后锥桶的准确位置和颜色。

2. Apollo

Apollo 是百度公司发布的名为"Apollo（阿波罗）"的、为汽车行业及自动驾驶领域合作伙伴提供的软件平台。Apollo 3.5 以前版本基于 ROS 系统，各节点之间的通信方式为进程间的通信。3.5 版本及之后的版本基于自主研发的专门应用于自动驾驶应用场景的 Cyber RT 实时通信框架。该框架使用经典的 Publish-Subscribe、Service/Client 通信机制，去除了中心化的节点，同时也支持进程间和跨机通信。

此外，Apollo 针对智能驾驶应用设置了多种模块包括：高精度地图模块、定位模块、感知模块、局部路径规划模块、人机交互系统模块、控制模块等。

2.2.2 车联网安全技术

车联网技术随着人工智能和通信技术的发展而快速发展，与此同时，却带来了一系列的安全问题。公开报道的针对智能网联汽车网络安全攻击事件，由 2018 年的 80 起激增到 2019 年的 155 起，2020 年整车企业、车联网信息服务提供商等相关企业和平台的恶意攻击已达到 280 余万次。车联网的安全威胁不仅在于可能会泄露个人隐私、损害企业经济，还可能会引起车毁人亡的严重事故发生，甚至会给国家公共安全带来严重问题。

2017 年，美国国会通过了汽车安全和隐私草案（Security and Privacy in Your Car Act，SPY Car Act），并以《道路车辆功能安全》国际标准（ISO 26262）为基础率先制定《汽车系统网络安全指南》（SAE J3061）等系列标准，为车企及供应商提供了技术参考，并保证汽车在全生命周期中都可获得有效的信息安全保护。

2021 年，我国发起一项针对车联网的网络安全标准体系的建设计划，并于 2022 年 3 月印发了《车联网网络安全和数据安全标准体系建设指南》，该指南明确表示重点研究总体与基础共性、终端与设施网络安全、网联通信安全、数据安全、应用服务安全、安全保障与支撑等标准。2023 年年底，我国实现对车联网网络、数据安全标准体系的初步构建；2025 年，建立车联网网络、数据安全的较为完善的标准体系。如图 2-11 所示为车联网网络安全和数据安全标准体系框架。

车联网网络安全问题持续引起高度关注，成为产业发展重要焦点。目前，网络安全技术的实践在国内外都取得了初步成果。车联网安全主要包括通信安全、车端安全、移动应用安全、车联网服务平台安全等方面。

1）通信安全：车联网安全问题的重要屏障。在通信方面主要存在被他人破解协议和恶意节点入侵等风险，应该从确保接入的设备具有合法性、通过网格划分加强访问控制、对数据传输进行加密、对异常数据进行实时监测等方面来实现由各通信管道传输的数据安全。通信安全技术主要体现在车内通信、车—路之间、车—人之间、车—车之间、车—云之间的通信安全。如图 2-12 所示为通信安全图。

2）车端安全：车联网安全内容的核心部分。车端安全技术主要体现在车载智能终端（Telematics BOX，T-BOX）、车载自诊断系统（On-Board Diagnostics，OBD）、CAN 总线加密认证、车辆入侵检测与防御系统（Intrusion Detection and Prevention System，IDPS）、车载信息（In Vehicle Infotainment，IVI）娱乐系统漏洞分析技术，以及空中下载技术（Over-the-Air Technology，OTA）等。如图 2-13 所示为智能汽车车端安全图。

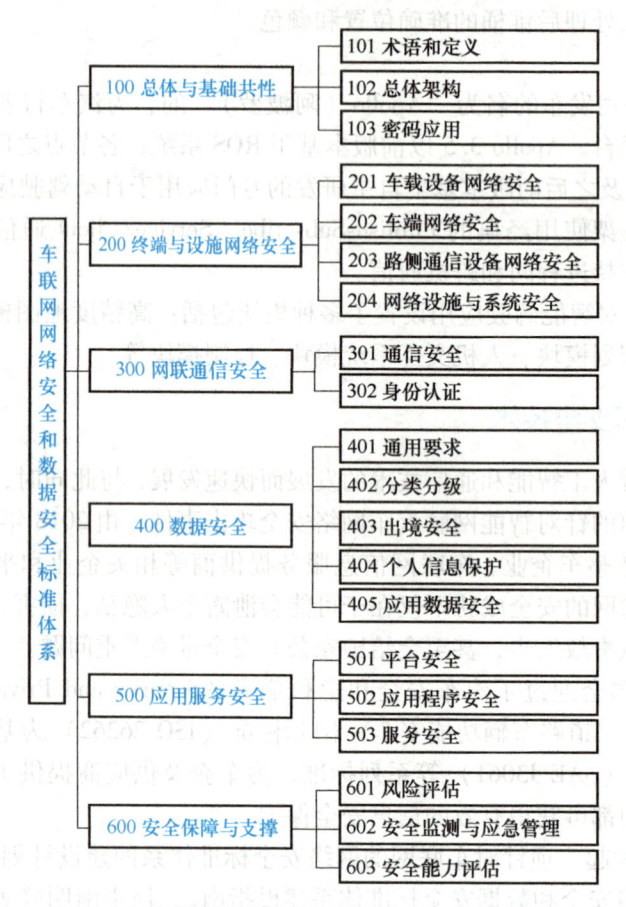

车联网网络安全和数据安全标准体系
- 100 总体与基础共性
  - 101 术语和定义
  - 102 总体架构
  - 103 密码应用
- 200 终端与设施网络安全
  - 201 车载设备网络安全
  - 202 车端网络安全
  - 203 路侧通信设备网络安全
  - 204 网络设施与系统安全
- 300 网联通信安全
  - 301 通信安全
  - 302 身份认证
- 400 数据安全
  - 401 通用要求
  - 402 分类分级
  - 403 出境安全
  - 404 个人信息保护
  - 405 应用数据安全
- 500 应用服务安全
  - 501 平台安全
  - 502 应用程序安全
  - 503 服务安全
- 600 安全保障与支撑
  - 601 风险评估
  - 602 安全监测与应急管理
  - 603 安全能力评估

图 2-11　车联网网络安全和数据安全标准体系框架

图 2-12　通信安全图

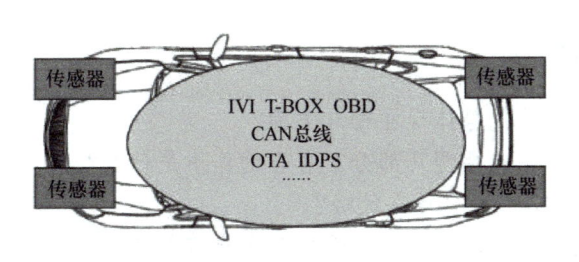

图 2-13 智能汽车车端安全图

3）移动应用安全：汽车移动应用软件目前发展还不成熟，传输和存储数据时面临数据被窃取风险，在跨境流动时，甚至存在威胁国家安全的风险。移动应用安全防护主要体现在移动应用安全检测、针对各种安全缺陷的移动应用加固、密钥白盒，以及敏感数据泄露防护。可以通过加强数据安全管理、提升数据安全技术保障能力、强化数据安全监测预警能力、及时处置数据安全事件等实现移动应用安全。如图 2-14 所示为移动应用安全图。

4）车联网服务平台安全：车联网安全内容的重要节点，承载了车联网中的大量业务和数据。此平台主要面临拒绝服务（Denial of Service，DOS）攻击；恶意的结构式查询语言（Structured Query Language，SQL）的注入，远程控制权限被篡夺等风险。对车联网服务平台安全的防护主要体现在站点安全防护、主机安全防护、数据安全防护以及业务安全防护。可以通过加强平台网络安全管理，加强智能网联汽车、路侧设备等平台接入安全，加强主机、数据存储系统等平台设施安全，以及加强资源管理、服务访问接口等平台应用安全防护能力，降低网络侵入、数据窃取、远程控制等安全风险；强化应用程序安全管理等方法实现车联网服务平台安全。如图 2-15 所示为车联网服务平台安全图。

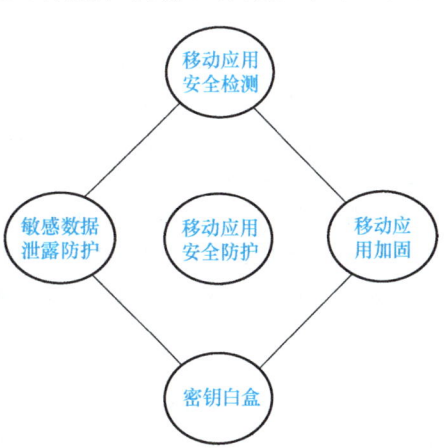

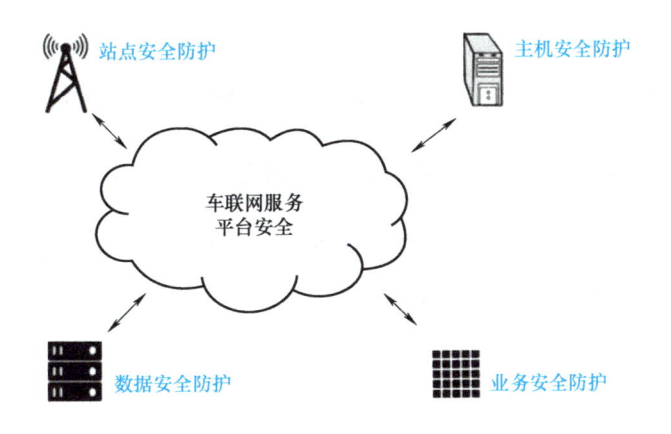

图 2-14 移动应用安全图

图 2-15 车联网服务平台安全图

【课后习题】

1. 我国发展车联网的优势体现在哪几方面？
2. 车联网的基本框架包括哪几部分？各自的作用是什么？
3. 相比于 DSRC，C-V2X 有什么优势？
4. 智能网联研发中常用的中间件有哪些？各自有何特点？
5. 车联网安全主要包括哪几方面内容？

参考文献

[1] 肖瑶，刘会衡，程晓红. 车联网关键技术及其发展趋势与挑战［J］. 通信技术，2021，54（1）：8.
[2] 黄田，李嘉辉，葛中会. 畅谈 5G 车联网技术在乡村道路中的应用［J］. 科学咨询，2020（10）：1.
[3] 刘永木，李慧，付志勇. CAN 总线系统节点模块的一种设计［J］. 吉林工学院学报（自然科学版），2002，23（3）：16-18.
[4] 刘少山，唐洁，吴双，等. 第一本无人驾驶技术书［M］. 北京：电子工业出版社，2017.
[5] 欧冬秀. 交通信息技术［M］. 2版. 上海：同济大学出版社，2014.
[6] 蒋新华，邹复民，朱铨. 交通运输行业物联网与云计算技术［M］. 北京：中国铁道出版社，2013.
[7] 陈军，徐旻，刘新成. 公路交通电子系统［M］. 北京：化学工业出版社，2013.
[8] 和福建，田晓笛，王长园. 车联网发展现状及趋势研究［J］. 中国汽车，2019（4）：55-58.
[9] 高惠民. 车联网 V2X 通信技术及应用介绍（上）［J］. 汽车维修与保养，2020（3）：4.
[10] 宋爱慧，赵慧麟，孙向前，等. C-V2X 技术演变与研究［J］. 通信世界，2021（21）：2.
[11] 库马尔·比平. ROS 机器人编程实践［M］. 李华锋，张志宇，译. 北京：人民邮电出版社，2020.
[12] 周兴杜，杨刚，王岚，等. 机器人操作系统 ROS 原理与应用［M］. 北京：机械工业出版社，2017.
[13] 中国汽车工程研究院股份有限公司，车联网安全联合实验室. 智能网联汽车信息安全发展报告（2021）［M］. 北京：社会科学文献出版社，2021.
[14] 奚美丽，张远骏. 自动驾驶操作系统现状与发展趋势［J］. 汽车与配件，2021（12）：8.
[15] SHARMA S, AGARWAL P, MOHAN S. Security challenges and future aspects of fifth generation vehicular adhoc networking (5G-VANET) in connected vehicles ［C］// 2020 3rd International Conference on Intelligent Sustainable Systems (ICISS)，2020.
[16] 钟永超，杨波，杨浩男，等. 智能网联汽车安全综述［J］. 信息安全研究，2021，7（6）：558-565.
[17] 赵世佳，徐可，薛晓卿，等. 智能网联汽车信息安全管理的实施对策［J］. 中国工程科学，2019，21（3）：108-113.
[18] 侯磊. 基于 Vanet-Sim 模拟器的车联网隐私保护方案研究［D］. 大连：大连理工大学，2018.
[19] 潘妍，许智鑫，马泽宇. 车联网数据安全风险分析与政策研究［J］. 保密科学技术，2021（7）：7.

科技让通信更便捷

第3章 智能网联汽车线控底盘技术

学习目标

1. 了解线控底盘技术的组成和技术原理。
2. 掌握线控转向系统、线控制动系统的组成和工作原理。
3. 了解汽车滑板底盘技术。

3.1 线控转向技术

3.1.1 线控转向系统简介

线控转向（Steering by Wire，SBW）系统是智能网联汽车自动转向的良好硬件基础，它是智能网联汽车进行路径跟踪和紧急避障等的关键技术。传统转向系统有机械转向和助力转向两种，机械转向系统主要依靠驾驶人的体力驱动，助力转向系统既利用驾驶人的体力，又利用发动机的动力，传力件为机械结构，在传递过程中占据一定的空间位置。线控转向系统省去转向盘和转向轮的机械连接，使操纵系统与执行系统相互分离，转向意图及转向指令由电子控制单元对转向电动机进行控制，达到转向系统控制目的，完成转向轮运行。线控转向系统由于省去了常规机械式转向装置，能够减小车体质量，消除路面冲击，可以减小车辆的噪声，并起到隔振的作用。

3.1.2 线控转向系统组成和工作原理

汽车线控转向系统的主要组成部分包括转向盘总成、主控制器、转向执行机构。除此之外，还包括一些辅助系统，如自动防故障系统、车载网络和电源等。

1) 转向盘总成主要包括转向盘转角位移传感器、转向盘机构、回正力矩电动机等。当驾驶人操纵转向盘转向时，转向盘转角位移传感器检测对应转角信号，并转换为对应数字信号，传输至主控制器，主控板接收信号后对车辆运行状态进行判断，从而驱动转向执行机构工作，实现车辆的转向操作。通过主控制器输出力矩信号传递至回正力矩电动机，对转向盘施加回正力矩，让驾驶人获取路感信息。

2) 自动驾驶过程中，主控制器会对接收的数字信号进行分析处理，用处理后信号来判别汽车行驶状态,同时给转向执行电动机下发对应命令,保证车辆无论处于何种运行状态时均能获得理想响应,驾驶人参与转向时可以减轻驾驶人体力负担,该线控转向系统能够自动控制车辆稳定运行。

3)转向执行机构主要包括转向执行电动机、转向器、齿轮齿条机构、角位移传感器、转向横拉杆,其作用是在转向执行电动机按控制器发出的命令计算得到的某一前轮转角控制前轮旋转,保证车辆稳定行驶的前提下,按照驾驶人意图进行转向。转向执行机构基于传感器信号对车辆运动状态进行判断,对转向执行电动机,路感电动机进行控制,让车辆正常转弯,并为驾驶人提供好路感。

线控转向系统还可以保证汽车的驾驶安全,通过对驾驶人的操作进行识别,判断驾驶人是否操作有误或者车辆是否处于非稳定行驶状态,若识别操作有误或处于非稳定状态,线控转向系统会发出控制信号,控制转向轮的方向。

3.2 线控驱动技术

3.2.1 线控驱动系统简介

线控驱动(Drive by Wire,DBW)系统分为传统汽车线控驱动系统和电动汽车线控驱动系统两种类型。传统的汽车线控驱动又称线控节气门或电控节气门(Throttle by Wire),用线束取代拉索或推杆,节气门侧装有驱动电动机,用来控制节气门开度,可以根据汽车行驶的实际情况,对流入气缸内的油气混合物进行准确调整,改善发动机燃烧情况,极大地提高了汽车动力性和经济性。电动汽车线控驱动是通过整车控制器直接给电动机控制器发送目标电流指令控制驱动电动机工作。线控驱动系统对于车辆实现定速巡航和自适应巡航有很大的帮助。

3.2.2 线控驱动系统组成和工作原理

传统汽车线控驱动系统主要由加速踏板、加速踏板位置传感器、ECU、数据总线、伺服电动机和加速踏板执行机构组成。线控驱动系统相比于传统驱动系统减少了位于加速踏板和节气门之间的机械结构,加速踏板定位传感器可探测加速踏板的绝对位移。发动机的电子控制单元(Electronic Control Unit,ECU)计算出最佳节气门开度后,输出指令驱动电动机,使节气门始终处于最佳开度。

传统汽车线控驱动系统主要分为两种模式:一种是加速踏板位置加装了一组执行机构,模仿驾驶人踩下加速踏板的动作,该模式加入闭环负反馈控制系统,目标车速信号为输入信号,实际车速为反馈信号;另一种是在节气门位置加装加速踏板位置信号,加入控制系统,目标车速为输入信号,实际车速为反馈信号,控制系统通过计算将加速踏板的位置信号传送给节气门控制单元。

电动汽车线控驱动系统整车控制器,用于接收驾驶人操纵信号以及车辆传感器信号,从而确定当前道路情况及驾驶人意图,整车控制器根据设定的策略进行信息处理,决定驱动电动机输出的转矩和转速,动力经由传动系统中的机械结构传递给车轮,带动车轮转动,从而达到控制车辆行驶的目的。

3.3 线控换档技术

3.3.1 线控换档系统简介

线控换档（Shift by Wire，SBW）系统完全取消变速杆与变速器之间的机械连接结构，采用电子系统实现电子控制车辆换档，即经由电动执行器控制变速器，线控换档系统通过旋钮、按键等新式交互件代替传统档位操作方式，如图 3-1 所示为某车型的线控换档系统变速杆。图 3-2 所示为某车型的线控换档系统实物图。

图 3-1 某车型的线控换档系统变速杆

图 3-2 某车型的线控换档系统实物图

3.3.2 线控换档系统组成和工作原理

线控换档技术消除了连接在变速杆与变速器之间的拉索或推杆，变速杆与变速器之间不存在直接的机械连接，可使系统中某些结构简单化，方便变速杆位置及操作界面的设计（比如装在仪表板），使得换档操作更轻巧、更方便。

如图 3-3 所示为某混动车型的线控换档系统结构图，由变速杆、驻车开关、混合动力系统 ECU、驻车控制器 ECU、驻车执行器和档位指示器组成。

人机交互由变速杆与驻车开关共同实现。车辆处于行驶过程中，变速杆上 R、N、D 档位的选择转换成执行电信号，将该信号输入混合动力系统 ECU，经运算将信号输出，从而控制变速器，实现汽车行驶过程中的档位转换，与此同时，仪表盘中档位信号灯也对应亮起。当驾驶人打开驻车开关时，驻车控制器 ECU 接收混合动力系统 ECU 的指令，对驻车执行器电动机的转角信号进行采集，通过磁阻式传感器判断汽车状态。驾驶人松开变速杆时，

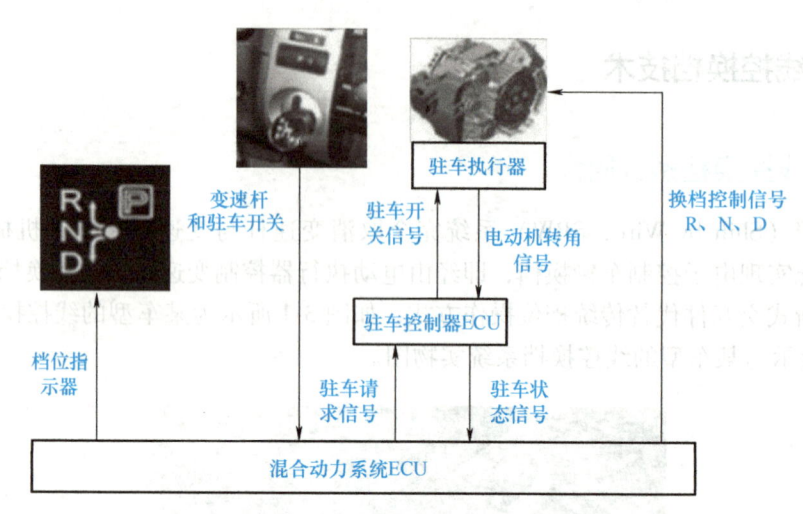

图 3-3　某混动车型的线控换档系统结构图

变速杆会恢复到原有位置，驾驶人将变速杆换入某一档位时，无须考虑当前档位状态。车辆顺利完成换档后，档位指示器会显示当前档位，确保完成换档工作。通过各组件的协调工作，控制变速器实现换档，能够有效地防止人为误操作并提高安全性。如果混合动力系统ECU发现错误操作，会把档位限制到安全范围，并提醒驾驶人。

3.4　线控制动技术

3.4.1　线控制动系统简介

线控制动（Brake by Wire，BBW）系统是智能网联汽车"控制执行层"中不可缺少的关键技术。在线控制动系统中，制动踏板与制动系统之间没有任何刚性或液压连接，该系统将机械信号转换为电控信号，驾驶人制动意图通过电信号表示，由制动踏板上的位置传感器采集电信号，并将其传输至控制系统和执行机构，同时采用不同算法模拟踩踏感觉，反馈到驾驶人，此系统在满足制动性能要求的基础上，具有高效能、可靠性、集成化等优点。

3.4.2　线控制动系统组成和工作原理

目前出现了两种形式的线控制动系统：电子液压制动（Electronic Hydraulic Brake，EHB）系统和电子机械制动（Electronic Mechanical Brake，EMB）系统，两者在传递路径和工作原理上都各有不同。如图 3-4 所示为线控制动系统传递路径。

1. 电子液压制动系统

电子液压制动系统是从传统的液压制动系统中演变而来的，以电动机为动力来源，加入了电子控制单元以及各种传感器，使制动系统电控化。电子液压制动系统主要由制动踏板传感器、电子控制单元（ECU）和执行器机构组成。

制动踏板和制动轮缸之间没有直接的联系，是由制动踏板传感器，将踏板位置信号送入电子控制单元中，这样可消除传统制动系统设计原理的缺点。制动踏板和制动器在正常制动

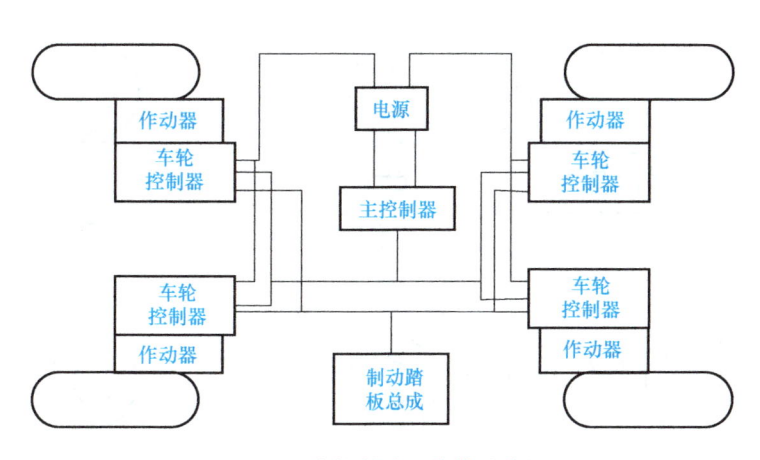

图 3-4　线控制动系统传递路径

过程中液压连接被切断，备用阀闭合，电子控制单元根据制动踏板传感器所传信号对驾驶人制动意图进行判断，制动力由电动机带动液压泵输出，调整轮胎制动力矩。在电子系统失效的情况下，备用阀开启，电子液压制动系统切换至传统液压制动系统，确保车辆以一定的安全距离停车。

汽车制动时驾驶人会依据自身的主观意识对制动踏板施加适当的压力，电子液压制动系统快速、准确地识别并提供制动力，保证在规定要求内安全降至合理的车速并确保车辆行驶方向的稳定性。当驾驶人快速踩下制动踏板进行紧急制动时，电子液压制动系统除了识别驾驶人意图外，还要对向车轮施加的制动力进行实时有效地控制，防止车轮产生抱死状况、降低汽车的制动稳定性。

电子液压制动系统还可以根据车轮的运转速度信息、路面附着状况自动地为各个独立的车轮确定最合适的制动力，实现车辆的有效制动。相比于传统液压制动系统，电子液压制动系统可提高制动效能，实现制动解耦，提高制动能量回收率，增加汽车的续驶里程，是高级驾驶辅助系统的一个重要执行系统。同时，电子液压制动系统还可以摆脱依靠真空，其结构紧凑、控制方便、集成度更高。但电子液压制动系统仍具有一定的局限性，整个系统中包含制动液传输管路，因此依旧需要制动液。

2. 电子机械制动系统

电子机械制动系统中，所有的液压装置包括主缸、液压管路、助力装置等完全被取消，制动器的调节器也由电动机驱动装置代替，整个系统更加简洁，减轻了整车的质量。

电子机械制动系统中的电子控制单元采集制动踏板传感器和车速等信号识别驾驶人意图，经过执行机构中的电机实现汽车制动，电子机械制动系统工作原理如图 3-5 所示。电动机作为动力来源，在保证制动效能的同时可以实现精准调节。与电子液压制动系统相比，不再使用制动液和液压部件，是真正意义上的线控制动，该系统响应更快、更加经济环保。

线控制动系统的特点如下：

1）电子液压制动以液压为控制能量源，液压的产生及电控化难度相对较大，不易实现与其他电控系统集成，而且液压系统的复杂性与系统轻量化设计相矛盾。

2）电子机械制动技术在安全方面的优势是极其显著的，其制动响应快，无复杂液压、气压传递机构，由电信号直接转换到制动动作，可以显著提高响应速度，反应时间不超过

25

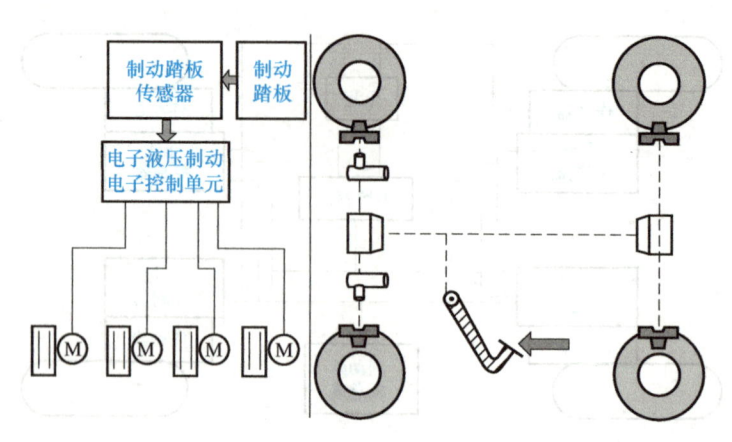

图 3-5 电子机械制动系统工作原理

100ms，大大缩短制动距离，进而提高安全性。

3）线控制动系统采用防抱死制动系统（Anti-lock Braking System，ABS）时不会产生回弹振动并能消除静音。

4）线控制动系统可以将电子驻车、防抱死、制动力分配等附加功能集成在一起。

5）当工作环境差，尤其在高速制动时，制动片温度较高。制动片的高温和振动幅度，会对电子机械制动零部件的设计有制约。

3.5 线控悬架技术

3.5.1 线控悬架系统简介

线控悬架（Suspension by Wire）系统，又称为主动悬架系统，它在智能网联汽车线控化底盘中具有举足轻重的作用，利用该系统可以达到缓冲振动、保持汽车平稳行驶的目的，线控悬架系统对汽车的操控性能和驾乘舒适性有着直接的影响。线控悬架可分为全主动悬架和半主动悬架两大类。全主动悬架可根据车辆实际运行状态，对悬架刚度、阻尼系数等参数进行自动调整，广泛应用于智能驾驶系统中。半主动悬架仅仅改变阻尼系数，悬架阻尼系数依据路面激励及车身响应来调节，可确保车辆振动可控，半主动悬架具有可靠的故障状态适应能力，是目前市场的主流线控悬架。

3.5.2 线控悬架系统组成和工作原理

悬架作为车身和车轮的传力装置，在各种道路上行车时，通过设置缓冲装置，可以减少对车身及车轮的振动，汽车的行驶平顺性及操纵稳定性得到改善。被动悬架刚度和阻尼系数是固定不变的，在结构设计过程中，被动悬架无法实现平顺性与操纵稳定性同时达到最佳状态。线控悬架系统可以避免被动悬架的缺点，能将车速、车辆振动加速度、转向轮角速度、车身距路面高度、路面条件等参数传递给电子控制元元，电子控制单元将收集的信号进行综合处理，并发出指令，对减振器的阻尼系数进行调整，同时控制弹性元件的高度，使得车辆平顺性，操纵稳定性等在各种道路条件下均达到最佳状态。

线控悬架系统主要由模式选择开关、传感器电控单元、可调阻尼减振器、高度控制阀和弹性元件等部件组成。其工作原理为车辆在道路上行驶时，传感器把车辆所处路面情况（汽车的振动）与车速以及起动、加速、转向、制动和其他工况变成电信号，电信号进入控制单元后，输出控制信号，该控制信号对悬架的刚度、阻尼系数及车身刚度进行调节。线控悬架的优点如下：

1）线控悬架的刚度是可调的，对于汽车行驶过程中出现的侧倾、前部点头和后部下沉等现象有良好的改善，提高了汽车行驶的平顺性和操纵稳定性。

2）当汽车负载发生变化时能自动保持车身的高度恒定。

3）行驶过程中遇到障碍物时，可以改底盘和车轮的高度，使其顺利通过障碍物，提高了汽车行驶的通过性。

4）车轮与地面保持良好接触，提高了车轮与地面之间的附着力，当快速制动时，制动距离较短；同时提高了抗侧滑的能力。

3.6 滑板底盘技术

滑板底盘技术，将整车的驱动、制动、转向、热管理和三电（电池系统、电动机系统、电控系统）等模块全部整合到底盘上，构成了独立的功能区，达到了上下车体分离解耦的目的，具体如图3-6~图3-8所示。由于底盘的高度电气化使得后期可以不断进行在线升级，是线控底盘的终极形式。采用滑板底盘的车型，其乘坐空间可以得到极大释放，这是因为上车体的乘员舱跟下车体的所有控制都是通过接口来实现的，不再受传统的机械结构所限制。可见滑板底盘的出现，让车体和座舱的设计可以更具想象力和丰富性，同时还可以缩短研发与开发周期，降低研发成本。这种上下解耦独立开发的形式，也让以后的汽车在设计上更有想象空间。滑板底盘的概念最早是由通用汽车公司提出的，后在欧美的特斯拉、Arrival 和 REE Automotive 公司，我国的 Upower 悠跑科技与 PIX Moving 进行实际设计应用。

图 3-6 滑板底盘模型

滑板底盘具备以下特点：整车核心控制模块均集成在底盘上；滑板底盘可以让车实现上下车体分离解耦；整车实现全线控；上车体可以根据需求更换。

滑板底盘每个系统都是线控系统，其使用电子信号输入来控制车辆，而不依赖驾驶人的力或者转矩的输入，因此滑板底盘的全线控优势很明显。开发者可以很好地投入无人驾驶车辆的制造和研发当中，并且还可以释放大量的车内空间，甚至取消转向盘等传统部件，这对

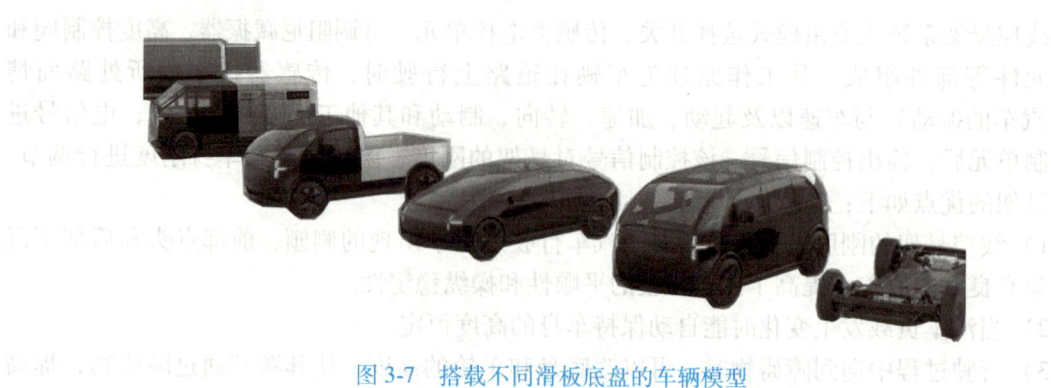

图 3-7　搭载不同滑板底盘的车辆模型

图 3-8　某企业滑板底盘示意图

于未来车内的设计和功能开发有很强的助推作用。传统燃油汽车内燃机体积大，质量重，形状不规则，不论采用前、中、后置，对整车的内部空间影响很大，限制了车辆进化的可能性和创新性，而电气化、智能化的滑板底盘结构平整，设计约束少，将成为自动驾驶时代移动空间的基础。

【课后习题】

1. 请分别叙述线控转向系统、线控制动系统的组成和工作原理？
2. 什么是汽车滑板底盘技术？

参 考 文 献

[1] 王冠一. 线控转向汽车变传动比和主动转向控制研究［D］. 沈阳：辽宁工业大学，2015.
[2] 段红艳，王建锋. 智能网联汽车底盘线控系统与控制技术［J］. 汽车实用技术，2022，47（17）：40-45.
[3] 陆继军. 纯电动汽车线控制动系统设计与控制研究［D］. 合肥：合肥工业大学，2020.
[4] 周宏湖. 面向未来的线控技术（X-By-Wire）［J］. 汽车与配件，2011（49）：38-39.
[5] 丛光好. 线控转向路感模拟及传动比特性研究［D］. 合肥：合肥工业大学，2017.

第4章

智能网联汽车环境感知技术

学习目标

1. 掌握不同传感器之间的优缺点。
2. 了解不同传感器在智能网联汽车上的工作原理。
3. 了解不同传感器之间的融合方法。

4.1 传感器介绍

对于智能网联汽车车道保持、障碍物检测、自动泊车等技术而言，传感器对周边环境的准确感知是技术实现的前提。环境感知技术作为智能网联汽车的第一个环节，需要使用传感器作为"眼睛"来采集周围环境的基本信息。本节将对智能网联汽车常使用的传感器进行详细介绍。

4.1.1 激光雷达

激光雷达可以分为二维激光雷达和三维激光雷达，它们都是依靠激光器向外发射光源，发射出的光源会打到目标上并返回给激光雷达接收器，激光雷达将发射的信号和接收的信号作比较，进而探测目标的位置、运动状态等信息。激光雷达能够有效地对目标进行探测、跟踪和识别。激光雷达按照工作方式不同可以分为机械激光雷达、固态激光雷达和混合固态激光雷达，其中机械激光雷达和固态激光雷达如图 4-1 所示。

激光雷达主要由发射系统、接收系统、信号处理与控制系统组成。①发射系统是向目标发射激光信号，发射系统中的激光器有许多种类型，如机械激光器、固态激光器以及半导体激光器等。②接收系统是负责接收目标反射回来的激光信号，它主要是采用望远镜以及多种形式的光电探测器。③信号处理与控制系统是激光雷达的关键，主要作用是进行信号的处理，其处理结果的好坏直接影响激光雷达系统的测量精度，如图 4-2 所示为激光雷达原理图。

1. 激光雷达的优点

激光雷达的载波特点同毫米波雷达和超声波雷达的载波特点不同，激光雷达是以激光作为载波的，所以激光雷达可以使用频率、振幅和相位作为搭载信息的载体。这也使得激光雷达具有以下优点：

（1）分辨率高、探测范围广　因为激光雷达工作在光学波段，频率比微波高 2~3 个数量级，因此，激光雷达具有很高的距离分辨率、角分辨率和速度分辨率。

（2）高抗干扰能力　由于激光的波长比较短，因此发射的光源比较稳定，不容易发散，可以探测较远距离的目标。

（3）信息量丰富　激光雷达可以探测到目标的很多参数，比如目标的当前速度、距离，以及相应的角度等信息，并能够生成目标多维图像。

（4）不受光线影响　激光扫描仪可全天候工作，不受外界光照的影响，通过激光雷达主动向外界发送激光束，再使用探测器接收返回的激光束回波信号，就能够得到目标的信息。

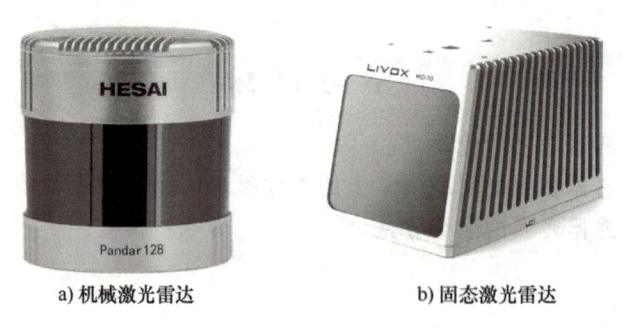

a）机械激光雷达　　　　b）固态激光雷达

图 4-1　不同种类激光雷达

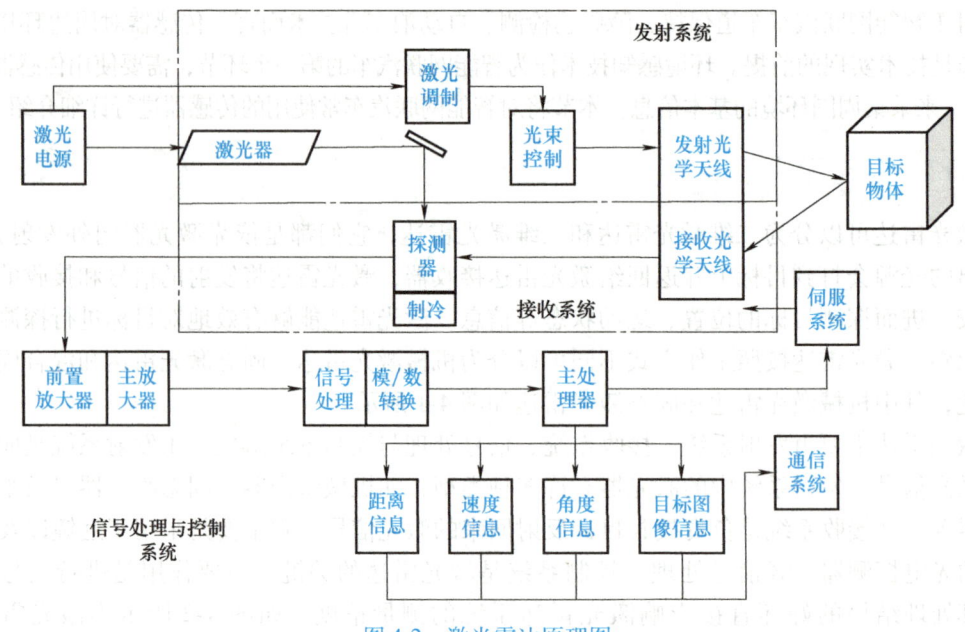

图 4-2　激光雷达原理图

2. 激光雷达的缺点

1）激光雷达发出的激光在天气较好的情况下衰减小，检测的精度比较高。但在雨、雪、雾、霾等天气工作时激光的衰减会急剧增大，因此会对激光雷达传播的距离产生影响。

2）激光雷达难以分辨交通标志的含义和红绿灯颜色。在汽车的自动驾驶系统中，激光

雷达的使用需要搭配其他的视觉传感器，用以辅助车辆与环境的交互过程。

3）激光雷达的成本较高。

3. 激光雷达的工作原理和类型

激光雷达由激光器发出脉冲激光，当发出的脉冲激光打到障碍物时会引起散射，会使得有一部分光波打回到激光雷达的接收器上，通过测算发射信号与回波信号的时间，从而得到障碍物的距离。通过激光雷达不断地向外发出激光脉冲，就可以获得打到障碍物返回的全部点云数据，经过对这些数据处理，就可以获得障碍物的立体点云图像。

（1）激光雷达的类型

1）根据雷达的工作方式不同，可以分为机械激光雷达、固态激光雷达和混合固态激光雷达。

① 机械激光雷达有旋转部件，通过旋转部件可以使发射的激光从"线"变成"面"，还可以使得激光在垂直方向上打出，使发出的激光形成多个平面，实现对障碍物的立体检测，该类激光动态检测的效果较好，精度比较高。

② 固态激光雷达没有旋转部件，因此它的尺寸相对机械激光雷达较小。固态激光雷达可以通过电子部件来调整激光的发射角度，具有数据采集快、分辨率高的特点。

③ 混合固态激光雷达发出的是固定激光光源，使用旋转玻璃片来改变激光的光束方向，可以对障碍物实现多角度的检测。

2）根据激光雷达发出线束的多少，可以将激光雷达分为单线束激光雷达和多线束激光雷达。

① 单线束激光雷达每扫描一次只能产生一条扫描线，扫描出来的是一个二维平面图，不能测量物体的高度，无法获得目标物体的三维信息。单线束激光雷达扫描速度快、分辨率高、可靠性强，目前主要应用于机器人领域。

② 多线束激光雷达扫描一次可以发射出多条激光线。目前市场上有许多种不同线束的激光雷达。激光雷达的线束越多，成像就越准确、越清晰。相比较少线束的激光雷达，线束越多的激光雷达还原场景的质量就越好。根据在垂直视野上的差异，多线束激光雷达还可以细分为2.5D激光雷达和3D激光雷达，后者垂直视野检测的范围更大些。

（2）激光雷达的应用　目前激光雷达在三维目标的实时检测方面有很大的突破。传统的机械激光雷达正逐步向固态激光雷达转变。激光雷达可以应用于汽车的自动驾驶方面，也可以将激光雷达嵌入地面车载系统，用于智慧交通和三维城市地理信息的建立等。

激光雷达测探范围广、探测精度高，具有较强的成像能力，在自动驾驶领域中被广泛使用。激光雷达相较于摄像头能更加准确测得物体的三维信息，由于激光雷达是主动发出光束，因此能够准确测距，并且不受光照的影响，其使用的计算资源也比摄像头少了很多。

在环境感知方面，可以使用激光雷达对周围环境进行建模，通过激光雷达发出的激光束扫描周围的环境，将得到的3D点云图进行相邻帧对比，并使用相关算法能够较为容易地探测出周围的车辆和行人等环境信息。激光雷达也可以与GPS、IMU等传感器相结合，将激光雷达生成的局部三维点云数据用作特征提取，从而获得全局坐标下的矢量特征，并与高精度地图进行匹配，最终获得准确的定位信息。如图4-3所示为激光雷达检测的点云图。

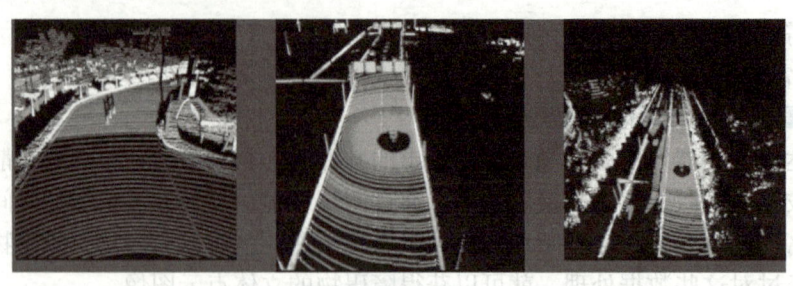

图 4-3 激光雷达检测的点云图

4.1.2 毫米波雷达

毫米波雷达就是工作频段处在毫米波频段的雷达。毫米波（Millimeter Wave，MMW），是指工作长度在 1~10mm 范围内的电磁波，对应的频率范围为 30~300GHz。毫米波雷达波段示意图，如图 4-4 所示。

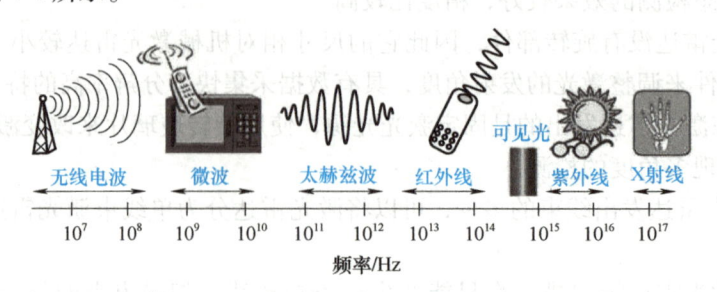

图 4-4 毫米波雷达波段示意图

毫米波波长位于微波与远红外波之间，因此毫米波拥有这两种波谱的特点，同时也有毫米波独特的性质。毫米波雷达在汽车领域应用广泛，主要应用在汽车驾驶的辅助系统，比如自适应巡航、自动紧急制动预警、前向碰撞预警等。同时，毫米波雷达的穿透性较强，可以穿透保险杠上的塑料，所以常常安装在汽车的保险杠内。如图 4-5 所示为某型号毫米波雷达。

图 4-5 某型号毫米波雷达

1. 毫米波雷达的优点

（1）目标探测能力强，探测速度较快 毫米波雷达具有很强的穿透能力，雾、雨、灰尘对其工作影响不大，该类雷达可以适应多种不良的天气环境，因为毫米波雷达发射的是高频波，生活中大多数的低频波并不会影响到毫米波雷达的工作，因而毫米波雷达的抗干扰能力较强。

（2）体积和质量小、空间分辨率高 毫米波雷达的体积相对激光雷达较小，质量较小，对雾、烟以及灰尘的穿透能力较强。

2. 毫米波雷达的缺点

1）毫米波雷达也是像激光雷达那样通过接收反射回来的电磁波来测得目标的位置，但如果外界的杂波很多时，会严重干扰毫米波雷达的检测。

2）毫米波雷达不像激光雷达那样能达到 360°无死角检测，它的检测区域呈扇形，因此存在盲区。

3）毫米波雷达无法进行图像颜色识别，无法识别交通标志、交通信号以及道路标线。

3. 毫米波雷达的工作原理

（1）测距原理　毫米波雷达测距原理同激光雷达一样，毫米波雷达通过向外发送毫米波，当毫米波打在障碍物体上时，接收返回的波，然后根据时间差来计算障碍物的位置和相对距离。计算公式为：

$$s = ct/2$$

式中，s 为目标距离；t 为毫米波雷达发射和接收的时间差；c 为光速。

（2）测速原理　毫米波雷达的测速原理是基于多普勒效应（Doppler Effect）实现的。当毫米波雷达发出的毫米波与被探测的障碍物之间有相对移动时，毫米波雷达接收到的频率和毫米波雷达发射出的频率会发生不同。此时如果障碍物接近毫米波雷达时，则反射信号频率将高于发射信号频率；反之，如果障碍物远离毫米波雷达时，反射信号频率将低于发射信号频率。如图 4-6 所示为毫米波测速示意图。

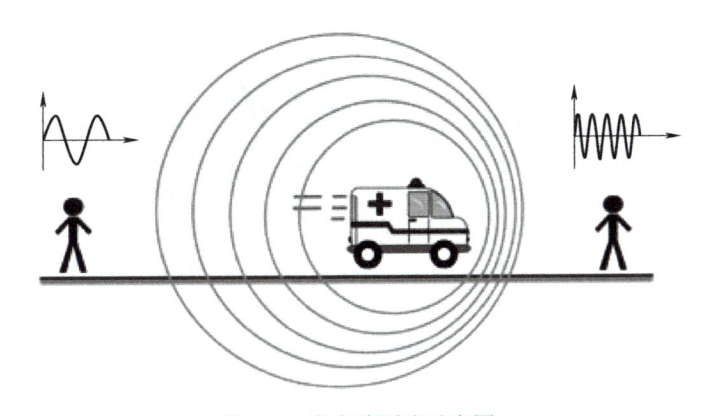

图 4-6　毫米波测速示意图

4. 毫米波雷达的发展和未来

为了提高毫米波雷达的角分辨率和距离分辨率，可采用更多的天线来提高毫米波雷达的角分辨率，使用更大的带宽提高毫米波雷达的距离分辨率，弥补现有毫米波雷达在精度上的不足。在未来，毫米波雷达将会朝着体积更小、功耗更低和性价比更高的方向发展。

4.1.3　超声波雷达

超声波雷达是生活中最常见到的雷达，在日常的乘用车中都能看到它的身影。超声波雷达可在车辆的倒车过程中起到一个预警的作用，检测车辆周围是否有障碍物并提示驾驶人，作为汽车的安全辅助装置能够帮助驾驶人扫描车辆周围的死角，提高了驾驶车辆的安全性。

1. 超声波雷达的优点

由于超声波在传播时波的能量消耗较低，因此超声波可以传播的距离比较远，具有很强的穿透性。相比于激光雷达和毫米波雷达，超声波雷达的成本较低、技术相对成熟。

2. 超声波雷达的缺点

超声波雷达的传输不是很稳定，容易受到外界环境的影响，在外界环境良好的情况下传输效果较好，传输的速度也较快，但在恶劣的天气情况下传播速度就会变慢；超声波雷达在车辆速度较高的情况下测距效果较差，因为汽车速度较大时，超声波测距的速度无法跟上汽车行驶的速度；由于超声波的散射角比较大，因此方向性较差，测量距离车体较远的物体时，返回的波会比较弱，导致测量的精度变低。

3. 超声波雷达的工作原理和类型

超声波雷达的工作原理与激光雷达类似，通过发生器向外界发送超声波，当碰到物体时超声波雷达接收装置接收返回来的波，通过计算发出和接收波的时间差来计算距离。超声波雷达的工作频率有三种，分别是 40kHz、48kHz、58kHz。通常来讲，超声波的频率越高，就越灵敏，但与此同时超声波雷达在纵向和横向的探测角度就会变得更小，因此超声波雷达大多采用 40kHz 的探头。超声波雷达对外界环境的抵抗能力较强，其在小距离内的探测精度较高，因此超声波雷达大多应用到泊车场景当中。如图 4-7 所示为超声波传感器原理图。

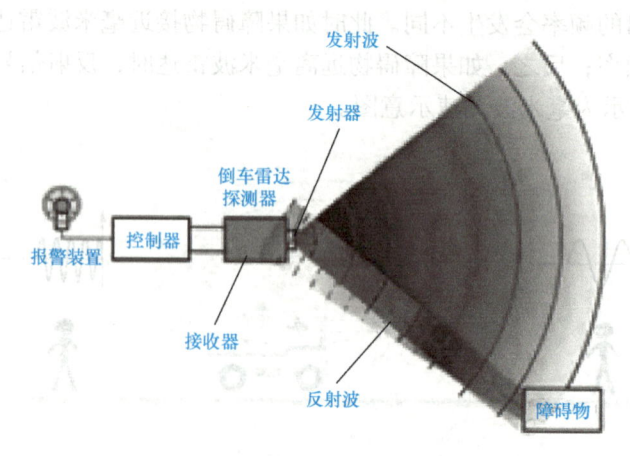

图 4-7　超声波传感器原理图

在行业内按安装位置将超声波雷达分为两种类型。第一种类型是将超声波雷达安装在汽车的正前面和正后面的位置上，通常安装在汽车的前、后保险杠上，用于检测车辆的正前方和正后方，辅助驾驶人前进、倒车，这种超声波雷达称为 UPA（Ultrasonic Parking Assistance）超声波雷达；第二种类型是将超声波雷达安装在汽车的侧面，用于感知车辆侧面的障碍物，这种超声波雷达称为 APA（Automatic Parking Assistance）超声波雷达。超声波雷达探测示意图如图 4-8 所示。

（1）UPA 超声波雷达　UPA 超声波雷达一般最远探测距离为 2.5m，其一般安装在车辆的前、后方，负责探测汽车前、后方的障碍物。如图 4-9 所示为单个 UPA 超声波雷达探测范围示意图。

图 4-8　超声波雷达探测示意图 　　　　图 4-9　单个 UPA 超声波雷达探测范围示意图

（2）APA 超声波雷达　APA 超声波雷达一般最远探测距离为 5m。与 UPA 超声波雷达相比，APA 超声波雷达的探测距离更远一些，因此 APA 超声波雷达的成本也相对较高，工作时的功耗也比较大。由于 APA 超声波雷达工作时探测的距离比较远，因此可以更好地检测车辆两侧的障碍物。如图 4-10 所示为单个 APA 超声波雷达探测范围示意图。

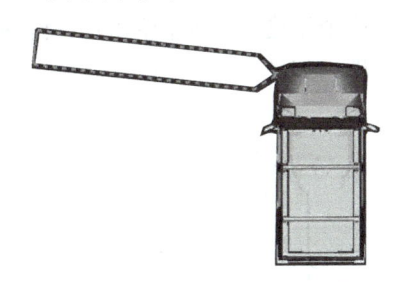

图 4-10　单个 APA 超声波雷达探测范围示意图

4. 超声波雷达的发展和未来

（1）自动泊车　智能网联汽车的自动泊车需要经过两个阶段：①准确识别车库位置；②倒车入库。

当车辆经过停车的车库时，车辆前方的 APA 超声波雷达传感器需要对泊车位置进行准确的识别，通过计算发射和返回波的时间，得出泊车的距离与时间的关系。具体做法是取一段时间的车速做积分，可以得到泊车车位的大致范围，假定车辆以恒定的速度行驶，那么用当前车速乘以时间差就可以得到泊车轨迹。如果经过超声波雷达检测后计算出的长度超过泊车时需要的最短长度，那么就可以判定此时的车位上有车。与此同时，车辆后面的 APA 超声波雷达也会进行相应的计算，并对泊车的轨迹进行校对。自动泊车示意图如图 4-11 所示。

图 4-11　自动泊车示意图

（2）高速横向辅助　当车辆行驶的车速较高时，可使用 APA 超声波雷达检测车辆周围环境，当检测到有车辆靠近时，车辆能够自主进行避让并主动微调，降低碰撞的风险，同时还能保证车辆在高速行驶下的稳定性和舒适性。如图 4-12 所示为高速横向辅助示意图。

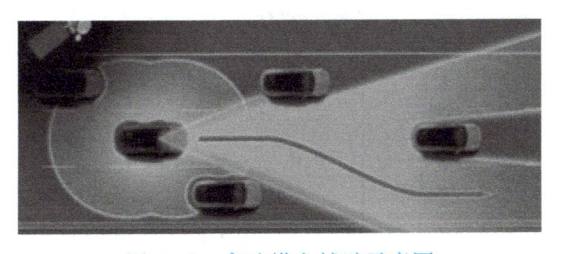

图 4-12　高速横向辅助示意图

4.1.4 视觉传感器

1. 单目相机

单目相机是指使用一个相机对外界环境进行感知，将三维空间以二维图片的形式记录下来，但在这一转换中丢掉了深度这个维度。最常使用的单目相机模型是针孔相机模型。针孔相机的工作原理就是小孔成像原理，如图 4-13 所示。

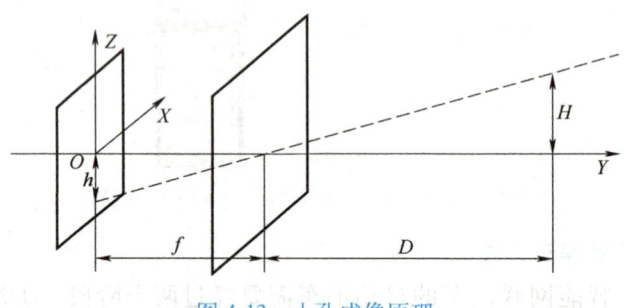

图 4-13 小孔成像原理

当现实的物体投影在相机成像坐标系时，根据三角形相似原理，可计算出物体到摄像头的距离，见式（4-1）

$$\frac{f}{D} = \frac{h}{H} \tag{4-1}$$

式中，f 为焦距；D 为物体到摄像头的距离；h 为物体在像上的高度；H 为物体的实际高度。

相机焦距 f 的大小决定了被测物体在成像坐标系下成像的大小，成像过程相当于对现实中的物体进行一个等比例缩放。H 可通过实际测量得到。因此要想得到距离 D 的大小就需要知道物体成像后的高度 h。因为相机是通过内部的感知元件来成像的，因此只要知道每一个感知元件的物理尺寸 δ 和感知元件的个数 n，那么就可以获得物体成像后的高度。像的高度为 $h = n\delta$，式（4-1）可以转化为

$$\frac{f}{D} = \frac{n\delta}{H} \tag{4-2}$$

得到式（4-3）为

$$D = \frac{fH}{n\delta} \tag{4-3}$$

当物体在相机的坐标系 xOy 平面内存在偏移时，即在 x 轴方向存在位移，此时，物体成像并不是在图像的正中间部分，物体相对于相机会存在一个水平方向的夹角 α，那么光心到物理成像中心（非图像中心）的距离 f' 与光心到现实物体的距离 D' 满足以下关系，即

$$\begin{cases} D' = \dfrac{f'H}{n\delta} \\ f' = \sqrt{f^2 + l^2} \\ l = n_x \delta \\ \alpha = \arctan\left(\dfrac{l}{f}\right) \\ D = D'\cos\alpha \end{cases} \tag{4-4}$$

式中，f' 为光心到物理成像中心的距离；D' 为光心到现实物体的距离；l 为物体成像像中心到图像中心的水平偏移距离；n_x 为水平偏移的像素；D 为物体到摄像头距离。

此时，物体到摄像头距离为

$$D = D'\cos\alpha = \frac{H\sqrt{f^2+(n_x\delta)^2}}{n\delta} \frac{f}{\sqrt{f^2+(n_x\delta)^2}} = \frac{Hf}{n\delta} \qquad (4\text{-}5)$$

2. 双目相机

双目相机由两个单目相机组成，在安装时这两个相机之间会存在一定的距离，这个距离称作基线，得到相机之间的基线就可以估计出每个像在空间的位置，这和我们的双眼一样，通过左右眼的视差来判断物体距离人眼的距离。但与人类不同的是，计算机需要将双目相机采集的图像进行匹配，经过大量的计算才能得到图像中每个像素点的深度。基线长短与双目相机能够测得的深度大小有很大关系，如果两个相机之间的基线越大，那么双目相机能测得的距离就越远。与单目相机相比，双目相机不需要通过移动就能估计出距离，但双目相机也有其缺点，双目相机的标定相比单目相机要复杂得多，此外，双目相机的基线大小与双目相机测量的精度和量程都有很大关系，并且对于双目相机视差的计算需要消耗大量的计算资源，需要使用中央处理器等设备才能实时输出整张图片的距离信息。图 4-14 为某品牌图像的双目相机。

图 4-14　某品牌图像双目相机

根据两个相机放置的方式不同，可以分为平行放置和会聚放置。平行放置是让两个相机的光心在同一个水平面内。接下来以两个相机平行放置时为例，介绍双目立体成像原理。

如图 4-15 所示为双目相机原理图，两个相机光心在同一水平面内，假设两个相机具有相同的焦距 f，且两个相机拍摄到的图像位于同一个平面内并且图像连线与 x 轴共线。两个相机的虚拟成像坐标系 u 轴和 v 轴同相机坐标系的 x 轴和 y 轴方向一致，b 为两个相机中心的距离，称为基线。两个相机虚拟成像坐标系的原点分别为点 O_1 和点 O_2，现实中的一点 P 在左、右相机的两个虚拟成像坐标系中的坐标分别为 $P_1(u_1, v_1)$ 和 $P_2(u_2, v_2)$。

因为左右两个相机成像在同一个水平面内，因此对于点 P 来说在两个成像平面内的 y 轴向坐标是相同，即 $v_2 = v_1$，由三角几何关系得

$$\begin{cases} u_1 = f\dfrac{x_c}{z_c} \\ u_2 = f\dfrac{(x_c-b)}{z_c} \\ v_1 = v_2 = f\dfrac{y_c}{z_c} \end{cases} \tag{4-6}$$

式中，(x_c, y_c, z_c) 为点 P 在左相机坐标系中的坐标；b 为基线；f 为焦距；(u_1, v_1) 和 (u_2, v_2) 分别为点 P 在左、右相机的虚拟成像坐标系中的坐标。则视差 d 为

$$d = (u_1 - u_2) = \dfrac{fb}{z_c} \tag{4-7}$$

由此可得，当测得的距离 z_c 越短，视差 d 就越大。当基线 b 越长时，双目相机所能测量的距离就越长，但两个相机的视野重合度也就越窄。

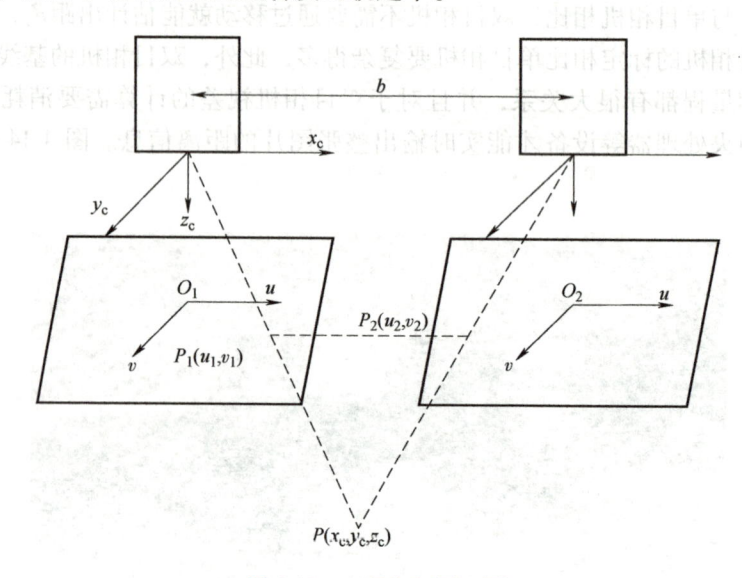

图 4-15 双目相机原理图

由此可计算出空间中某点 P 在左相机坐标系中的坐标为

$$\begin{cases} x_c = \dfrac{u_1 b}{d} \\ y_c = \dfrac{v_1 b}{d} \\ z_c = \dfrac{fb}{d} \end{cases} \tag{4-8}$$

因此，只要找到空间中某点在左、右两个相机的虚拟坐标系中的相应点，并且通过相机标定获得相机的内、外参数，就可以确定这个点在空间中的三维坐标。

3. 深度相机

深度相机又称（RGB-D）相机，深度相机工作时像激光雷达一样，主动向外发射光，并接收物体返回的光，通过计算发射光和返回光的时间，测出周围物体到相机的距离。因为

深度相机通过物理手段进行测距，所以并不像双目相机测距那样通过软件系统来计算，因此可以大大节省硬件的计算资源。如图 4-16 所示为深度相机。

图 4-16 深度相机

TOF 相机也是深度相机的一种。TOF 相机采用方波作为照射光源，这就使得整个电路实现起来比较容易。TOF 深度相机的感光元件由许多个二极管组成，感光元件接收到外界光时会产生电流，通过调节多个高频转换开关（图 4-17 中的 G1、G2）就可以把电荷储存在 $C1$、$C2$ 电容里。TOF 相机工作原理如图 4-17 所示。

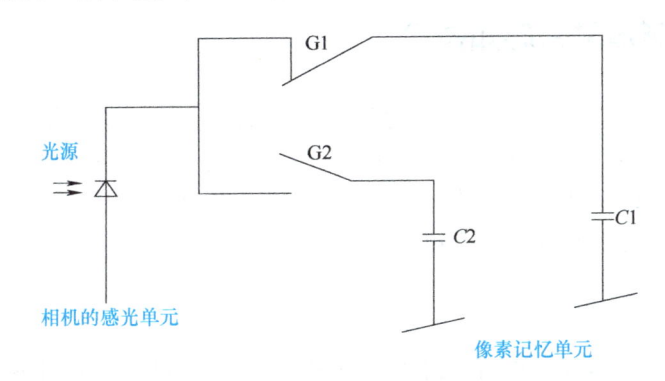

图 4-17 TOF 相机工作原理图

深度相机上有一个控制光源进出的开关，当控制开关打开再关闭时，相机就会发出一个光脉冲。此时光脉冲产生的电荷 S_0 就会存储在感光元件上；接下来控制光源的开关再次打开，停留短暂时间后再关闭，在此过程中产生的电荷 S_1 也会被存储在感光元件上。

因为单个脉冲的时间比较短，需要发射多次脉冲波并对其时间进行累计，直到累计的时间能够达到曝光的时间；当这个曝光时间被感光传感器检测到时，就可以计算出距离 d 为

$$d = \frac{c}{2} t_p \frac{S_1}{S_0 + S_1} \tag{4-9}$$

式中，c 为光的速度；t_p 为光脉冲的持续时间，S_0 表示较早的快门收集的电荷，S_1 表示延迟的快门收集的电荷。

通过上式可以得知：最小的可测量距离是 $d = 0$，此时的情况为 $S_1 = 0$，表示开始时收集到所有的电荷为 S_0，而在延迟的快门期间没有收集到电荷 S_1；最大的可测量距离是 $d = 0.5ct_p$，此时的情况为 $S_0 = 0$，表示在开始时没有收集到电荷 S_0，而在延迟的快门期间收集到所有的电荷为 S_1。

尽管深度相机相比于单目相机和双目相机可以实现物理测距，并且节省大量的计算资

源，但还是会受到以下外界环境的影响。

（1）多重反射　深度相机的测距原理是发出并接收返回的光从而实现测距，但如果发出的光束经过多次反射则会导致测量失真；也可能会导致反射光线没有进入相机当中，致使无法测量距离；此外，经过多次反射后会有光线从其他的方向进入相机内，还可能会导致过度曝光现象发生。

（2）散射光　在镜头内或在镜头后面发生多余光反射时，就会出现散射光，散射光会产生图像褪色、对比度下降等不良影响，所以要避免在相机正前方有强烈反光的物体存在。

（3）环境光　为了抑制一些其他光源进入相机对测距产生干扰，通常会在深度相机头部安装一个带通滤光片，但是这也只能过滤掉小部分的光源，生活中还有许多的光源无法被滤光片过滤掉，当这些光源进入深度相机中时，会对深度相机中的感光部件进行干扰，过度曝光的现象就会发生。因此想要避免环境光的干扰，仍然需要其他的保护机制。

（4）温度　电子元件的精度受温度的影响。当电子元件工作时的温度过高或者过低时，会对电子元件脉冲调制的精度产生影响，因此要使得相机工作的温度适宜，让相机工作在效率的最佳区间，从而保证相机的精度。

4.2　多传感器融合感知技术

每个应用于智能网联汽车上的传感器都有各自的优缺点，它们根据其自身不同的工作原理，为自动驾驶提供不同的信息，彼此之间不可相互替代。如若采用单一的传感器，传递的信息不能从根本上帮助实现自动驾驶，因此就需要多个传感器相互配合，实现多传感器的信息融合，从而构成智能网联汽车的感知系统。

4.2.1　多传感器融合的定义

多传感器融合又称作多传感器信息融合（Multi-sensor Information Fusion），有时也称作多传感器数据融合（Multi-sensor Data Fusion）。多传感器融合是利用计算机技术进行多源信息融合的一个过程，将多个传感器针对同一对象进行信息采集，再依据一定的准则进行分析和判断，完成决策、估算等信息处理。多传感器融合，可以利用各个传感器的优势，消除单一传感器的局限性，如若某一传感器出现问题也不会对汽车的驾驶安全造成影响，利用多传感器融合提高了系统的容错性、保证了自动驾驶的准确性。

多传感器融合感知技术对车载系统具有一定的要求，包括时间同步和空间同步。时间同步是指给各个传感器提供统一的同步时钟，保证传感器信息的时间一致性；空间同步是指将不同传感器的坐标系在信息融合前变换至同一个坐标系中，保证传感器信息的空间一致性。

4.2.2　多传感器融合的体系结构

多传感器融合的处理方式和人脑处理信息一样，将多个传感器的信息进行优化组合，从而获得对环境的统一性解释。按照数据抽象化的程度，多传感器融合可以分为像素级、特征级和决策级融合。

1. 像素级融合

像素级融合又称像元级融合，是直接对各个传感器的数据进行一定程度上的叠加。各个

传感器首先进行原始数据的采集；接着将传感器采集到的原始数据进行数据预处理工作，如激光点云下采样和图片的噪点去除；之后将数据进一步转化成能够对齐的数据包；之后进行数据关联和数据级融合；再之后将融合的数据进行特征提取工作；最后进行身份识别。如图 4-18 所示为像素级融合过程。

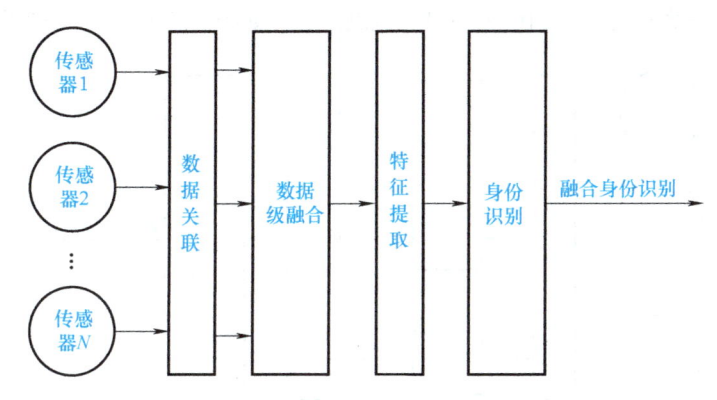

图 4-18　像素级融合过程

由于像素级融合时可能会有不同维度或者不同类型的传感器数据，融合的难度较高，需要用到较为复杂的数学理论。而传感器原始数据中的某些特征特别明显，所以一些研究人员逐渐开始把研究重点放在了特征提取上，可以先提取原始数据中的某些特征，比如点、直线、平面等较为明显的特征，再对这些特征进行进一步的分析和综合。

2. 特征级融合

特征级融合是信息融合的中间阶段，它首先对来自各个传感器的原始数据进行特征提取，特征可以是目标的边缘、速度和距离等；然后依据提取的某些特征对多个原始数据进行数据关联。特征级融合的优点是压缩了大量的冗余信息，并且显著提高了算法的运行效率，所提取的特征直接与决策分析有关。如图 4-19 所示为特征级融合过程。

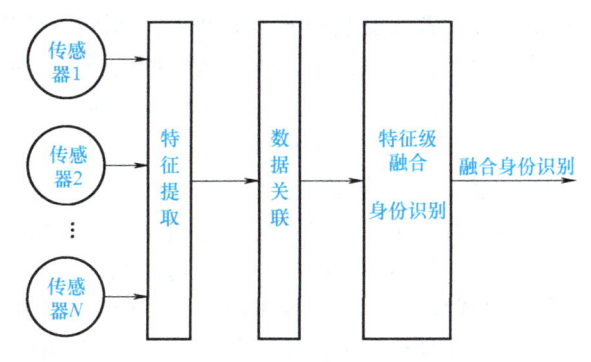

图 4-19　特征级融合过程

3. 决策级融合

除了像素级融合和特征级融合之外，还有一种更高阶段的融合，称为决策级融合。决策级融合是在进行正式信息融合之前，对各个传感器采集的数据进行预处理，并提取相关的特征，之后对各个特征进行识别，从而进行数据关联，最后对融合的特征进行决策。所以决策级融合相当于在特征级融合的基础上进一步加上了决策模块，用决策模块对各个传感器已经

检测到的目标进行分析和综合，从而选择出最为精确的目标。

决策级融合的优点是融合算法复杂度可高可低，并且融合算法可选择的范围较广，可以很好融合不同传感器不同维度的信息；除此之外决策级融合还有一定的容错性，当一个传感器失效或者出现错误信息的时候，其他传感器所获得的数据经过处理之后也能得到相对准确的结果，所以这种方法可以最大程度地得到精确的目标检测结果。如图 4-20 所示为决策级融合过程。

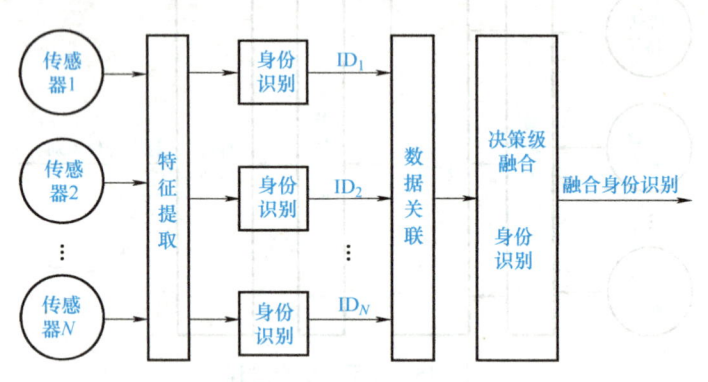

图 4-20　决策级融合过程

4.2.3　多传感器融合的方案

1. 摄像头与激光雷达融合检测

通过激光雷达扫描周围环境，可以获得周围环境障碍物对车辆的距离信息，并且可以获得周围障碍物大致的外部轮廓，同时激光雷达的检测不受外部光照的影响，但是激光雷达对周围环境障碍物的形状和纹理信息等特征无法获得，而摄像头可以很好地捕获周围环境障碍物的形状和纹理信息，但是易受到光照的影响，因此二者的融合可以很好地形成互补，能够充分发挥各自的优势，实现对周围环境的检测。

（1）空间上的数据融合　在实际应用中，摄像头和激光雷达的安装都是刚性连接，因此它们的相对位置保持不变，且二者的安装位置和角度都不相同，所以在进行数据处理前，需要对传感器进行内参和外参的标定，以此来建立二者空间的位置关系。

由于二者与车体是刚性连接的，因此激光雷达检测的点云都与相机成像当中的像素相互对应，因此通过建立激光雷达坐标系和相机坐标系，利用激光雷达坐标系下扫描得到的点与相机在像素坐标系下的空间约束关系，就可以得到两个空间坐标系之间的变换关系，从而完成激光雷达与相机之间的空间对准，实现激光雷达与相机空间上的数据融合。

建立相机成像模型：设相机坐标系为 O_c-$X_cY_cZ_c$、真实像平面坐标系为 O'_f-$X'_fY'_fZ'_f$、像素坐标系为 O_p-X_pY_p。针孔相机成像模型如图 4-21 所示，图中 f 为相机焦距。

为了研究方便，将真实像平面坐标系 O'_f-$X'_fY'_fZ'_f$ 关于 O_c-X_cY_c 平面对称，得到归一化成像平面坐标系 O_f-$X_fY_fZ_f$。设真实世界中任一点 P 在相机坐标系下的坐标为 (x_c, y_c, z_c)，对应投影到归一化成像平面坐标系下点 P' 坐标为 (x_f, y_f)，依据空间中三角形相似，整理得

$$\begin{cases} x_f = f \dfrac{x_c}{z_c} \\ y_f = f \dfrac{y_c}{z_c} \end{cases} \quad (4\text{-}10)$$

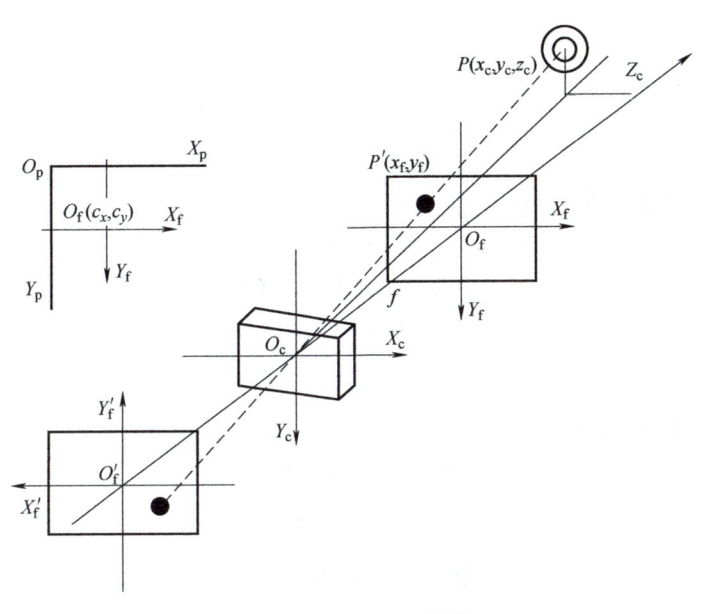

图 4-21 针孔相机成像模型

设空间中点 P 对应的像素坐标系下的坐标为 (X_p, Y_p)，像素坐标系在 X_p 轴方向上的比例系数为 α，在 Y_p 轴方向上的比例系数为 β，沿原点的偏移坐标为 (c_x, c_y)。将点 P' 在虚拟像平面（归一化成像平面）下的坐标转化为在像素坐标系下的坐标，则

$$\begin{cases} X_p = \alpha x_f + c_x \\ Y_p = \beta y_f + c_y \end{cases} \tag{4-11}$$

将式（4-10）代入式（4-11）中，整理得

$$z_c \begin{pmatrix} X_p \\ Y_p \\ 1 \end{pmatrix} = \begin{pmatrix} f_x & 0 & c_x \\ 0 & f_y & c_y \\ 0 & 0 & 1 \end{pmatrix} \begin{pmatrix} x_c \\ y_c \\ z_c \end{pmatrix} = \boldsymbol{KP} \tag{4-12}$$

式中，αx_f 用 f_x 替代；βy_f 用 f_y 替代；$\boldsymbol{K}$ 为相机的内参矩阵。

激光雷达和相机在空间的坐标系不同，需要进行坐标系的转换，使用旋转矩阵 $\boldsymbol{R}$ 与平移矩阵 $\boldsymbol{t}$ 组成的增广矩阵来描述相机坐标系和激光雷达坐标系的转换，将式（4-12）左右两侧同乘增广矩阵可得

$$s \begin{pmatrix} X_p \\ Y_p \\ 1 \end{pmatrix} = \begin{pmatrix} f_x & 0 & c_x \\ 0 & f_y & c_y \\ 0 & 0 & 1 \end{pmatrix} \begin{pmatrix} t_1 & t_2 & t_3 & t_4 \\ t_5 & t_6 & t_7 & t_8 \\ t_9 & t_{10} & t_{11} & t_{12} \end{pmatrix} \begin{pmatrix} X_L \\ Y_L \\ Z_L \\ 1 \end{pmatrix} \tag{4-13}$$

式中，$\begin{pmatrix} t_1 & t_2 & t_3 & t_4 \\ t_5 & t_6 & t_7 & t_8 \\ t_9 & t_{10} & t_{11} & t_{12} \end{pmatrix}$ 为旋转矩阵 $\boldsymbol{R}$ 与平移矩阵 $\boldsymbol{t}$ 组成的增广矩阵，s 为 z_c 与增广矩阵的乘积。

内参矩阵使用 MATLAB 标定工具箱标定获得，将标定结果代入式（4-13）得到

$$s\begin{pmatrix}X_p\\Y_p\\1\end{pmatrix}=\begin{pmatrix}t'_1 & t'_2 & t'_3 & t'_4\\t'_5 & t'_6 & t'_7 & t'_8\\t'_9 & t'_{10} & t'_{11} & t'_{12}\end{pmatrix}\begin{pmatrix}X_L\\Y_L\\Z_L\\1\end{pmatrix} \qquad (4\text{-}14)$$

进一步化简，可以得到约束方程为

$$\begin{cases}X_p=\dfrac{t'_1 X_L+t'_2 Y_L+t'_3 Z_L+t'_4}{t'_9 X_L+t'_{10} Y_L+t'_{11} Z_L+t'_{12}}\\ Y_p=\dfrac{t'_5 X_L+t'_6 Y_L+t'_7 Z_L+t'_8}{t'_9 X_L+t'_{10} Y_L+t'_{11} Z_L+t'_{12}}\end{cases} \qquad (4\text{-}15)$$

定义矩阵向量 $\boldsymbol{T}=(\boldsymbol{t}_1,\boldsymbol{t}_2,\boldsymbol{t}_3)^{\text{T}}$，其中

$$\begin{cases}\boldsymbol{t}_1=(t'_1,t'_2,t'_3,t'_4)^{\text{T}}\\ \boldsymbol{t}_2=(t'_5,t'_6,t'_7,t'_8)^{\text{T}}\\ \boldsymbol{t}_3=(t'_9,t'_{10},t'_{11},t'_{12})^{\text{T}}\end{cases} \qquad (4\text{-}16)$$

得到

$$\begin{cases}\boldsymbol{t}_1^{\text{T}}\boldsymbol{P}-\boldsymbol{t}_3^{\text{T}}\boldsymbol{P}X_p=0\\ \boldsymbol{t}_2^{\text{T}}\boldsymbol{P}-\boldsymbol{t}_3^{\text{T}}\boldsymbol{P}Y_p=0\end{cases} \qquad (4\text{-}17)$$

由式（4-17）得知1个特征点可以建立2个线性约束，$\boldsymbol{T}$ 是3×4维矩阵向量，选取6组特征点使用奇异值分解法可求解 $\boldsymbol{T}$ 矩阵，即得到激光雷达和相机的空间转换矩阵。

（2）时间上的数据融合 由于摄像头和激光雷达的采样时间各异，还需要对二者进行时间同步处理。在对数据进行时间处理时，可分为三种方式：软件同步、硬件同步和自同步。

1）软件同步。在对时间同步要求不高的时候，软件同步主要是依靠操作系统对获取的数据标记时间戳，根据系统标记的时间戳来进行数据同步。软件同步的优点是实现比较简单，没必要修改雷达的驱动程序，对不同的硬件及平台兼容性较好，软件、硬件的工作量相对较小；缺点是软件同步标记时间戳的时刻实际是数据到达驱动层或系统调度时刻，由于激光雷达和摄像头的数据采集不可能做到真正在同一时刻进行，再加上通信转发以及多线程等因素影响，因此存在较大的同步误差。

2）硬件同步。硬件同步的实现方式有两种：第一种是将激光雷达和相机交由同一处理器进行控制；第二种是将不同平台间的时钟源进行同步，选择其中的某一平台作为时钟源，通过对另一平台的时钟源进行周期性校正从而达到时间同步，两个平台都将各自传感器打标时刻精准定位于数据采集时刻。硬件同步的优点是精度很高，对不同的硬件及平台兼容性较好；缺点是需要较高精度的时钟源，需要考虑校正过程中处理器运行及通信带来的固有延迟和误差，因而往往需要增加系统硬件成本，并需要修改数据帧格式及驱动，不太容易实现。

3）自同步。自同步的方式是利用激光雷达输出数据的规律，即每次扫描开始的数据帧的S标志位为"1"，其他数据帧该标志位为"0"。严格来说自同步不是基于时间的同步方式，而是基于标志位触发的事件同步。和硬件同步相比，自同步不需要增加额外的硬件成本和复杂的校准流程，并且自同步的同步精度较高。

2. 摄像头与毫米波雷达融合检测

对于摄像头和毫米波雷达的时间融合方法同上，这里就不多叙述，对于空间上的融合需要对摄像头和毫米波雷达进行联合标定，在标定之前需要建立车体局部坐标系、毫米波雷达局部坐标系和摄像头局部坐标系。其联合标定思路是将毫米波雷达局部坐标系转换到摄像头局部坐标系，再将数据的结果统一转换到车体局部坐标系。为了方便标定，一般将毫米波雷达安装在车体的正前方，这使得毫米波雷达与车体之间的变换只需考虑平移因素。

本书采用透视变换实现摄像头局部坐标系与车体局部坐标系之间的转换。将摄像头局部坐标系转换到车体局部坐标系当中，见式（4-18）

$$(x' \quad y' \quad w') = (u \quad v \quad 1)\begin{pmatrix} t_{11} & t_{12} & t_{13} \\ t_{21} & t_{22} & t_{23} \\ t_{31} & t_{32} & t_{33} \end{pmatrix} \quad (4\text{-}18)$$

式中，(u,v) 为摄像头局部坐标系中的坐标；(x,y) 为变换后车体坐标系中的坐标，令 $x = x'/w'$，$y = y'/w'$；$\begin{pmatrix} t_{11} & t_{12} & t_{13} \\ t_{21} & t_{22} & t_{23} \\ t_{31} & t_{32} & t_{33} \end{pmatrix}$ 为映射变换矩阵，$\begin{pmatrix} t_{11} & t_{12} \\ t_{21} & t_{22} \end{pmatrix}$ 为可逆矩阵，$(t_{13} \quad t_{23})^{\mathrm{T}}$ 为平移矩阵，$(t_{31} \quad t_{32})$ 为缩放矩阵，$t_{33} = 1$。

将式（4-18）展开可得到

$$\begin{aligned} x &= \frac{x'}{w'} = \frac{t_{11}u + t_{21}v + t_{31}}{t_{13}u + t_{23}v + t_{33}} \\ y &= \frac{y'}{w'} = \frac{t_{12}u + t_{22}v + t_{32}}{t_{13}u + t_{23}v + t_{33}} \end{aligned} \quad (4\text{-}19)$$

式（4-19）中 t_{33} 已知，因此共有 8 个未知数，一个特征点有 2 个方程，因此共有 4 组特征点就可以求解该映射变换矩阵的解。

4.3 目标检测技术

目标检测是计算机视觉领域一个基本且重要的研究课题，包含两层含义：①判断图像上有哪些目标，判断目标物体在图像中是否存在；②判断图像中物体的具体位置，解决目标物体在哪里的问题。对于智能网联汽车的目标检测技术主要包括：车道线检测技术、行人和车辆检测技术以及交通信号灯和交通标志检测技术。

4.3.1 车道线检测技术

一般道路分为结构化道路和非结构化道路，结构化道路有明显的车道线和道路边界标识，而非结构化道路则没有车道线和道路边界标识，无法进行车道线和道路边界的识别。本小节针对结构化道路给出车道线检测技术的方法。

车道线检测是智能网联汽车环境感知中一个重要的任务，其目的是通过车载相机来检测车道线。车道线由实线、虚线、网格线等组成，颜色包括黄色和白色，特征比较单一。对于车道线的检测，没有综合的特征可以采用，因此很难凭借单一的模型实现车道线的准确检测。近年来，随着计算机视觉的应用发展和落地，车道线检测任务也获得了广泛关注。车道线检测在自动驾驶系统中扮演着重要的角色，特别是在高级辅助驾驶系统（Advanced Driver Assistance System，ADAS）中，车道线检测不仅要准确地获取道路上每条车道线的形状，而且还需要对每条车道线进行区别，由于车道线的形态有很多不确定性，以及车道线检测往往会受到阴影、眩光、遮挡、磨损、道路颜色等细微变化的影响，因此车道线检测面临很大的挑战与困难。车道线检测算法应用于车载系统，需要处理实时数据，对算法实时性也提出了非常高的要求，如何在降低硬件要求的基础上提高算法性能，是车道线检测任务面对的又一挑战，因此合理制定车道检测方法至关重要。

结构化道路有明显的道路区域和非道路区域的分界线，在结构化道路的车道线检测中，车道线通常指路面上颜色较深并且具有一定宽度的四边形区域。需要将车载摄像头安装在车辆正前方，使其能够看到车辆前方的两组车道线。对于车道线的检测，其主要过程分为两个部分：车道线边缘点的提取和车道线边缘线的拟合。

1. 车道线边缘点的提取

摄像头采集的原始图像为 RGB（Red 红、Green 绿、Blue 蓝）彩色图像，将彩色图像灰度化，再对灰度图像进行图像滤波、边缘处理和图像二值化，最后可得到车道线边缘点，如图 4-22 所示。

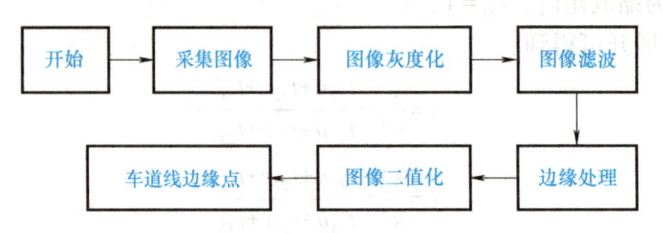

图 4-22 车道线边缘点的提取流程

2. 车道线边缘线的拟合

对于车道线边缘线的拟合，主要考虑直线情况，使用 Hough（霍夫）变换进行直线拟合，其优点是受到噪声的影响小、鲁棒性较好。

（1）Hough 变换原理　其基本思想是建立空间直角坐标系与参数坐标系之间的映射关系，使变量和参数进行交换，将空间直角坐标系的目标物体转化为参数坐标系中的参考点。设空间直角坐标系下的一条直线为 $y=kx+b$，在参数坐标系下为 $r=x\cos\theta+y\sin\theta$，$r$ 为原点距离直线的法线距离，θ 为该法线与 x 轴正方向的夹角。因此经过变换后，空间直角坐标系下的一条直线经过 Hough 变换映射为参数坐标系下的一个点（所有属于同一条直线上的点会在参数坐标系中汇集于一点），同理，空间直角坐标系下的一个点（决定了一族直线）经过 Hough 变换转化为参数坐标系下的一条曲线。如图 4-23 所示为两坐标系的映射关系。

（2）车道线边缘线的拟合算法　假设车道线为直线且道路水平，建立图像平面坐标系，左右两个车道线标线模型为

$$y_L = k_L x_L + b_L$$
$$y_R = k_R x_R + b_R$$

(4-20)

式中，(x_L, y_L) (x_R, y_R) 分别表示左、右两侧车道线的横纵坐标；k_L、k_R 为左、右两侧车道线的斜率；b_L、b_R 为左、右两侧车道线的截距。

a) 空间直角坐标系　　　　　　　b) 参数坐标系

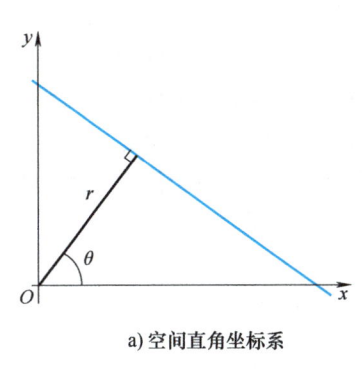

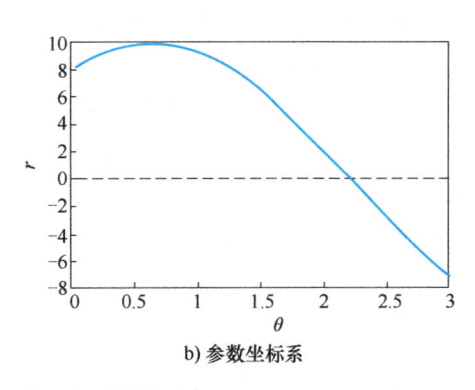

图 4-23　两坐标系的映射关系

将上式 Hough 变换后可表示为 $r=x\cos\theta+y\sin\theta$，从而使得在空间直角坐标系下的多条直线转化为参数坐标系下的多个点，为了便于统计，将参数空间坐标系离散为许多小方格，如果通过 Hough 变换后得到的点落在小方格内就记加一，当统计完所有的点后，记数值最大的那个小方格内的参数（r,θ），即为对应于空间直角坐标系下所求的直线。对于直线拟合，除了上述方法外，还有最小二乘法、插值法、B-样条拟合法等。

4.3.2　行人和车辆检测技术

行人和车辆检测技术作为环境感知中的重要组成部分，在路径规划和智能避障方面发挥着重要作用。行人和车辆检测技术是通过传感器采集环境信息，判断激光雷达生成的点云或相机检测的图像中是否存在行人或车辆并给予精确定位。

行人和车辆检测技术通常来说就是利用专门的传感器来感知行驶中的汽车所处的周围环境，同时结合智能算法实时准确地计算该车四周是否存在其他的行人和车辆以及它们所处的位置。对于行人和车辆的检测，一直是近几年来许多学者研究的重点，行人的不同运动姿态、角度，以及不同种类的车辆都会显示出不同的外观，并且成像距离也是远近不一，对于检测区域密集的地方，还会发生行人和车辆遮挡的现象，或者是被其他的建筑物遮住，这些情况都会影响对行人和车辆的检测。因此如何实现行人和车辆高效且准确的检测，是智能网联汽车领域亟须解决的问题。

1. 基于深度学习的视觉检测方法

基于视觉的行人和车辆检测技术，需要采集大量行人和车辆的图片，并且要求采集的样本要多样化。利用深度学习的方法让计算机在大量的样本中进行训练，使计算机得到一个分类器，然后利用该分类器去识别其他图像中的目标，从而实现对目标的检测。检测结果的好坏取决于计算机的学习能力，以及学习后得到的表达特征与实际特征匹配的程度。

基于深度学习的视觉检测方法主要包括四个部分：数据集的采集、图像特征提取、分类器的训练以及目标位置的检测。

数据集共分为两类：正样本（Positive Sample）和负样本（Negative Sample）。正样本包含需要检测的目标，需要进行手动标注，并进行归一化处理，不同的正样本需要进行分类，针对不同车型需要手动打上不同的标签；负样本则是在不包括正样本的情况下随机采集获取的。

在完成正样本和负样本的采集并标注好类别后,将样本输入神经网络当中,首先,需要提取目标的特征,其目的就是将提取到的特征映射到特征空间,缩小同类样本的差距,增大不同类别之间的差距,以便分类器进行分类。其次,对大量的正、负样本进行训练,每一次训练后都会进行一次样本的验证,并会得到一个权重,也就是得到一个分类器,直到该分类器能够准确地区分正、负样本。训练完成后使用得到的分类器去预测待检测的目标,实现对行人和车辆的检测。行人和车辆检测结果示意图如图4-24所示。

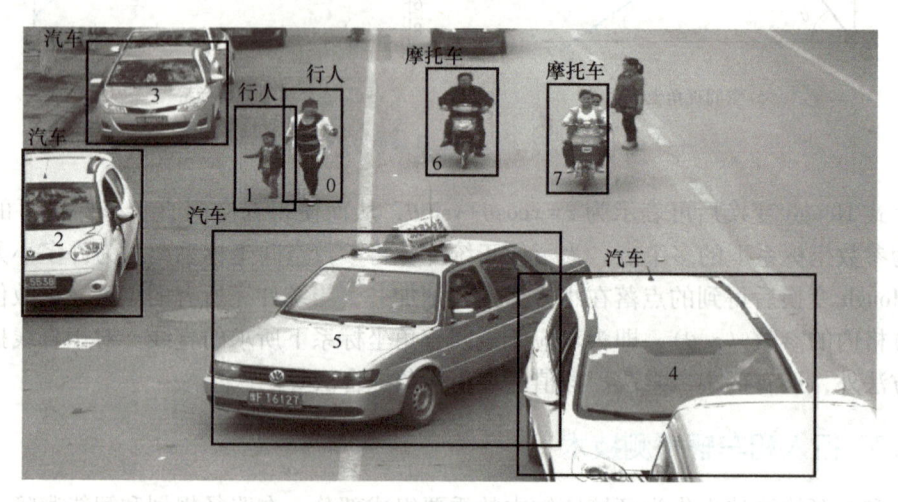

图4-24 行人和车辆检测结果示意图

2. 基于3D点云的传统检测方法

基于3D点云的传统检测方法主要包括感兴趣区域的提取、点云下采样、地面的滤除、欧氏距离聚类四个部分。首先,提取感兴趣区域,由于激光雷达是360°扫描的,因此需要对激光雷达感知到范围进行一个划定,对于较近或较远地方的点云通常进行舍弃,根据实际的需求,从x、y、z轴三个方向上对原始点云进行限制;其次,为了缩短程序的运行时间以保证检测的实效性,需要对感兴趣区域内的点云进行一个下采样,可以使用体素化网格算法对原始3D点云进行一个下采样,设定一个阈值,将阈值内的所有点云划分成一个立方体,这样大大地降低了点云的数量,减少了硬件的计算量;再次,需要对地面进行滤除,通常采用随机采样一致性(Random Sample Consensus,RANSAC)平面拟合算法对地面的点云进行分割,RANSAC平面拟合算法简单来讲就是寻找一个平面,使得这个平面尽可能地包含更多的点,经过反复的迭代找到一个尽可能包含地面所有点云的平面,直到拟合结束;最后,对滤除地面后的其他点云进行聚类,通过设定一个合理的阈值,使点云尽可能地聚集成簇群,从而完成对障碍物的检测。

在自动驾驶中采用激光雷达进行感知可以分为两个层次:低层次感知只需要探测到前方是否有障碍物,不需要对其进行分类;高层次感知可以看成目标识别,需要对障碍物信息进行进一步分类。障碍物检测是指从点云数据中提取出潜在的障碍物体,得到它们的方位、尺寸、形状、方向等信息,这些信息一般通过包围框来描述。

激光雷达的障碍物检测流程,如图4-25所示。

1)考虑到车上有多个传感器共同作业,需要对输入的激光点云进行时间同步和外参标定。

2）由于激光雷达的采样存在噪声和点云数据量大的问题，所以需要对点云进行预处理，减少数据量、剔除噪声点。

3）每帧点云数据中包含了大量的地面点，检测的目的是获取道路障碍物信息，需要进一步分割出地面上的点云。

4）地面上的障碍物点通常采用无监督的聚类算法，形成多个团簇，每个团簇则表示一个障碍物。

5）针对团簇的物体识别可以根据任务需求而定，如果需要类别信息，可以采用特征提取和分类器分类的方式分类障碍物。

6）对每一块团簇进行包围框拟合，计算障碍物属性，比如计算出障碍物的中心点、质心点、长、宽、高等。

7）利用卡尔曼滤波器对每一个障碍物进行跟踪，跟踪结果平滑输出。

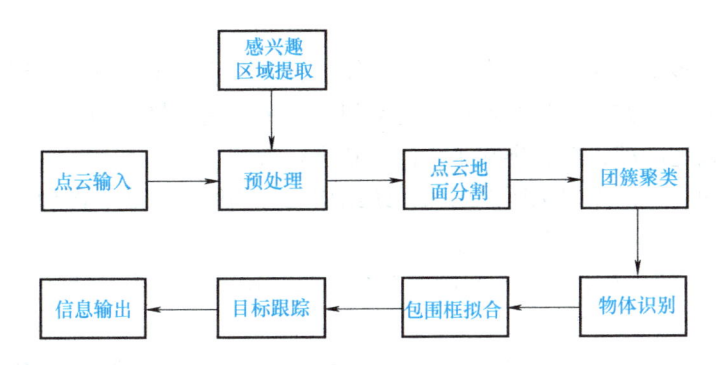

图 4-25 激光雷达的障碍物检测流程

3. 基于 3D 点云的深度学习检测方法

点云和深度图同一般的图像不同。点云是稀疏、不规则的，需要设计特殊模型提取特征。而深度图是密集紧凑的，深度像素存储的是 3D 信息，而不是 RGB 值。因此使用点云和深度图的深度学习方法有所不同，而且自动驾驶需要检测目标的实时性，推理要快，如何设计一个在点云和深度图上推理更快的模型也是一个新的挑战。

基于点的深度学习的目标检测方法成功地应用在了点云上，利用此方法可以直接从原始点数据中预测 3D 目标。将点云数据输入基于点的主干网络，通过点云算子来提取点云特征，再利用基于下采样点的特征来进行预测目标。

基于 3D 点云的深度学习检测方法主要分为两个部分：点云采样和特征学习。基于网格的 3D 目标检测器首先将点云栅格利用离散的网格表示，即利用体素、柱体和鸟瞰视图（Bird's Eye View，BEV）特征图来表示点云栅格；然后应用传统的 2D 卷积神经网络或 3D 稀疏神经网络提取特征；最后从鸟瞰视图网格中检测出 3D 目标。

4.3.3 交通信号灯和交通标志检测技术

交通信号灯和交通标志采用规范化信息对车辆与行人做出限制与指示，是重要的交通疏导工具之一。交通信号灯和交通标志检测是智能网联汽车检测系统的基本任务之一，同时作为辅助自动驾驶系统的一部分对车辆的安全行驶具有重要作用。

交通信号灯和交通标志使车辆行驶变得更加规范化并降低了事故风险，对于智能网联汽车来说也是如此，与此同时，交通信号灯和交通标志的准确识别直接关乎智能驾驶的安全性。在辅助驾驶过程中，交通信号灯和交通标志的检测可以帮助持续监测路面信息，为驾驶人提示预警，减少交通事故的发生；在自动驾驶过程中，交通信号灯和交通标志的指示，可以为行驶的车辆提供行驶路线的规划和是否行驶的判断。因此交通信号灯和交通标志的有效检测对智能网联汽车的安全行驶具有重要的作用。

在背景比较简单的情况下，基于色彩特征的识别方法能够有效识别和检测交通信号灯和交通标志，但是在背景比较复杂的情况下，基于色彩特征的识别方法很容易出现漏检的现象；基于交通信号灯和交通标志的形状特征也可以实现对交通信号灯和交通标志的有效检测，但是需要建立不同交通信号灯和交通标志的形状规则，这就限制了算法的灵活性，因此单一的方法都不能很好地完成对交通信号灯和交通标志的检测和识别。

国内外也有许多学者提出了解决方案，总体上分为基于传统的图像处理方法和基于机器学习的方法。但大多数方法都是在各种颜色空间中利用交通信号灯和交通标志的彩色图像进行分割，得到感兴趣区域，然后再基于几何形状进行检测。

交通信号灯和交通标志识别所采用的系统结构可分为图像采集、图像预处理、图像识别和图像跟踪4个部分，如图4-26所示：

1）图像采集：使用车载摄像头对图像进行采集，调节摄像头的参数，保证采集的图像足够清晰。

2）图像预处理：对采集的图片进行颜色空间的转化，将采集到的RGB格式的图像转化为HSV（Hue 色调、Saturation 饱和度、Value 值）图像，基于统计分析方法对彩色图像进行分割，去除噪声，然后对感兴趣区域进行聚类，得到交通信号灯和交通标志在图像中的位置。

3）图像识别：通过对采集的样本进行训练，得到交通信号灯和交通标志的分类器，利用训练好的分类器完成对交通信号灯和交通标志的实时检测。

4）图像跟踪：通过识别模块可以识别交通信号灯和交通标志的状态，之后利用基于色彩的跟踪算法实现对目标的跟踪，这样可以有效地提高目标检测的实时性和准确率。

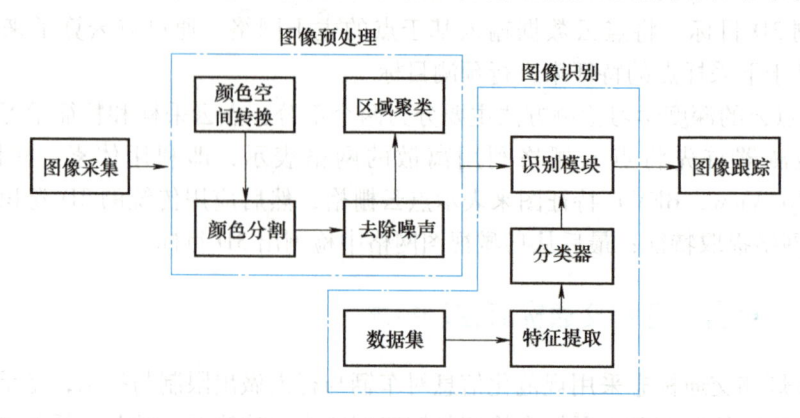

图 4-26　交通信号灯和交通标志识别流程图

【课后习题】

1. 毫米波雷达在智能网联汽车上的应用主要有哪些?
2. 视觉传感器在无人驾驶汽车上能够实现哪些功能?
3. 多传感器融合技术的优势是什么?

参 考 文 献

[1] 张泽坤,唐冰,陈小平. 面向物流分拣的多立体摄像头物体操作系统［J］. 计算机应用,2018,38（8）:2442-2448.

[2] 高翔. 视觉 SLAM 十四讲:从理论到实践［M］. 北京:电子工业出版社,2017.

[3] 蔡晓明. 基于地理信息系统的煤矿瓦斯突出预测研究［D］. 昆明:昆明理工大学,2006.

[4] 陈慧岩,熊光明,龚建伟. 无人驾驶车辆理论与设计［M］. 北京:北京理工大学出版社,2018.

[5] 涂铭,金志勇. 深度学习与目标检测［M］. 北京:机械工业出版社,2021.

[6] 余贵珍,周彬,王阳,等. 自动驾驶系统设计及应用［M］. 北京:清华大学出版社,2019.

[7] 冯振,郭延宁,吕越勇. OpenCV 4 快速入门［M］. 北京:人民邮电出版社,2020.

[8] 王科,李霖. 智能汽车关键技术与设计方法［M］. 北京:机械工业出版社,2019.

[9] 崔胜民. 智能网联汽车技术［M］. 北京:机械工业出版社,2020.

[10] 常菲,浦争艳,李明禄,等. 综合地图匹配定位技术研究［J］. 计算机工程与应用,2004（19）:200-202.

[11] 李晓欢,杨晴虹,宋适宇,等. 自动驾驶汽车定位技术［M］. 北京:清华大学出版社,2019.

[12] 李连营,许小兰,吴中恒,等. 多源导航电子地图数据融合更新方法研究［J］. 武汉大学学报(信息科学版),2008（4）:401-412.

[13] 常启瑜. 多传感器融合的车辆检测与跟踪系统研究［D］. 长沙:湖南大学,2019.

第5章

智能网联汽车定位技术

学习目标

1. 熟悉 GPS 和 BDS 的组成和工作原理。
2. 了解差分定位技术的优点。
3. 熟悉惯性导航定位技术的特点。
4. 了解地图匹配定位技术的算法。
5. 熟悉同时定位与建图技术的工作原理。

5.1 全球导航卫星系统（GNSS）

全球导航卫星系统（Global Navigation Satellite System，GNSS）是人类科技发展上的重大突破，给社会、军事、经济等很多领域带来了巨大变革，便利了人们的日常生活。GNSS 还可利用由多卫星所构成的卫星系统，获取不同地点的经度、纬度和高度信息，为导航定位实施提供位置信息和速度信息。GNSS 通常泛指以美国的 GPS、中国的 BDS、欧盟国家的 Galileo、俄罗斯的 GLONASS（格洛纳斯）为核心的导航卫星系统。

5.1.1 GPS 定位系统

GPS 是以空中卫星为基础的高精度无线电导航系统，是一种绝对位置估计法。GPS 利用三角测量技术完成定位功能，依据目标物体与 3 颗卫星之间的距离，推算出该点的位置信息。GPS 可以全天候进行定位，服务于高精度系统，目前使用范围广泛、应用普遍。GPS 容易受到周边环境（如高楼、树木、隧道）的影响，周边环境的遮挡会对 GPS 的信号造成干扰，GPS 应用于智能网联汽车时，其精度不够、更新周期长。

GPS 由导航卫星、地面控制系统和用户组成，如图 5-1 所示。

1）导航卫星共由 21 颗工作卫星和 3 颗在轨备用卫星组合，它们均匀地分布在 6 个轨道面上，在距地表 20000km 的上空进行监测。这 24 颗导航卫星的运动周期是 12h，而每一颗 GPS 导航卫星都可发射用于导航定位的信号。

2）地面控制系统主要由若干个跟踪站所构成的地面监控系统组成。按照跟踪站功能的不同，可以分为主控站、监控站和注入站。跟踪站的作用是对卫星进行监视与管理，保证系

图 5-1 GPS 组成结构

统的正常运行并验证信号的精确度。主控站是地面控制系统的核心,可接收监控站采集的数据,进行计算和校正,并将导航信息编译发送到注入站,实现管理和监控工作。

3)用户主要包括 GPS 的接收机和数据处理软件。接收机的主要功能是通过接收、追踪和放大卫星发射的信号,从而得到观测值。数据处理软件的主要功能是针对 GPS 接收机接收的观测数据进行预处理,再通过平差计算、坐标转换和分析等综合处理,将用户的坐标、速度和方向等信息全部计算出来。

GPS 的接收机不断地接收来自 GPS 卫星轨道和原子钟精确时间的信息,再基于卫星发射时间和本地时间之差,从而得到准确的用户设备位置。接收机从卫星上收到信号后,便可以测出卫星和用户设备在空间上的距离。用户位于以卫星为球心,测量距离为半径的球面和地球表面相交处圆弧上。在接收机收到第二颗卫星发出的信号后,以第二颗卫星为球心,第二个被测距离为半径的球面,它还将和地球表面相交为圆弧,两圆弧间有两个交点,无法精确定位用户设备。在接收机收到第三颗卫星发出的信号后,同理第三个圆弧将在地球表面上形成,这时三个圆弧将在一点相交,这个点就是用户设备所在点。

三个卫星的定位,要求具有极其精准的原子钟,但由于 GPS 接收机的时钟存在误差,测得的距离观测值会含有误差,所以要采用第四颗卫星的观测值来获取用户精准的空间位置和时钟差。如图 5-2 所示为 GPS 定位的原理示意图。

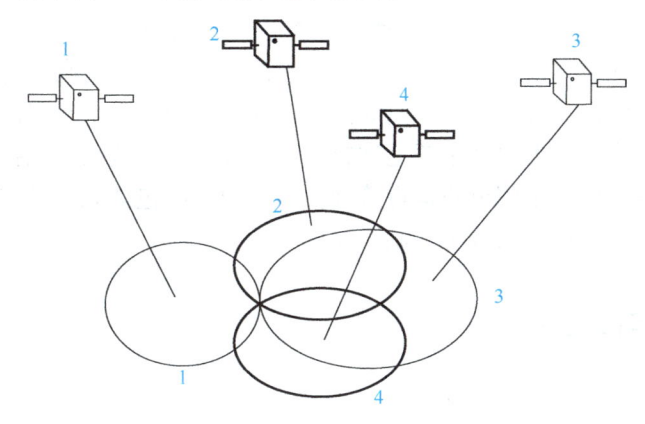

图 5-2 GPS 定位的原理示意图

以卫星为球心，用户到卫星的距离可以表示为

$$R=\sqrt{(x_1-x)^2+(y_1-y)^2+(z_1-z)^2}+cd_t \tag{5-1}$$

式中，R 为卫星与用户之间的空间距离，是已知量；(x_1,y_1,z_1) 为卫星在 t 时刻的直角坐标，是已知量；(x,y,z) 为待测点坐标，是未知量；c 为光速；d_t 为接收机与 GPS 的时钟差。

由于实际用户接收机的时钟与卫星的时钟不是同步的，因此上式中含有 4 个未知量，所以需要 4 个卫星才能解算方程，获得用户的空间直角坐标。

GPS 定位系统具有以下特点：

1）能够在全球范围内全天候工作。因为 GPS 的卫星数目比较多，而且均匀分布，所以可以始终保持至少观测到 4 颗卫星，保证了全球、全天候的实时定位服务。

2）定位精度高。

3）观测时间短。

4）操作简便。随着 GPS 接收机的不断升级，接收机的体积越来越小，质量越来越轻，使得工作者的工作强度越来越小，操作更加轻便。

5）可提供三维坐标。

GPS 作为一种民用的定位传感器，其精度不能满足 L4、L5 级别智能网联汽车的要求。当车辆快速行驶时，GPS 数据更新频率较小，不能实时提供准确的定位信息。同时，GPS 容易受到建筑物、树木、地下车库的影响，定位精度会严重下降。

5.1.2 BDS 定位系统

北斗导航卫星系统（BDS）是我国自主研发的导航卫星系统，BDS 是为满足国家安全和经济社会发展需要，自主建设的、独立运行的导航卫星系统。该系统服务于我国及周边国家，在交通运输、气象测报、救灾减灾等方面已广泛应用，同时该系统与电子商务、移动终端、定位服务相结合，在大众日常生活中也不断得到应用。北斗导航卫星系统覆盖范围为东经 70°～140°，北纬 5°～55°，在地球赤道面上配备了两颗地球同步卫星。

北斗导航卫星系统具有以下特点：

1）覆盖面广，没有通信盲区，采用三种轨道卫星组合的混合星座方式，遮盖能力强，能不断调整和优化服务性能。

2）可以提供多种导航信号，确保在不同领域中的广泛应用。

3）北斗导航卫星系统结合了导航和通信功能，可实现双向信息通信。北斗导航卫星三号系统中，增加了星间链路设计，实现了卫星之间的数据传递，提高了定位精度。

北斗导航卫星系统由三部分组成：空间段、地面段和用户段。空间段由若干地球静止轨道卫星、倾斜地球同步轨道卫星和中圆地球轨道卫星等组成。地面段包括主控站、注入站和监测站等若干地面站，以及星间链路运行管理设施。用户段包括北斗导航卫星系统兼容其他导航卫星系统的芯片、模块、天线等基础产品等。

5.2 差分定位技术

差分定位是对 GPS 定位的一种修正，差分定位利用已知位置的基准站将公共误差估算出来，通过相应的补偿算法来减少或消除误差，以提高定位的精度。

差分定位技术核心思想就是在某一特定区域建立一台或者多台 GPS 接收机,以及以精密坐标已知的 GPS 接收机为基准站接收机,把基准站收到的信息和已知信息进行对比,计算差分校正量,再把差分校正量送到某一区域流动站校正,可消除误差,这样便提高了用户定位精度。

按计算方法不同,差分可分为后差分和实时差分。所谓后差分,就是基准站首先对所记录差分数据进行储存,在整个测量结束后再按照相应的时间段和时间点对移动站的数据进行差分处理;实时差分是基准站利用无线电台,实时地将差分数据传输给移动站,这样可以达到实时的数据差分处理。

按目标参量的不同,差分定位技术可分为位置差分技术、伪距差分技术和载波相位差分技术。

1. 位置差分技术

位置差分技术是最简单的一种差分定位技术,该技术使用装设于已知点的基准站 GPS 接收机,在四颗和更多卫星上进行单点定位,从而获取基准站三维坐标,如图 5-3 所示为位置差分工作原理。

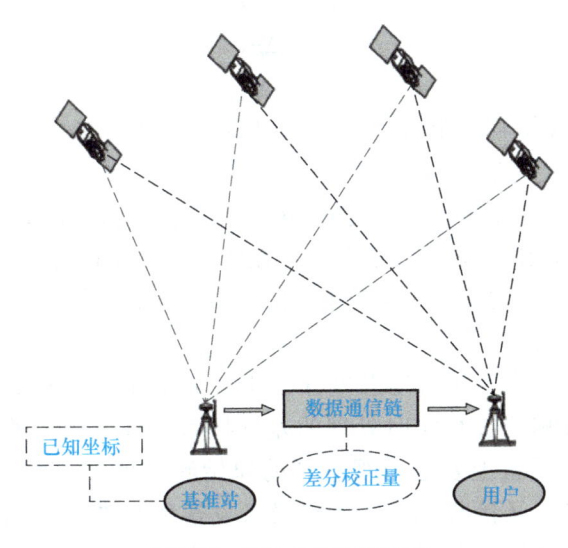

图 5-3 位置差分工作原理

受星历误差、时钟误差、大气折射的影响,因此坐标测量值与基准站实际坐标值之间存在一个偏差,即

$$\begin{cases} \Delta X = X - X' \\ \Delta Y = Y - Y' \\ \Delta Z = Z - Z' \end{cases} \quad (5\text{-}2)$$

式中,ΔX、ΔY、ΔZ 为差分校正量。基准站将差分校正量传输给流动站用户接收机,使用户接收机对坐标进行修正如下

$$\begin{cases} X_1 = X'_1 + \Delta X \\ Y_1 = Y'_1 + \Delta Y \\ Z_1 = Z'_1 + \Delta Z \end{cases} \quad (5\text{-}3)$$

通过对数据的修正，可以减少基准站与流动站之间的公共误差，从而进一步提升定位精度。位置差分技术计算简单、修改数据量少，任何一种 GNSS 接收机都可以改装和组成这种差分系统。

位置差分技术要求基准站和流动站观测的是同一组卫星，否则由于误差源的不同，会使修正数据不准确，从而影响其定位精度，致使操作较为困难。位置差分技术定位精度较低，且应用范围在距离上受到限制。

2. 伪距差分技术

伪距差分技术是在一定范围的定位区域内，设置一个或多个安装 GNSS 接收机的已知点作为基准站。设基准站 S_0 的已知坐标值为 (X_0, Y_0, Z_0)，GPS 卫星的坐标值为 (X_j, Y_j, Z_j)，首先，计算出基准站和卫星的真实几何距离为

$$\rho_0^j = \sqrt{(X_j-X_0)^2+(Y_j-Y_0)^2+(Z_j-Z_0)^2} \tag{5-4}$$

其次，连续跟踪并观测在信号接收范围内 GNSS 卫星的伪距 $\rho_0^{j'}$，将伪距与真实距离进行比较，获得伪距修正数和伪距修正数的变化率为

$$\Delta\rho_0^j = \rho^j - \rho^{j'} \tag{5-5}$$

$$\mathrm{d}\rho_0^j = \frac{\Delta\rho_0^j}{\Delta t} \tag{5-6}$$

再次，基准站的数据链将伪距修正数和伪距修正数的变化率发送给流动站，流动站利用这些数据来校正 GNSS 卫星伪距。

最后，利用修正后的伪距进行准确定位。在伪距差分技术中，基准站和流动站的观测不需要是同一组卫星，但相比于位置差分技术，伪距差分技术的数学模型较复杂，数据量较多。同时，流动站与基准站之间的距离越小，伪距差分技术的定位精度就会越高。

3. 载波相位差分技术

载波相位差分技术又称为实时动态差分（Real Time Kinematic，RTK）技术，这是一种基于对两观测站载波相位进行实时处理的差分技术。载波相位差分技术中基准站 GPS 接收机可在无线电传输设备上发送所观察到的原始测量值，即发送坐标信息至用户站；用户站既接收卫星信号，又接收无线电传输设备发送的基准站原始测量值，基于相对定位原理，即可获得组合之后的测量值，然后推算出用户站的三维坐标。载波相位差分技术可以分为校正法技术与求差法技术两种。校正法技术和伪距差分技术的方法相似，均是向用户站发送差分校正量，校正用户站载波相位以获取用户站的三维坐标；求差法技术则把基准站测量值送到用户站，使用户站本身的坐标值与观测值求差值，再采用坐标解算的方法进行定位。

5.3 惯性导航定位技术

惯性导航定位技术是一种自主式导航技术，该技术不依赖外界参考系即可实现自主导航，既不需要向外界发射信号，也无须接收外界的信号。惯性导航系统主要由惯性测量单元（Inertial Measurement Unit，IMU）、信号预处理模块和机械力学编排模块共同组成，如图 5-4 所示，其中惯性测量单元的关键部件是陀螺仪和加速度传感器。

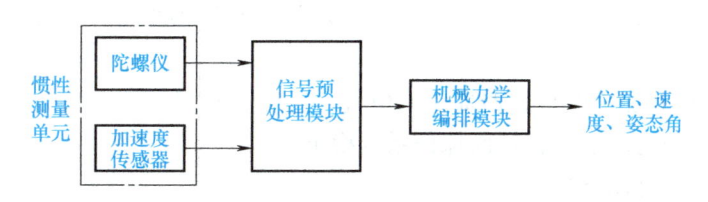

图 5-4　惯性导航系统组成

陀螺仪用于测量角速度信息，可经过参数解算建立导航坐标系，同时获得物体的航向和姿态角。加速传感器能够测得加速度的信息，在时间上不断积分后，可得到速度、位移等信息，并且加速传感器的数据更新是高频率的，能提供实时的定位信息。IMU 的每一个轴上都装有陀螺仪和加速度传感器。惯性导航系统利用先前的初始位置和速度信息，以及姿态角信息和加速度信息，可以推算出汽车的当前位置，惯性导航系统工作原理如图 5-5 所示。

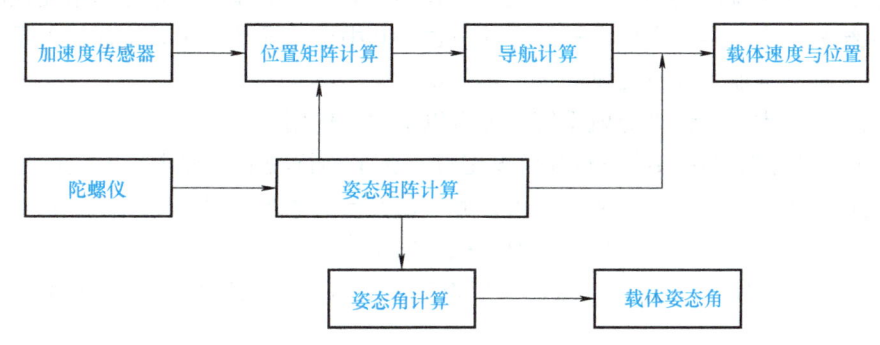

图 5-5　惯性导航系统工作原理

1. 惯性导航系统工作原理

按安装方式不同，惯性导航系统可分为捷联式和平台式。①捷联式惯性导航系统是将惯性测量单元直接安装在载体上，其导航平台的功能是由导航计算机实现的。捷联式惯性导航系统具有体积小、质量轻、造价低等特点，目前，自动驾驶汽车普遍采用捷联式惯性导航系统。②平台式惯性导航系统，就是把陀螺仪、加速度传感器等固定到一个平台，以平台坐标为基准，测量运动参数。平台式惯性导航系统也可以分为解析式和半解析式两种。解析式惯性导航系统可直接对导航坐标进行模拟，系统精度高；半解析式惯性导航系统具有良好的隐蔽性，可不受外界电磁干扰且其性能较稳定。

与其他导航系统相比，惯性导航系统在复杂的外界环境下也能实现精准的定位。当部分路段的 GPS 信号受到影响时，自动驾驶汽车通常会与 IMU、自身传感器进行融合，实现精准定位。

2. 惯性导航系统特点

惯性导航系统具有以下优点：

1）惯性导航系统对外界信息既无依赖性，又不会将能量辐射出去，在极端工作环境下，仍然能确保优良的工作性能，可以全天候在任何地点工作。

2）惯性导航系统不借助外界参考系，通过给定的初始值和自身的传感器就可以获得当前的位置和速度。

3）惯性导航系统以较高的频率更新数据，频率可达到1000Hz，惯性导航系统信息延迟时间短。

4）通过陀螺仪和加速度传感器提供的位置、速度、时间和姿态角数据，可以保证惯性导航系统拥有连续的动态信息，从而保证系统稳定性。

惯性导航系统具有以下缺点：

1）物体运动信息通过连续积分得到，故长期精度受时间影响较大，定位误差随时间的延长而加大。

2）每次使用前需要较长的初始校准时间。

3）缺少时间信息。

3. 惯性导航系统发展

自动驾驶技术主要包括四个模块，分别是定位模块、感知模块、决策模块和执行模块。在自动驾驶技术的定位模块中，惯性导航系统起到十分重要的作用，它与高精度地图、全球导航卫星系统相结合，共同定位车辆的当前位置，其中全球导航卫星系统通过卫星可提供全局定位信息，惯性导航系统可提供局部定位信息。

在自动驾驶技术中，惯性导航系统主要有以下两个作用：

1）辅助全球导航卫星系统进行高精度定位。在车辆行驶的过程中，卫星信号会受到高层建筑、隧道等影响，信号会变弱或丢失，此时惯性导航系统可以及时启用，在不依赖外界环境的情况下进行定位。但是，惯性导航系统长期工作会产生累计误差，因此，自动驾驶系统中常采用GNSS+IMU组合方式，这样可以发挥两种导航系统的优势，保证车辆的高精度定位。

2）与激光雷达相配合实现精准定位。在实际自动驾驶系统中，首先，利用全球导航卫星系统获取车辆的初始位置信息，然后结合惯性导航系统及车辆编码器明确初始位置；其次，激光雷达实时扫描提取点云数据特征并对车辆的位置进行空间变化，得到基于全局坐标系的矢量特征；最后，车辆位置信息和高精度地图特征信息匹配得到精确定位。

5.4 地图匹配定位技术

地图匹配定位技术是一种软件修正，当卫星导航定位和惯性导航定位出现误差时，自动驾驶的车辆定位会受到影响，使定位结果与实际位置产生偏离。地图匹配定位技术，把定位系统的输出位置估计和电子地图所给出的道路信息相对照，采用合适的算法来确定汽车当前行驶路段及该汽车在该路段上的准确位置，并对误差进行校正，提高了定位精度。

地图匹配定位技术是指将自动驾驶车辆行驶轨迹的经、纬度采样序列与电子地图路网进行匹配的过程，该技术采用适当的算法确定汽车当前行驶的路段及路段中的位置，为后期的路径规划提供支撑。地图匹配定位技术的前提是车辆要行驶在道路网上，电子地图足够精确，道路几何、拓扑信息完备，并可实现图形库和数据库之间的无缝连接。

5.4.1 地图匹配常用算法

地图匹配算法是将路网与车辆的轨迹点通过一定的规则进行匹配，匹配相似度最高的路网是最终的匹配结果。在地图匹配中，有效的地图匹配算法可以大大提高车辆的定位

精度。在地图匹配算法中主要分两步：确定正确的道路；确定车辆在正确道路上对应的位置。

常见的匹配算法有几何匹配算法、概率统计匹配算法和其他高级算法。

1. 几何匹配算法

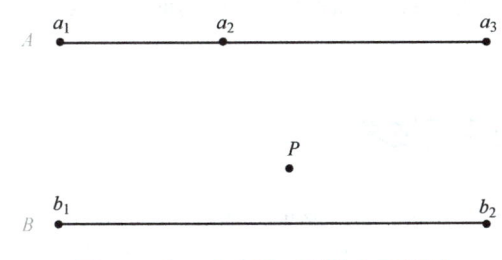

几何匹配算法包括点—点地图匹配算法、点—线地图匹配算法和线—线地图匹配算法。

（1）点—点地图匹配算法

点—点地图匹配算法的工作原理是计算车辆定位点到道路节点的距离，距离最近的点为最佳的匹配结果。这种方法会过度依赖节点的数量，节点的数量越多，匹配的精度越高，计算量越大，反之匹配结果容易与实际不符。如图5-6所示为点—点地图匹配算法示意图，定位点 P 位于两条道路 A 和 B 之间，按照节点距离最近原则，点 P 离 a_2 最近，点 P 应匹配到道路 A 上，但实际通过观察发现，点 P 离道路 B 更近，因此此算法会造成匹配错误。

图 5-6　点—点地图匹配算法示意图

（2）点—线地图匹配算法

点—线地图匹配算法的工作原理是寻找当前定位点与附近路段之间的距离最短的最优路段，定位点投影到路段的垂足作为匹配的结果。对于曲线路段，要对其进行线性化处理，当两条曲线距离过近时，线性化处理后的结果容易造成匹配误差，该匹配算法使用的信息比较单一，因此具有局限性。

（3）线—线地图匹配算法

线—线地图匹配算法的工作原理是首先找出汽车的定位点，然后将连续的定位点组成一条轨迹线，通过点—点地图匹配算法，确定与这条轨迹线最近的路段作为匹配路段。线—线地图匹配算法的目的是找到最优匹配路段，相比于点—点地图匹配算法和点—线地图匹配算法，线—线地图匹配算法的计算量大，整体鲁棒性不强。

2. 概率统计匹配算法

概率统计匹配算法的首要问题就是建立误差区域，所谓误差区域，就是含有真实位置的区域范围。将误差区域内的路段作为候选路段，从而降低候选路段数量。再对候选路段按照不同挑选原则进行选择，筛选出最接近车辆轨迹的路径，该路径是一条最优匹配路径。该算法忽略了车辆的历史轨迹，在路口区域内，容易造成匹配误差。

3. 其他高级算法

除了上述两种地图匹配算法，还出现了很多高级算法，比如粒子滤波算法、卡尔曼滤波算法、D-S证据理论、信息滤波算法、基于神经网络理论的算法等。高级算法相比于传统算法有较高的匹配准确性，但是算法复杂性增加，同时对系统的要求也更高。

5.4.2 地图匹配影响因素

地图匹配最主要的指标有：实时性、鲁棒性和匹配精度。

在地图匹配过程中，路段的匹配是关键环节之一，因此路况是影响实时性和鲁棒性的重要因素。道路越复杂，道路网的规模越大，道路匹配的时间越长，匹配的实时性就越差。

车速会影响数据的采集，不同路况下轮胎漂移及地面颠簸会使点云数据出现畸形、拐弯、交叉口、立体桥等复杂路况下被测数据会出现波动，这些情况均会影响系统的鲁棒性，决定着系统能否有效地在不同情况下正常工作。

地图匹配的精度受到 GPS 接收机误差、电子地图误差和坐标变换误差的影响。

GPS 信号在城市中容易受到高楼、隧道等影响而丢失，并会出现较大的匹配误差，这对数据的连续性可造成一定的影响。电子地图会受到数据自身精度、数据比例尺、地图投影等因素的影响，因此会存在误差。如果电子地图本身存在误差，在匹配道路的过程中也会引入误差。坐标变换中换算方法的参数会随着区域的不同而发生改变，对坐标变换精度会造成一定影响。

5.5 同时定位与建图技术

同时定位与建图（Simultaneous Localization and Mapping，SLAM）技术是指搭载特定传感器的主体，在没有环境先验信息的情况下，根据位姿估计运动，并结合地图实现自身定位，该技术建立了运动过程环境模型，同时对自身移动进行估算且基于自身定位构建增量式地图，从而实现汽车自主定位导航。

5.5.1 视觉 SLAM

如果传感器的主体是相机，则为"视觉 SLAM"。在先验地图已知的情况下，智能网联汽车能够基于已知信息来修正自身位置，达到准确定位，但是在未知环境下，智能网联汽车只能依据自身的传感器对外界环境进行感知，实现自身的定位并构建地图。

视觉 SLAM 框架包括以下几个模块：

传感器采集信息：通过摄像头采集周围环境信息。

前端视觉里程计：通过前后相连帧的信息，估计相机的当前运动方向以及局部地图。

后端非线性优化：接收前端视觉里程计信息，并优化相机在各时刻位姿从而获得全局运动轨迹及地图。

回环检测：回环检测的目的是判断运动体是否到达先前的位置，如果检测到回环，将信息发给后端进行处理。

建图：根据后端优化好的轨迹和地图，建立相应的地图。

如图 5-7 所示为 SLAM 模块的组成。

1. 前端视觉里程计

前端视觉里程计可根据相邻帧的图像估计相机的运动，就像人眼一样，通过相邻两帧的图像，就可以大致判断相机的运动轨迹，然而仅通过两帧的图片进行估计，不可避免地会产生误差，由于前端视觉里程计的工作方式是通过连续的相邻帧进行估计的，因此每次的估计

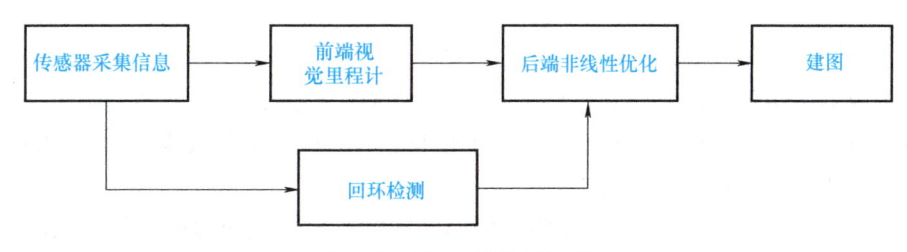

图 5-7 SLAM 模块的组成

都会产生误差，即使一次估计没有误差，但下次的估计总会有误差，并且这个误差会逐渐累积，先前时刻产生的误差会接连不断地传递给下一时刻，这就导致了漂移。漂移使得无法建立一个一致的地图，因此还需要后端非线性优化和回环检测。后端非线性优化负责优化轨迹，校正整个轨迹的形状；回环检测负责将运动体拉回原来走过的位置。

2. 后端非线性优化

由于前端视觉里程计当中估计运动的不准确，需要进行后端非线性优化对其进行估计，通过对运动主体自身和周围环境空间的不确定性的估计，去除从图像估计出相机运动的误差。由于在建图的过程中，数据是随时间逐渐漂移的，因此，处理状态估计大致分为两种：一种是根据当前时刻的状态，使用下一时刻的数据对状态进行更新，这种方式称为增量的方法，使用仪器为滤波器，比如卡尔曼滤波器以及基于卡尔曼滤波器改进的滤波器；另一种是对所有的数据进行处理，这种方法称为批量的方法。

这两种方法关注的方向不同，增量的方法仅关注当前时刻，对于之前时刻的状态不多考虑，而批量的方法则是在更大范围内进行优化，使状态达到最优化。在实际过程中，常采用折中的方法，固定一些历史轨迹，仅对当前时刻附近的一些轨迹进行优化。

3. 回环检测

回环检测主要的作用是解决估计误差随历史漂移的问题。当运动体移动到之前的位置时，回环检测的目的就是将移动体"拉回"原来的位置，使运动体知道自己又回到原来的位置。回环检测判别的过程就是比较图像之间的相似性来确定是否回到原点。由于图像中的纹理比较丰富，因此使得回环检测的准确率提高了不少。

4. 建图

建图是指构建地图的过程，这个地图可以是 2D 地图，也可以是 3D 地图，构建的地图大致可以分为度量地图和拓扑地图。

（1）度量地图 度量地图通常分为稀疏地图和稠密地图两类。稀疏地图无须表示地图上的一切，一幅稀疏的地图，往往是用一个个路标构成的，非路标部分被忽视，反之，稠密地图要求把地图上的内容都表达出来。在定位中采用稀疏地图即可，但在导航的情况下，则需要稠密地图。稠密地图一般是由很多小块构成的，在二维度量地图上反映为很多小正方形，在三维度量地图上则反映为许多个小方块，每个小方块有三种状态，分别为占据、闲置和未知，以表达小方块内此时是否有物体，许多算法就是基于度量地图上实现的，比如 A*算法等。

（2）拓扑地图 拓扑地图相比于度量地图更注重节点与节点之间的连通性。拓扑地图是由许多的节点和边组成的，例如考虑如何从 A 点到 B 点时，拓扑地图只考虑哪条路从 A 点到达 B 点是连通的，忽略掉了地图其他以外的细节，使得地图更加紧凑。

5.5.2 激光 SLAM

如果传感器的主体是激光雷达，则为"激光 SLAM"。激光雷达不受光照影响，采集的数据同时具有点云的空间位置信息和反射强度信息，且单帧数据量较少。激光 SLAM 包括前端配准、后端优化和回环检测模块。

1) 前端配准，又称点云配准，是将相邻帧之间的点云信息通过配准的方法转换到相同坐标系下以构建完整的激光里程计的一类算法。在 SLAM 中，需要采用前端配准方法生成粗略的激光里程计，为后续的优化方法提供先验值。前端配准作为激光里程计的核心模块，起着至关重要的作用。由于三维激光雷达受到感知方式制约，每次仅能检测出待检测对象面向激光雷达区域内的点云数据，而各个视角得到的点云数据都具有独立坐标系，不能直接拼接，所以有必要对各个视角的点云进行坐标转换，在全局坐标系中进行统一，这样就要求前端配准时要完成两团点云集坐标系间的变换，如图 5-8 所示为帧间特征配准示意图。

前端配准的本质就是求两个点云集之间的旋转平移矩阵，将源点云（Source Cloud）变换到目标点云（Target Cloud）相同的坐标系下。可以用如下方程表示为

$$p_t = Rp_s + t \tag{5-7}$$

式中，p_t、p_s 分别为目标点云和源点云中的一对对应点。需要确定的就是 R 与 t 组成的旋转平移矩阵。应用较为广泛的方法是迭代最近点（Iterative Closest Point，ICP）算法和正态分布变换法（Normal Distribution Transform，NDT）。

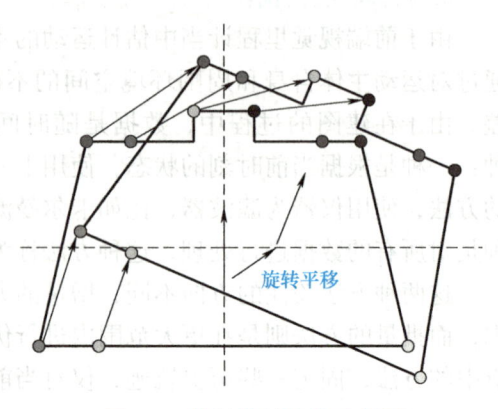

图 5-8 帧间特征配准示意图

2) 后端优化模块主要是对里程计进行优化和地图创建。在进行建图的过程中会由于传感器的精度问题或者算法的缺陷等导致建图误差的不断累计，最终产生建图不准的现象，甚至使建图结果与真实地图大相径庭。这种现象对于 SLAM 程序来讲是不可接受的，因为 SLAM 程序本身目的就是实时定位和建图，定位和建图二者是相互依存、相互耦合的，建图的好坏直接影响定位效果的好坏。这时需要将所有地图数据整合在一起做一次系统的优化。通过后端优化，可以有效地依据建好的局部地图信息或者全局地图信息进行完整优化，从而使得地图各部分的误差都尽可能减小。目前，对于激光 SLAM 的优化方法主要分为两类：基于非线性的优化方法和基于滤波器的优化方法。

3) 在构建地图过程中，随着地图面积的扩大，SLAM 算法的误差会不断积累，且有些误差随着时间增加而不断扩大，以至于利用后端优化也无法实现校准。这对于建图本身和里程计优化来说都是十分重要的问题。回环检测作为一种以当前帧机器人位姿为中心，寻找周围关键帧信息以校正地图的方法，可以有效地弥补后端优化的不足，并去除误差。与此同时，回环检测可以提供除了相邻帧以外的某些相隔更久的约束，它通过探测车辆在同一位置上的行驶，收集了类似的数据，能够给后端优化带来更为高效的约束数据，使其能够达到较好的位姿估计。

回环检测可给出当前数据和全部历史数据之间的联系，它对于整个 SLAM 系统的精度和

稳健性都具有显著改善。SLAM系统具体实现原理可以大致理解为在车辆行驶的过程中不断地保存一些历史关键帧信息，并基于这些关键帧保存一定范围内局部地图的索引，当车辆行驶的时候不断地以当前位姿为中心，搜寻在一定范围内的最近关键帧，同时保证这些关键帧在时间域上要与当前帧相差较大，在找到了历史关键帧之后，以该关键帧的局部地图为目标点云，以当前关键帧位姿附近一定范围内的地图为源点云，将二者进行前端配准，利用配准好的转换关系纠正整个地图中误差较大的区域。

【课后习题】

1. GPS 和 BDS 有哪些区别？
2. 惯性导航系统的工作原理是什么？
3. 视觉 SLAM 框架包括哪几个模块，其之间对应关系是什么？
4. 地图匹配影响因素有哪些？

参 考 文 献

[1] 王亮亮，汪啸风，王仁涛. 全球导航卫星系统发展现状及应用［J］. 中国科技信息，2013（18）：107.
[2] 宋传增. 智能网联汽车技术概论［M］. 北京：机械工业出版社，2020.
[3] 崔胜民. 智能网联汽车技术［M］. 北京：机械工业出版社，2020.
[4] 王建，徐国艳，陈竞凯，等. 自动驾驶技术概论［M］. 北京：清华大学出版社，2019.
[5] 常菲，浦争艳，李明禄，等. 综合地图匹配定位技术研究［J］. 计算机工程与应用，2004（19）：200-202.
[6] 李晓欢，杨晴虹，宋适宇，等. 自动驾驶汽车定位技术［M］. 北京：清华大学出版社，2019.
[7] 李连营，许小兰，吴中恒，等. 多源导航电子地图数据融合更新方法研究［J］. 武汉大学学报（信息科学版），2008（4）：401-412.
[8] 宗文鹏，李广云，李明磊，等. 激光扫描匹配方法研究综述［J］. 中国光学，2018，11（6）：914-930.
[9] 张凯. 无人驾驶电动方程式赛车环境感知算法研究［D］. 锦州：辽宁工业大学，2021.
[10] 沙梦翎，王文光. 一种基于图优化的回环检测改进方法［C］. 杭州：第十三届全国DSP应用技术学术会议，2021.
[11] 邓晨，李宏伟，张斌，等. 基于深度学习的语义SLAM关键帧图像处理［J］. 测绘学报，2021，50（11）：1605-1616.

北斗：想象无限

第6章 智能网联汽车决策与规划技术

学习目标

1. 理解智能网联汽车决策与规划的基本概念。
2. 了解交通环境行为预测和车辆行为决策的定义。
3. 熟悉路径规划意义和规划方法。
4. 了解决策与规划技术的发展趋势。

6.1 决策与规划概述

6.1.1 决策与规划基本概念

自动驾驶系统主要包括环境感知、决策规划、运动控制几大部分。智能汽车首先根据配备的传感器对汽车周围环境进行探测，然后将感知到的信息发布到决策规划层，决策规划层根据接收到的传感器信息对当前环境进行分析，并根据需求规划出一条安全无碰撞的路径作为智能汽车的行驶路径，然后将规划路径传递给运动控制模块，通过运动控制模块可以控制智能汽车按照规划路径行驶。在整体流程中，决策规划系统非常重要，决定着车辆能否找到安全路径，并按照期望的路径进行行驶，所以决策规划在自动驾驶系统中扮演着重要的作用，通常被称为自动驾驶的"大脑"。

从广义上分，决策规划可以分为两大部分，分别是行为决策与路径规划两大部分，但两者在实际工作的过程中又是相依相存、共同作用、不可分割的。简单来说行为决策是解决汽车走哪条路径、怎么走等问题，路径规划是在地图上规划出一条或者多条可通行的安全路径。①行为决策的主要流程为：首先获取环境信息，并对环境中的交通参与者进行行为预测，根据全局的目标任务进行决策，规划出一条从起点到终点的无碰撞路径，然后行为决策在路径跟随的过程中会对车辆下发变道、超车或跟随前车等指令。行为决策的主要功能是给自动驾驶汽车下达相应的任务，例如在车辆行驶的过程中，需要预测本车与其他交通参与者未来时刻的状态，然后根据预测的状态来进行决策，先进的决策理论有很多，代表性决策理论包括模糊推理、强化学习、神经网络等。②路径规划主要是为车辆规划可行驶路径，分为全局规划和局部规划两种。全局规划是根据先验地图规划出一条无碰撞的最优路径；局部规

划则是根据全局规划路径，在跟随全局路径的过程中，通过传感器实时获取在全局地图上存在的一些未知障碍物，然后通过局部规划算法来躲避全局地图中没有的障碍物。

决策规划可以理解为依据感知信息和自身信息来进行决策判断，根据车辆的行驶状态，制定相应的控制策略，替代人类做出驾驶决策。决策规划层是自动驾驶系统智能性的直接体现，决策规划的最终目的是让车辆能够安全地行驶并到达相应的目的地，决策规划对车辆的行驶安全性和整车性能起着决定性作用。

6.1.2 决策与规划体系结构

决策规划部分作为智能汽车的核心技术，可以通过不同的架构来表示其功能实现流程，常见的决策规划体系结构有分层递阶式体系结构、反应式体系结构以及混合式体系结构。

（1）**分层递阶式体系结构** 分层递阶式体系结构如图 6-1 所示，该结构是串联结构，在该结构中每个模块都被清晰划分，每个模块连接有序，上一个模块的输出即为下一个模块的输入，该结构比较清晰简单，也可以直接称为"感知—规划—运动"结构。当系统给出目标点和特定条件后，决策规划就会根据要求进行合理规划。

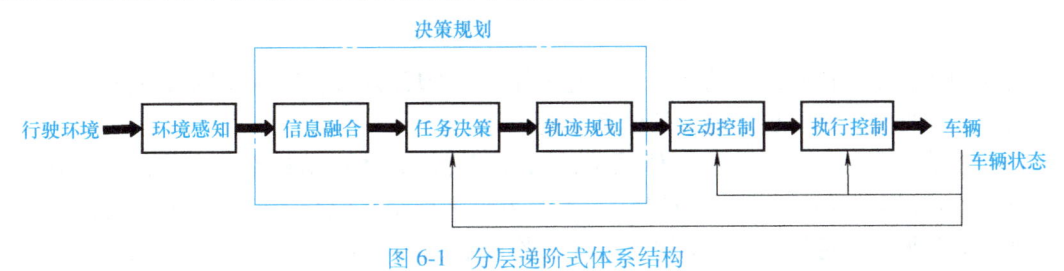

图 6-1 分层递阶式体系结构

由于该结构对想要进行规划的任务从左至右进行了模块化处理，这样就会让每个模块各司其职，各模块需要处理的工作范围会逐渐缩小，每个模块也可以更系统地处理相关任务，使每个模块更加系统化。但是同时该结构存在一些缺点：比较依赖全局环境信息，需要较高精度的传感器信息来获取较准确的环境数据；从环境感知模块到执行模块，中间有着很多模块，这样就会存在消息延迟，对决策规划的实时性有一定影响；串联式结构中的某一个子模块发生错误，就会导致整个系统瘫痪，因此要保证每个模块的稳定性。

（2）**反应式体系结构** 反应式体系结构如图 6-2 所示。从图中可以看出反应式体系结构是一种并联式结构，决策规划中的每个控制层可以直接基于传感器的实时输入进行决策。这样即使在完全陌生的环境下也可以很好地工作。其中，基于行为的反应式体系结构是比较常用的结构。反应式体系结构的主要特点是存在很多的并行回路，针对各个局部目标设计相应的基本行为，这些行为通过协调配合后传递给运动控制模块，产生规划后的动作，从而形成各种不同层次的控制能力。在系统正常运行的情况下，高层次具有优先权，会对低层次产生影响，但是同时低层次本身也能够控制系统的运动，所以系统中的高、低层次是共同作用的。

反应式体系结构将许多主要行为设计成一个简单的特殊任务，感知、规划和控制三者可紧密地集成在一块，延时问题就得到了很好的解决，同时，每一层只需负责系统的某一个行为即可，整个系统可以方便灵活地实现低层次到高层次的过渡，系统中某一层次出现故障不会导致整个系统的瘫痪，系统的鲁棒性得到提高。虽然反应式体系结构具有很多优点，但是该系统的结构设计比较复杂，尤其是各个层次之间的优先控制权问题较复杂，怎样设计一个

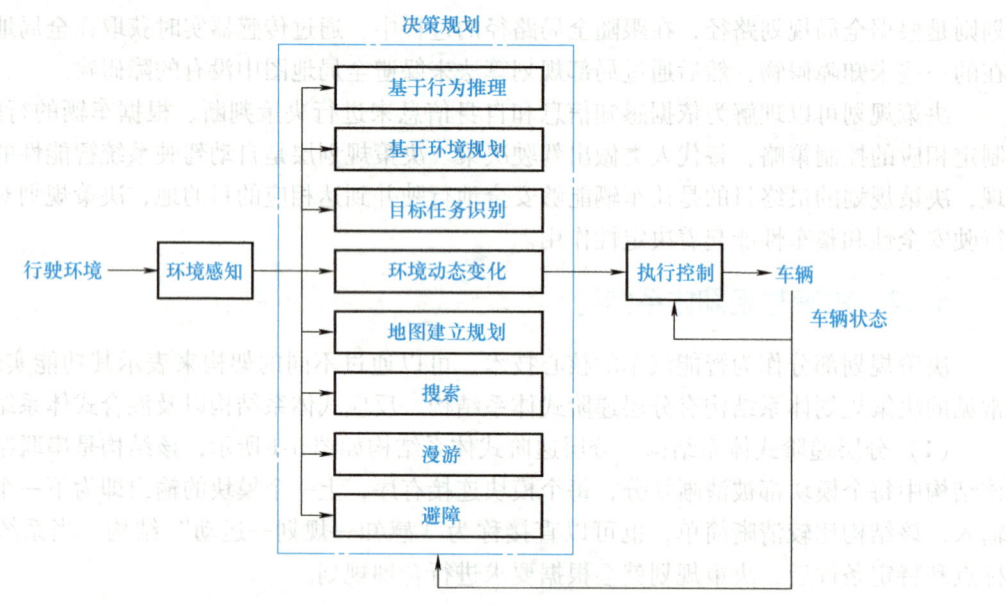

图 6-2 反应式体系结构

合理的控制逻辑是个比较复杂的问题。除此之外，随着环境的复杂程度增加，对应的子系统层次也要相应增加，需要更加庞大的体系结构。

（3）混合式体系结构　反应式体系结构与分层递阶式体系结构都各有优缺点，在某些情况下，均难以满足使用需求，所以将二者的逻辑进行交叉混合，即可形成混合式体系结构，如图 6-3 所示。混合式体系结构就是将二者的优点进行结合，在全局规划层次上，生成

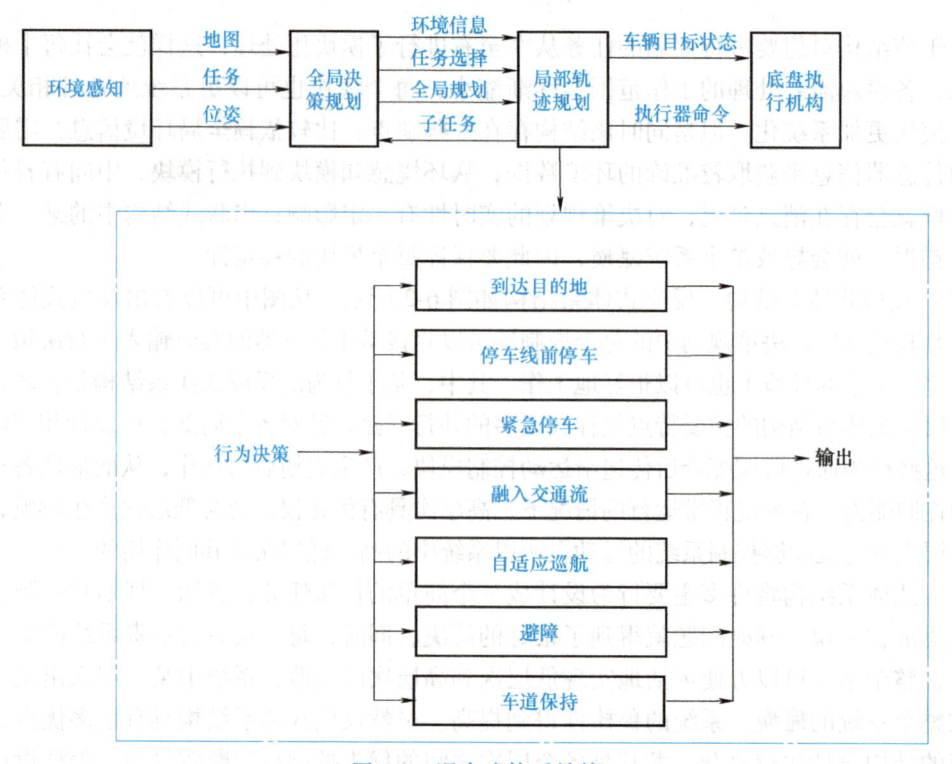

图 6-3　混合式体系结构

面向目标定义的分层递阶式行为；在局部规划层次上，生成面向目标搜索的反应式体系行为。混合式体系结构具备了二者的结构优点，可使智能汽车更加适合复杂多变的行驶情况。

智能车辆的决策规划技术是智能车辆实现自动驾驶的核心技术，为了提升自动驾驶的安全性与舒适性等，应根据不同的情况选择合适的体系结构。

6.1.3 决策与规划方法介绍

决策规划是智能驾驶中非常重要的系统，智能车辆未来必定要行驶在智能交通系统当中。正常的交通系统包含各种错乱复杂的道路类型、各类车辆、行人以及务必遵守的交通规则等多种交通元素，而且交通系统具有很强的灵活性和多变性，这样就让决策规划这一任务变得更加复杂且艰巨。为了更好地提高决策规划系统工作的可靠性，通常可以将决策和规划分开来分析，分成行为决策与路径规划两大部分。

随着智能汽车的快速发展，近年出现了许多解决行为决策的理论与方法，包括模糊决策法、基于规则的决策法、基于马尔可夫的决策论、贝叶斯决策理论、神经网络法、机器学习等。因为行为决策系统涉及的信息较多，需要处理的数据也非常繁琐，为了简化决策模型，基于有限状态机的行为决策系统被广泛应用于解决行为决策的问题上。有限状态机顾名思义就是将车辆的运行状态根据需求划分成若干个状态，然后通过不同的条件与逻辑可以触发相应的状态，实现相应的行为决策。通常通过语义分析将智能汽车的行驶环境划分为多个独立状态，进而将复杂多变的问题简化成各个子问题，再根据安全和舒适原则针对这些状态设计相应的规则，通过触发不同的规则达到不同的状态，从而实现复杂场景的行为决策任务。

随着人工智能、机器学习、深度学习的快速发展，基于学习的行为决策系统越来越多。比较有代表性的就是基于强化学习理论的行为决策系统，强化学习是近年来智能学习领域中的主要方法之一。强化学习的主要思想是车辆如何采取相应的措施，才会得到最大的回报。通过不断的训练，基于强化学习理论的行为决策系统可以让智能车辆在面对决策时更真实贴近驾驶人的第一直觉，将行为决策更加智能化。但该决策系统目前存在的不足就是无法找到统一的驾驶习惯标准以及需要大量的数据来进行训练。

智能车辆的路径规划可以分为全局路径规划和局部路径规划两种。

全局路径规划是基于先验地图信息的规划方法，根据当前的地图与目标点等信息，在全局地图上规划出一条全局路径。局部路径规划是在全局路径规划的基础上进行再次规划，使车辆在行驶过程中能更好地实时感测障碍物，当发现障碍物时，根据局部规划算法可以使车辆远离障碍物，防止发生交通事故。

全局路径规划算法主要分为基于搜索、采样、智能优化的路径规划算法。①基于搜索的路径规划代表算法有 Dijkstra（迪杰斯特拉）算法和 A^*（A-Star）算法等，这两种算法都是以搜索全局最短路径为目标进行搜索的，该类算法搜索稳定性较好，但是当地图较大时，搜索速度较慢，搜索时长会增加。②基于采样的路径规划代表算法有概率路线图（Probabilistic Road Map，PRM）算法与快速搜索随机树（Rapidly-exploring Random Trees，RRT）算法等，两种算法都是随机搜索算法，在地图上随机采样。RRT算法的核心思想是模拟树的生长过程，树枝的生长可看成每次路径的探索，然后向每个方向随机生长，直至树枝生长到目标点。RRT算法的主要优点是能够快速地搜索整个可行域，但是它的主要缺点是其创建的干扰路径，以及在树的扩展过程中对邻居的度量标准有很强的依赖性。③基于智能优化的路径规划代表算法有遗传算法、蚁群算法等，这类算法都是根据自然界的规律来模拟算法的，虽然算法的效率较高，但是规划路径的稳定性较差。

局部路径规划算法主要有人工势场法、动态窗口法（Dynamic Window Approach，DWA）、向量场直方图（Vector Field Histogram，VFH）算法、模糊逻辑算法、时间弹性带（Time Elastic Band，TEB）算法等，以及很多在上述算法上进行优化的算法。

在路径规划好之后，若想要智能车辆准确无误地按照当前规划的路径进行行驶，则必须进行轨迹优化，真实情况下的道路复杂多变，传统的路径规划方法仅考虑了全局地图上的障碍物与空间约束，而没有考虑车辆的运动学、动力学特性，这样就会导致即使规划出来的路径从地图上看是准确无误的，但是由于忽略了车辆本身的运动学、动力学特性而使运动控制系统无法使得车辆准确地跟踪所规划的路径，虽然规划的路径很好，但是规划结果不一定是可行的。此外在路径规划好之后，通常都会设计一条圆滑平顺的曲线来近似表达车辆真实行驶的轨迹，然后再将路线传入底层控制器。这种规划曲线的过程就是轨迹优化的过程。在目前所研究的轨迹优化方面，轨迹的表达方式多种多样，主要包括回旋曲线、尼尔森（Nelson）多项式、螺旋多项式、贝塞尔曲线等。轨迹优化是在规划好路径的基础上考虑时间因素和车辆的运动学、动力学等约束条件，对规划路径进行一定的处理，规划出更加适合车辆行驶的轨迹。最后将轨迹以控制量的方式传递到后续的控制系统，使得车辆可以沿着相应的轨迹行驶，避免碰撞。

随着机器学习、神经网络、深度学习的快速发展，很多先进的技术都可以运用到自动驾驶车辆的决策与规划模块中。所以自动驾驶车辆的决策规划系统还有很大的发展空间，随着算法的更新迭代，决策规划也会变得更加灵活、更加符合人类的驾驶习惯。

6.2 行为预测和决策

6.2.1 交通环境行为预测

在传统意义上，自动驾驶车辆的决策规划系统包含交通环境行为预测模块、行为决策模块、路径规划等功能模块。交通环境行为预测模块是对感知到的交通参与者进行行为预测，行为决策模块根据建立的模型或者相关的规划预测出物体的行为。交通环境行为预测模块作为决策规划系统的最上层，其主要作用是对感知层所识别到的物体进行相应的行为预测，并且将预测的结果转化为时间、空间维度的轨迹，再将轨迹数据传递给后续模块。交通环境行为预测模块利用感知环节探测到的物理属性，可以对物体做出"瞬时预测"。交通环境行为预测模块有很多种方式和方法，并不单纯地限制于被探测物体的物理属性，而是可结合物体本身和周边环境、大数据，以及积累的历史数据知识，对感知到的物体做出更为"宏观"的行为预测。交通环境行为预测模块在整个决策规划过程中扮演着很重要的作用，车辆只有在准确地预测出周围环境或者交通参与者的意图才能为车辆做出更准确的决策。但是预测并不是一个非常准确的概念，因为车辆所在的环境以及交通参与者的意图很难判断，只能是尽可能地准确预测出车辆以及交通参与者的下一步意图。如果一辆失控的车辆在道路中间左右横摆，这种情况下就很难预测出车辆的下一步运行状态。例如在图6-4中，感知环境时识别到有行人即将要通过十字路口，根据历史经验和大数据会预测行人即将从车辆的前方通过路

口，进而通过车辆的历史行驶轨迹可判断车辆会在路口右转。

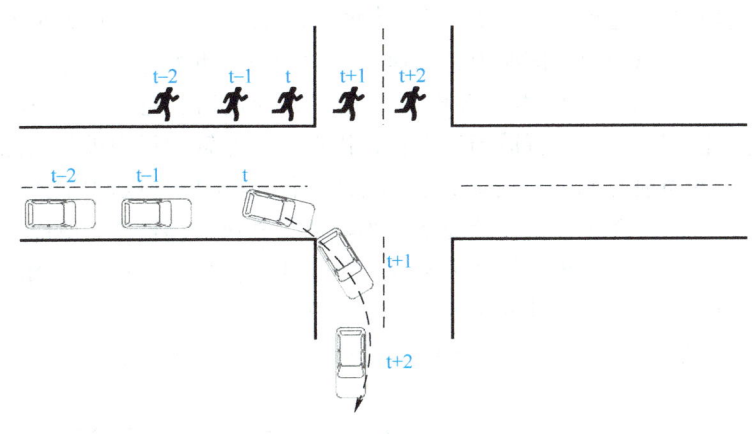

图 6-4 行为预测示意图

行为预测问题归根到底是一个概率问题，例如，在同一条道路上有两辆车同时争取路权，在争夺的过程中，我们关心的是如果其中一辆车加速争夺路权，与其他车辆相撞的概率是多少，预测的目的就是预测出不同情况下事件发生的概率，然后行为决策模块根据此概率来更好地做出决策。

行为预测主要分为短期预测与长期预测，但是短期预测与长期预测并没有明确的界限，不同车速下相同时间的预测距离不同，通常情况短期预测的预测时间小于 1s，而长期预测的时间通常在数秒之上。短期预测时，目标体的行为意图未变化，或者有变化意图但车辆的动力学行为无法在短时间内进行变更，此时，在短期预测时域内行为往往可根据运动学或动力学模型推出。长期预测时，目标体的行为意图可能发生变化，而且车辆的动力学行为能够跟随意图进行改变，此时，目标体的行为受目标意图和周围环境信息影响极大，故长期预测需要综合考虑目标意图和周围环境信息两方面的因素。

在真实的交通环境下，影响车辆正常行驶的因素有很多，比如其他车辆、行人、障碍物以及其他交通参与者等，但占主要部分的因素就是车辆和行人，所以为了简化预测模型，只选择对车辆与行人两类交通参与者进行行为预测。

（1）车辆行为预测　对于车辆行为预测，大多数研究都是使用车辆的历史轨迹来模拟其行为，并基于该行为来预测未来时刻的轨迹。这些研究很少考虑当前的道路环境、交通信息等特征，但是车辆的行驶轨迹深受这两个因素的影响，因此在对车辆行为预测时要考虑道路环境、交通信息对预测结果的影响。目前对车辆行为预测主要分为以下几类：基于物理模型的行为预测、基于行为模型的行为预测、基于交互模型的行为预测、基于神经网络的行为预测、基于仿生学的行为预测以及多种方法相结合的行为预测方法等。下面重点介绍基于物理模型的行为预测和基于行为模型的行为预测。

1）基于物理模型的行为预测方法主要就是将车辆想象为一个符合物理运动规律的目标实体，通过车辆的运动学或动力学模型描述车辆的运动状态，以此来预测车辆的未来行为。

基于运动学模型的行为预测，主要考虑车辆本身的最大前轮转角、轴距、轮距等几何参数，不考虑车辆的受力影响，忽略车辆轮胎的侧偏以及车辆载荷的变化等因素，此模型中通常将车辆模型简化为单轨自行车模型来研究，主要针对车辆的位置、速度、加速度等运动参

数来预测车辆的未来行为。

基于动力学模型的行为预测，主要考虑车辆受到各种力的影响，比如地面的摩擦力，空气阻力，转弯时轮胎的纵向力、侧向力，高速行驶时的载荷重力等。但是构建精准的动力学模型比较复杂，还需要考虑车辆本身部件（发动机、变速器、轮胎）对车辆受力的影响，所以在建立动力学模型时需要进行适当地简化，以此来对车辆的行为进行预测。

当我们知道车辆当前时刻的状态时，就可以根据运动学模型或动力学模型来估计车辆下一时刻的状态，但由于在正常行驶情况下，车辆的行驶速度都较高，所以大多都是基于动力学模型来进行行为预测的。车辆的动力学模型是非线性模型，在具体应用的过程中需要对其进行线性化处理，从而得到线性的车辆模型。接下来就可以根据卡尔曼滤波（Kalman Filter，KF）算法或拓展卡尔曼滤波（Extended Kalman Filter，EKF）算法来对车辆的行为进行预测。

2）基于行为模型的行为预测方法就是将交通环境中车辆全部看成正在进行某种交通行为的运动目标，基于行为模型的先验信息能预测车辆未来一段时间的行为，可以进行较为精准的长期预测，该预测方法解决了基于物理模型的行为预测方法不考虑汽车行为的问题。基于行为模型的行为预测方法主要分为基于原型轨迹的行为预测方法和先识别驾驶人意图再进行行为预测方法。①基于原型轨迹的行为预测方法就是将其他车的轨迹与自身的先验轨迹进行匹配，将原型轨迹与匹配结果相结合来进行预测。该方法通常是基于学习的方法来对其他车的轨迹进行分类学习，从而获得原型轨迹。②先识别驾驶人意图再进行行为预测方法主要是基于机器学习的方法来识别其他车的意图，该方法并不依赖原型轨迹，因此适用于多种环境。在使用该方法进行其他车行驶意图估计时，需要根据要求先定义一个有限的状态集合，此集合包括车辆可能出现的各种状态，然后根据环境感知模块对其他车的状态进行分类，然后通过各种不同的机器学习方法来进行行为预测。

基于物理模型的行为预测与基于行为模型的行为预测，在使用的过程中均需要建立相关的模型，并需分析道路环境、交通信息、驾驶人意图等因素，计算麻烦且准确性难以保证。通过大数据学习的方式对所有影响车辆行为的数据进行深度神经网络模型学习，会有更好的效果。基于神经网络的行为预测是基于长短期记忆的神经网络对其他车辆的短期行为进行学习，并进行行为预测的。基于交互模型的行为预测，规定自车与他车是相互影响的。因为不同的行为预测方法是基于不同理论设计的，各有优缺点，可以通过融合的方法将不同的行为预测方法结合，例如可以将基于物理模型的行为预测与基于行为模型的行为预测相结合，以保证基于物理模型的短期行为预测的准确性，以及基于行为模型的长期行为预测的准确性。

（2）行人行为预测　行人行为预测是指根据行人过去一段时间内的行走轨迹，来预测未来时刻的轨迹，与车辆行为预测不同，行人具有较高的主观能动性，在决策的过程中预测的随机性较强，而且在相同场景下，不同的人会有很多种决策行为，所以很难用一种模型来表示行人行为预测。目前行人行为预测方法主要包括4种：基于社会力模型的方法、基于马尔可夫模型的方法、基于循环神经网络的方法、基于生成对抗网络的方法。

基于社会力模型的方法利用引力与斥力来对行人进行建模，社会力模型中行人的最终目标会对行人产生引力，进而吸引他们向目标行走，不同目标的行人之间则产生斥力进而防止碰撞。这一类模型简单直观、复杂度低，但对模型参数过于敏感，泛化能力差，无法对于行人的一些复杂社会性行为进行建模。近年来，随着深度学习的发展，基于数据驱动（Data

Driven）的行人建模方式成为研究热点。

行为预测模块处于决策规划系统的最顶层，主要负责对交通环境中交通参与者的行为进行预测，行为决策模块会根据行为预测模块的预测结果进行下一步决策，所以行为预测的准确性对行为决策有着直接影响。

6.2.2 车辆行为决策

行为决策是智能车辆决策规划（预测、决策、规划）系统的中间层，行为决策的作用是根据全局路径规划，以及当前环境感知层所感知到的当前环境，确定车辆自身的行驶状态，并根据交通环境和行驶经验进行合理的驾驶行为。无人驾驶汽车行为决策的最终目标就是要让智能汽车能够像驾驶人一样进行安全驾驶，面对特殊情况做出较好的应对办法。

由于行为决策涉及智能汽车的安全性和可靠性，所以决策系统的设计要高度符合驾驶人的安全驾驶习惯和满足交通环境的要求。行为决策的设计准则包括：①安全第一；②系统实时性要好，任何无人驾驶系统中的行为决策都是实时的，应当能够处理复杂的交通环境；③满足交通法规，能够识别交通信号和交通标志等，出现紧急情况时，能够主动采取制动或者其他安全措施；④满足驾驶经验的需要，例如不经常随意变道、尽量保持在当前道路行驶、在车辆多的地方不能高速行驶、城市路段不随意加速、路口路段要注意车速等；⑤满足乘坐的舒适性、车辆稳定性和平顺性等。因此，为了智能汽车的安全行驶，智能汽车的行为决策系统的设计必须要考虑以上原则。

根据调查，在行驶过程中汽车每行驶 1km，驾驶人就要进行 70 多次的行为决策，所以行为决策在决策规划系统中至关重要。目前无人驾驶智能汽车行为决策系统主要有基于规则的行为决策系统和基于学习算法的行为决策系统。

1. 基于规则的行为决策系统

目前无人驾驶汽车行为决策层在具体实现上并没有一个最佳解决方案，当前普遍采用的方法就是有限状态机法。根据状态分解的连接逻辑，可以将行为决策系统分为串联式、并联式、混联式三种结构。其中串联式结构中有限状态机系统的各子状态按照串联结构连接，状态转移大多为单向，不构成环路。并联式结构中有限状态机系统的各子状态输入、输出呈现多节点连接结构。混联式结构中有限状态机系统的各子状态既有串联结构又有并联结构。

（1）串联式结构　串联式结构是一种比较基础的体系结构，例如国外的 Talos 无人驾驶汽车的行为决策系统就采用串联式结构。该无人驾驶汽车以越野工况挑战赛为任务目标，根据逻辑层级构建决策系统。该串联式行为决策系统中各子系统之间没有构成闭环。串联式结构的优点是逻辑明确、规划推理能力强、问题求解精度高；缺点是在解决比较困难的问题时适应性不强，当某子状态故障时，会导致整个决策系统的瘫痪。串联式结构适用于针对某一工况进行任务的层级推理与细分，当进行多任务决策时，也可以考虑建立多个并行的串联子系统。

（2）并联式结构　并联式结构在智能车辆的决策系统中得到了广泛的应用。美国斯坦福大学研发的 Junior 无人驾驶汽车、梅赛德斯-奔驰公司研发的 Bertha 无人驾驶汽车、卡尔斯鲁厄理工学院的 AnnieWAY 无人驾驶汽车的行为决策系统都采用并联式结构。以梅赛德斯-奔驰公司研发的 Bertha 无人驾驶汽车为例，介绍并联式结构的行为决策系统，如图 6-5 所示。

图 6-5 Bertha 无人驾驶汽车行为决策系统

并联式结构的行为决策系统将每一种工况划分成单独的模块进行处理，这样系统就能快速灵活地响应。但在复杂工况下，由于状态较多会使算法结构过于复杂。

（3）混联式结构　由于串联式结构和并联式结构都有各自的缺点，为了避免各自的缺点，便提出混联式结构。混联式结构能够集合两种结构的优点进行决策，能使行为决策系统更加快速灵活且更能适应复杂的工作环境。层级式混联结构是比较典型的结构。弗吉尼亚理工学院暨州立大学研发的 Odin 无人驾驶汽车行为决策系统采用的是混联式结构。该行为决策系统引入决策仲裁机制，每个子决策模块输出的结果均交由决策融合器进行决策仲裁。各模块具备不同优先级，优先级低的模块必须让步于优先级高的模块。Odin 无人驾驶汽车行为决策系统如图 6-6 所示。

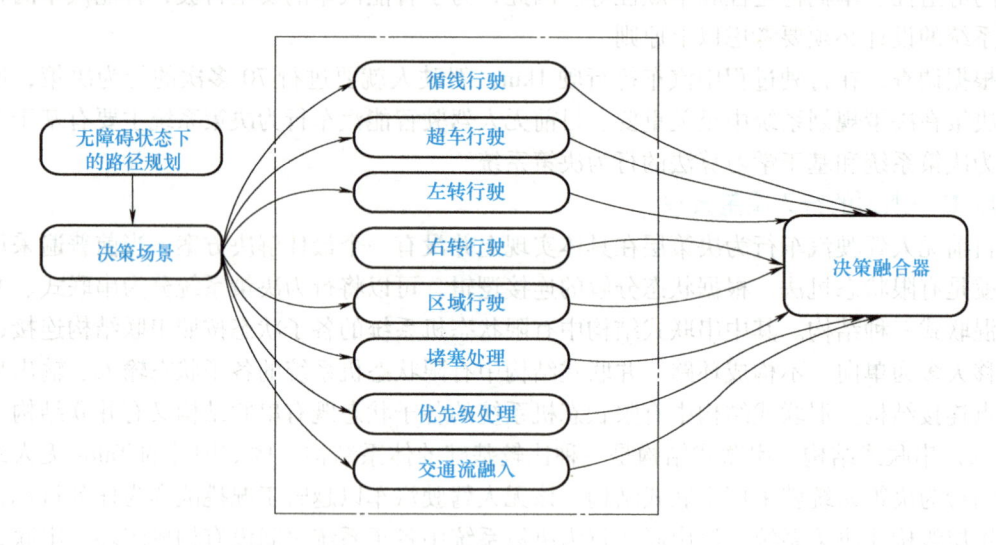

图 6-6　Odin 无人驾驶汽车行为决策系统

当状态数量较多时，有限状态机系统的整体结构复杂度就会迅速增加，如果有限状态机的状态有 N 中，那么可能的状态转换就有 N^2 种，假如 N 非常庞大，那么有限状态机的结构也会变得很复杂。同时，有限状态机的可维护性就会变差，比如要增加一个状态或者减少一个状态，需要改变所有与之相连的所有状态，所以进行修改时就很容易出现问题，此外有限状态机的可扩展性和复用性也会变差。

2. 基于学习算法的行为决策系统

近年来，随着人工智能的快速发展，很多基于学习算法的行为决策系统在智能汽车中得

到了广泛应用。根据原理不同，基于学习算法的行为决策方法主要可分为基于深度学习的决策方法与基于决策树等机器学习理论的决策方法等。

因为基于深度学习的决策方法在建模的过程中有较强的灵活性，近几年被很多专家应用到无人驾驶智能车的行为决策中。NVIDIA（英伟达）公司研发的无人驾驶车辆系统架构是一种典型架构，其采用端到端卷积神经网络进行决策处理，使决策系统大幅简化。

除了基于深度学习的决策方法外，还有很多基于决策树等机器学习理论的决策方法在决策系统中加以应用。决策树法为机器学习理论中一种具有代表性的方法，中国科学技术大学的智能驾驶Ⅱ号将 ID3 决策树法用于决策系统中，应用的 ID3 决策树法适用于多种具体工况。ID3 决策树法具有知识自动获取、准确表达、结构清晰简明的优点，其缺点同样明显，即对于大量数据获取的难度较大，数据可靠性不足，数据离散化处理后精度不足。此外，还有其他行为决策方法，例如基于部分可观测马尔可夫决策过程（Partially Observable Markov Decision Processes，POMDP）的决策模型方法、基于概率的生成式模型方法，这些方法能提取室外环境的语义信息，并将语义信息作为输入，从而输出行为决策。

6.2.3 马尔可夫决策过程

马尔可夫决策过程（Markov Decision Processes，MDP）就是在马尔可夫奖励过程的基础上加入了决策，即加入了相关动作。马尔可夫决策过程中"状态"是一个重要的术语，所谓状态，就是指某一事件在某个时刻（或时期）出现的某种结果，一个状态的下一个状态只取决于当前状态，跟它当前状态之前的状态都没有关系。状态转移过程是指随着事件的发展，从一种状态转变为另一种状态，并且未来的状态转移跟过去是独立的，只取决于当前状态。正常马尔可夫决策过程由五元数组定义，定义一个这样的五元数组为 (S,A,T,R,γ)。

1）S 代表了智能车辆所处的有限状态空间。形如一个包含了车道、环境和车辆本身的栅格世界模型（即车辆所处的真实世界），可以将智能车辆所处的车道和周边环境归纳到有限的抽象状态中。

2）A 代表了智能车辆的行为决策空间，即无人驾驶汽车在所有状态下行为（Behavior）空间的集合（包含跟车、换道、左转或右转、停车等）。

3）状态转移函数 T：$T(s,s')=T(s'|s,a)$ 是一个条件概率（Probability），代表智能车辆在状态 s 和动作 a 的条件下，达到下一个状态 s' 的概率。

4）激励函数 R：$R_a(s,s')$ 是一个激励函数（Reward），代表了无人驾驶汽车在动作 a 下，从状态 s 跳转到 s' 得到的激励。该激励函数可以考虑安全性、舒适性等多种因素。

5）$\gamma \in (0,1)$ 是一个激励的衰减因子，下一时刻的激励就按照这个因子进行衰减。当前的激励系数为 1，下一个时刻为 γ^1，下下一个时刻为 γ^2，以此类推当前的激励总是比未来的激励重要。

6.3 路径规划

路径规划这一概念最开始出现在移动机器人导航的问题上。美国著名机器人学家率先提出了关于移动机器人的三个问题："我"在哪？"我"要去哪？"我"如何到达？这三个问题是移动机器人实现导航功能务必要解决的问题。而如今路径规划不仅可解决机器人移动的

问题，而且在很多其他领域都得到了广泛的应用。在无人驾驶中路径规划主要是指在智能车辆给定目标点后，如何在起点和终点之间规划出一条无碰撞、安全有效的路径。路径规划技术已经被许多研究者探索了很长时间，经过几十年的发展，关于路径规划已经出现了很多优秀的算法。但是到目前为止，并没有出现一种在任何场合都可以进行准确无误地路径规划的算法。路径规划算法的种类有很多。常见的路径规划算法可以分为以下三种：基于搜索的路径规划算法，这是比较常见的一种算法，代表算法有 Dijkstra 算法、A*算法以及各种改进的 A*算法；基于采样的路径规划算法，代表算法有快速搜索随机树（Rapidly-exploring Random Tree，RRT）算法、RRT*算法、Informed RRT*算法、PRM 算法等；基于智能优化的路径规划算法，这是近现代提出的基于智能优化的路径规划算法，代表算法有遗传算法、蚁群算法、神经网络算法等；基于局部路径的路径规划算法，代表算法有弹性时间带（TEB）算法、人工势场法等。

路径规划算法应用的过程主要包含两个步骤：首先通过环境感知探测到当前车辆所在的环境，建立包括障碍区域和可通行区域的环境地图；然后根据已建成的环境地图，选择合适的路径规划算法，快速地规划出一条准确无误的路径。路径规划对无人驾驶车辆的导航起着至关重要的作用，是引导车辆从当前位置到目标点的重要根据。

6.3.1 环境地图的表示方法

环境地图的构建是实现路径规划的第一步，路径规划是在地图上进行规划的，所以地图的精度直接影响着规划的效果，地图的精度越高，规划时的路线更为准确。环境地图的表示方法可以分为三大类：度量地图表示法、拓扑地图表示法和混合地图表示法。

（1）度量地图表示法　度量地图表示法是一种比较直观的地图表示方法，此表示方法可直接在地图上表示障碍物占据的位置及大小，度量地图表示法可以分为两种：一种是几何表示法（几何地图），另一种是空间分解法（栅格地图）。

1）几何表示法就是将车辆的传感器信息进行处理，将环境中的障碍物信息抽象成各个点、线组成的几何图形，利用几何模型将地图中的障碍物特征信息在地图的全局坐标系中表示出来。几何地图只选择对环境特征有用的几何模型来进行描述，是一种稀疏的环境表示模型，因此几何地图表示的环境更加简洁，占用的内存较小。但是当环境中障碍物比较复杂且不规则时，几何地图会很难提取障碍物的几何特征，造成构建地图的精度较低，因此几何表示法对场景具有一定的局限性。几何地图如图 6-7 所示。几何地图的常用代表图有可视图、Voronoi 图和概率路图等。

图 6-7　几何地图

2）空间分解法就是把当前空间分解为类似于栅格的局部单元，栅格根据是否被障碍物占据分为空闲状态和占据状态，栅格之间相互独立。空间分解法是比较常用的地图表示方法。栅格地图将环境空间划分为若干个栅格，每个栅格占地图的一部分，如果地图中的障碍物在被划分的栅格上，就称其为占据栅格；如果栅格没有被任何东西占据，则称其为空闲栅格。空间分解法通过空闲栅格和占据栅格来共同描述环境地图。构建栅格地图的核心就是确定每个栅格尺寸的大小，也就是确定栅格尺度。当栅格尺度较大时，会造成构建地图的精度较低，部分障碍物的边缘不能被清楚表示，会对后续的路径规划造成影响；当栅格尺度较小时，虽然构建地图的精度较高，但是由于栅格数量的增加，并且每个栅格都携带相应的环境信息，会造成地图占用的内存较大，并且使得后续的规划算法产生较高的计算量。因此在构建栅格地图时，要根据真实环境来设计栅格尺度的大小。环境示意图和不同栅格尺度下的栅格地图如图 6-8 所示。

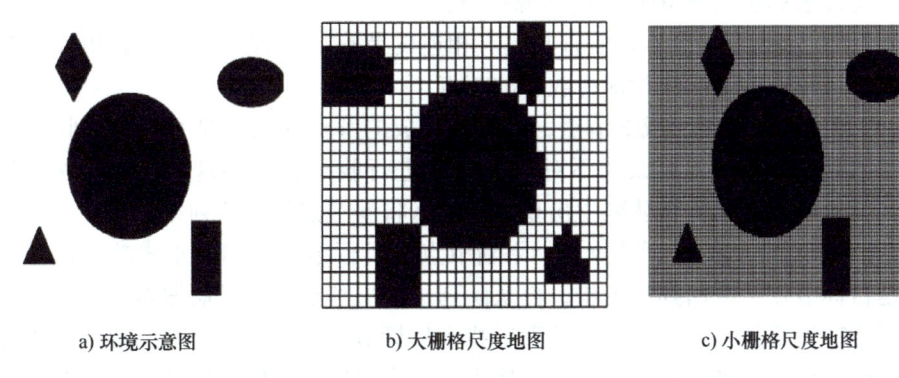

a）环境示意图　　　b）大栅格尺度地图　　　c）小栅格尺度地图

图 6-8　环境示意图和不同栅格尺度下的栅格地图

（2）拓扑地图表示法　拓扑地图表示法是将地图的环境特征用拓扑结构来表示，将地图中的环境特征抽象为节点，各节点之间用边来连接表示环境内的连通关系，因此拓扑地图是一种更加抽象的地图。拓扑地图表示法不考虑环境特征的几何形状，只考虑各个节点之间的连通关系，所以拓扑地图具有结构简单、存储方便等优点，并且非常适合构建大场景下的环境地图。但当环境中的交互关系变得错综复杂时，会导致拓扑地图难以构建各节点之间的连通关系。在无人驾驶中拓扑地图是根据建立在道路上关键节点间的逻辑关系得出来的，各个节点之间的连线可以近似表示为真实的道路，这些近似道路的连线就可以作为无人驾驶车辆路径规划的依据。同时这些节点与节点之间存在着拓扑关系，这些拓扑关系和各个节点之间相连的道路线就组成了当前环境的道路大体网状图，所以拓扑地图还可以称为路网地图，拓扑地图如图 6-9 所示。

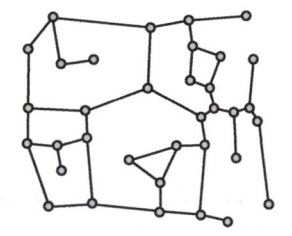

图 6-9　拓扑地图

（3）混合地图表示法　混合地图表示法就是综合了度量地图表示法和拓扑地图表示法，结合了二者的优点，将度量地图的高精度与拓扑地图的高规划效率结合起来。现在比较成功的是将栅格地图和拓扑地图结合起来。

6.3.2　全局路径规划

全局路径规划是在已知地图上从起点到目标点规划出一条无碰撞的、安全有效的路径，全局路径规划有很多算法，比如基于搜索、采样、智能优化的路径规划算法，各类算法有不同的优缺点，因此，在选择路径规划算法时要根据当前环境来选择合适的路径规划算法。

1. 基于搜索的路径规划算法

（1）广度优先搜索（Breadth-First Search，BFS）算法　要想了解基于搜索的路径规划算法，首先要了解广度优先搜索算法。广度优先搜索算法又称为宽度优先搜索算法，是一种应用非常广泛且简单的图搜索算法。很多全局路径规划的相关算法都是以 BFS 算法为中心思想的或者是以 BFS 算法为基础演变过来的。广度优先搜索算法是一种盲目的搜索算法，它没有明确的方向，算法的中心思想是从起点开始不断向各个方向进行探索，把每次探索到的节点放到一个集合中，然后下次从这个集合中再次进行探索，直至探索所有节点找到目标点为止。也就是不管终点的位置在哪，广度优先搜索算法就是开始朝各个方向搜索，彻底搜索整张地图，直到搜索到结果为止。

广度优先搜索算法（图 6-10）的步骤如下：

1）最开始从起点开始探索，检查与起点相连的节点，看有没有与起点相连的节点，如果有就把与起点相连的节点作为即将收录的节点。

2）检查即将收录的新生成的节点，看这新生成的节点在之前是否进行过收录，如果新节点已经在队列中出现过，那么就不对这些节点进行收录，放弃这些节点，然后回到第 1 步。否则，如果新节点未曾在队列中出现过，那么将新节点加入队列尾。

3）检查新节点是否为目标节点。如果新节点是目标节点，则搜索成功，程序结束；若新节点不是目标节点，则回到第 1 步，再从队列头取出节点进行扩展搜索。

最终可能产生两种结果：一种是搜索后找到目标节点，另一种是扩展搜索完所有节点而没有找到目标节点。如果目标节点存在于搜索树的有限层上，BFS 算法就一定能找到对应的路径。

广度优先搜索算法在实际的路径规划中可以从起点到终点找到一条最优路径，而且是一定能找到一条路径。下面介绍 BFS 算法在实际路径规划中的过程。例如，在图 6-10 中找到一条从 V0 到 V6 的路径。

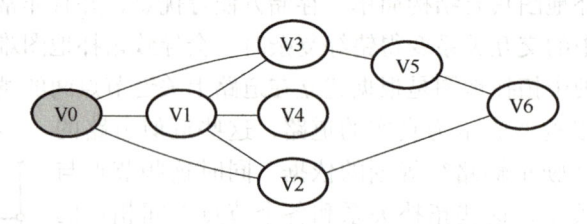

图 6-10　广度优先搜索算法

首先算法先将起点 V0 加入队列中，然后遍历与 V0 邻接的所有节点，从图中可以看出 V0 的邻接节点有 V1、V2、V3 三个节点，分别将 V1、V2、V3 三个节点按顺序加入队列，这时与 V0 邻接的所有节点都已经遍历完，将 V0 从队列中剔除。此时队列的头为 V1 节点，开始遍历 V1 的所有邻接节点，V1 的邻接节点有 V0、V2、V3、V4 四个节点，其中 V0、V2、V3 都已经被队列收录过了，只有 V4 是新节点，这样就把 V4 加入队列，此时与 V1 邻接的所有节点也都遍历完了，将 V1 从队列中剔除。按照队列顺序开始访问 V2 节点，遍历 V2 节点的所有邻接节点，V2 的邻接节点有 V0 和 V6，V0 已经收录过不用管，将 V6 加入队列，其实此时已经找到了路径，但是地图中可能还存在更短的路径，所以还要继续遍历。V2 节点遍历之后，将 V2 节点剔除，继续探索 V3 节点，通过遍历 V3 节点之后将 V5 节点加入队列，然后剔除 V3 节点。按照顺序遍历 V4 节点，与 V4 邻接的相关节点都已经收录过了，直接将 V4 节点剔除。接下来遍历 V5 节点，与 V5 邻接的相关节点有 V3 和 V6，也都已经被队列收录过。此时也找到了另一条路径。然后遍历 V6 节点，将 V6 节点剔除，此时队列为空，说明所有节点均已遍历。所有节点都遍历之后找到了两条路径，然后判断哪条路径更优。寻找路径的办法是从 V6 开始一步步寻找父节点直至找到起点 V0，从图中可以看出经过 V2 节点的那条路径更优，成功找到最短路径。

BFS 算法是许多基于搜索类算法的核心思想，比较有代表性的搜索类算法包括 Dijkstra 算法、A* 算法以及相关改进的 A* 算法。

（2）Dijkstra 算法　Dijkstra 算法也称为迪杰斯特拉算法，Dijkstra 算法是求从一个顶点到其余各顶点的最短路径算法，Dijkstra 算法的成功率比较高，因为它每次必能搜索到最优路径，只不过是搜索时间较长，规划速度较慢。Dijkstra 算法的中心思想是广度优先搜索算法和贪心算法。广度优先搜索算法前面已经解释过，在此不再赘述。贪心算法是指，在解决问题时，总是做出在当前看来是最好的选择，也就是说，不从整体最优上加以考虑，只在当前这一步选择最好的，在某种意义上贪心算法求解的是局部最优解。贪心算法不是对所有问题都能得到整体最优解，关键是贪心策略的选择，举个简单的例子，贪心算法就是当吃自助餐的时候，不管胃的有限容量，每次都吃最贵的东西。

想用 Dijkstra 算法求解最短路径时，需要指定起点、目标点，同时引入两个集合 Close list 和 Open list（下面用 C 和 O 表示）。C 的作用是记录已求出最短路径的顶点，而 O 则是记录还未求出最短路径的顶点。Dijkstra 算法的步骤如下：

1）初始时，C 只包含起点 s；O 包含除 s 之外的其他顶点，且 O 中顶点的距离为"起点到该顶点的距离"。

2）从 O 中选出"距离最短的顶点 k"，并将顶点 k 加入 C 中；同时，从 O 中移除顶点 k。

3）更新 O 中各个顶点到起点 s 的距离。

4）重复步骤 2）和 3），直到遍历完所有顶点找到目标点。

Dijkstra 算法的程序流程如下：

```
开始
    将起点放入 Open list 中
    While True
        If Open list 为空
            搜索失败,结束
        取 Open list 中 g(n) 最小的节点将其加入 Closed list 中
        If 节点为终点
            找到路径,结束
        遍历当前节点的未在 Closed list 中的邻接节点
        If 节点在 Open list 中
            更新节点 g(n) 值
```

```
    else
        计算节点 g(n)值,加入 Open list
结束
```

Dijkstra 算法是一种比较可靠的算法,它永远都可以找到一条可通行的路径,其具体实现如下:从图 6-11 中找到一条从节点 1 到节点 6 的最短路径,其中 1~7 表示地图上的节点,各个节点连线上的数字表示这条路径的当前代价,这里也可以理解为走这条路径的长度。

因为 Dijkstra 算法的中心思想包含广度优先搜索算法,所以 Dijkstra 算法搜索的过程和 BFS 算法搜索的过程类似,只不过每次收录节点的方法不同。首先将起点 1 加入集合 C 中,然后遍历节点 1 的相邻节点,从图 6-11 上看出节点 1 的相邻节点有节点 2 和节点 4,所以将 2 和 4 加入集合 O 中,Dijkstra 算法选择当前代价最小的节点进行收录,所以选择节点 4 进行收录,将节点 4 收录到集合 C 中,同时遍历节点 4 的相邻节点,节点 4 的相邻节点有节点 3、6、7,所以将节点 3、6、7 加入集合 O 中,并计算节点 3、6、7 的当前代价 g,节点 3 的当前路径为 1→4→3,所以节点 3 的当前代价 g 值为 3,同理节点 6 的当前代价 g 值为 9,节点 7 的当前代价 g 值为 5。此时集合 O 中共有 2、3、6、7 四个节点,它们的当前代价 g 值分别为 2、3、9、5。所以选择节点 2 进行收录,同时遍历 2 的所有节点,然后继续重复以上步骤,直到节点 6 被收录。节点 6 被收录之后,就表示已经找到要求的路径,和 BFS 算法一样,再从节点 6 一步步往回找父节点,直至找到起点 1,即找到最短路径。

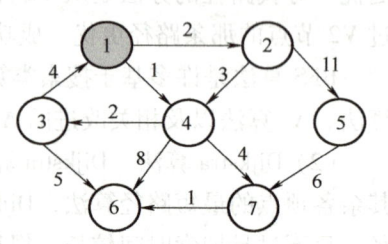

图 6-11 Dijkstra 算法

(3) A* 算法   A* 算法也称为 A-star 或 A 星算法,此算法是基于 Dijkstra 算法演变生成的,是一种启发式搜索算法。A* 算法多数是基于栅格地图进行搜索的,简单地说就是将地图进行栅格化,分成一个个的小栅格,将原地图变成一个可以用二维数组来表示的地图。Dijkstra 算法每次都会选择当前代价最小的值进行收录,而 A* 算法在此基础上引用了启发函数,不单单看当前代价,还要预估当前点到目标点的预估代价,使得在进行路径规划时搜索的速度更快、效率更高。

要想了解 A* 算法,首先就要知道启发函数的概念,A* 算法中的启发函数为

$$F(n)=g(n)+h(n) \tag{6-1}$$

式中,$F(n)$ 为当前点的当前代价;$g(n)$ 为实际代价,即起点到当前点的已经走过的路程代价和,与 Dijkstra 算法中每次收录的当前代价类似;$h(n)$ 为预估代价,即当前节点到目标节点的估计代价,但是必须要保证 $h(n) \leqslant h'(n)$,其中 $h'(n)$ 为当前节点到目标节点的实际最小代价。

启发函数中比较重要的是预估代价 $h(n)$,它对 A* 算法的规划效果有着直接影响。当 $h(n)$ 为 0 时,启发函数中就只有实际代价 $g(n)$ 这一项起作用,此时 A* 算法则与 Dijkstra 算法搜索机制一样;当 $h(n)$ 总是小于 $h'(n)$ 时,此时 A* 算法可以搜索到更短的实际路径,但是它的拓展范围会变大,导致搜索时间变长;当 $h(n)$ 等于当前节点到目标节点的实际代价时,此时 A* 算法搜索到的一定是最短路径,不会拓展多余节点,但是在大多数情况下很难实现这一点;当 $h(n)$ 远大于当前节点到目标节点的实际代价,可使 $g(n)$ 忽略时,此时 A* 算法就变成了 BFS 算法。所以 $h(n)$ 的选择对 A* 算法的规划效果有着很大的影响,

在实践中，要根据具体情况来选择相应的 $h(n)$ 表达方式。

预估代价 $h(n)$ 通常有很多种表示方法，其中比较常用的就是欧氏距离（Euclidean Distance）和曼哈顿距离（Manhattan Distance）这两种。其中欧氏距离就是从当前点到目标点的直线距离，曼哈顿距离就是从当前点到目标点的横向距离与纵向距离之和，这两种距离的表示方法如图 6-12、图 6-13 所示。

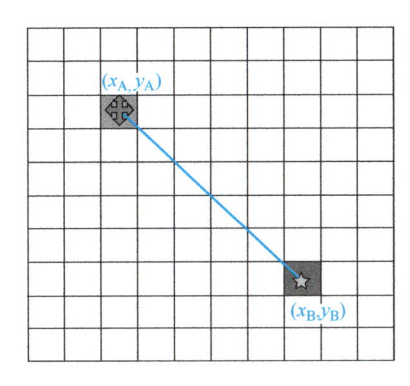

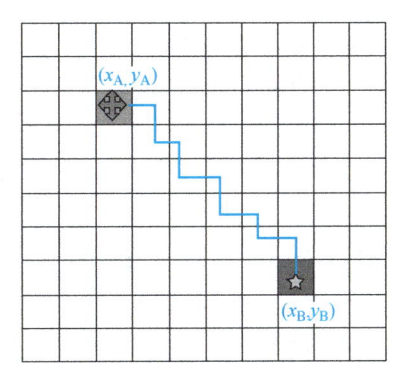

图 6-12　欧氏距离　　　　　　　　图 6-13　曼哈顿距离

欧氏距离为两点间最短直线距离，计算公式为

$$h(n)=\sqrt{(x_A-x_B)^2+(y_A-y_B)^2} \tag{6-2}$$

曼哈顿距离为坐标系中横向距离与纵向距离之和，计算公式为

$$h(n)=|x_A-x_B|+|y_A-y_B| \tag{6-3}$$

A*算法的搜索机制与 Dijkstra 算法类似，均从起点开始搜索，然后每次搜索当前节点代价最小的值进行收录，A*算法进行每次搜索时会向该节点周围的 8 个方向进行搜索，即向上下左右以及 45°角的方向进行探索。

A*算法的步骤如下：

1）建立两个空的 Open list、Close list 集合，并将起点加入 Open list。

2）将与起点相邻的邻接节点加入 Open list 中，并把起点设置为它们的父节点，同时把起点加入 Close list。

3）遍历 Open list，选择集合中 $F(n)$ 值最小的节点进行探索，同时将该节点移到 Close list。

4）对 Open list 中待处理节点的 8 个相邻方格进行探索：

① 如果该节点是障碍物或者已经被 Close list 收录，就忽略该节点。

② 如果该节点没被 Open list 收录，就直接将其加入 Open list，并且把当前节点设为新加入节点的父节点，记录该节点的 $F(n)$、$g(n)$ 和 $h(n)$ 值。

③ 如果该节点已经在 Open list 中，需要检查经过当前节点的新路径（即经由当前节点到待收录节点）是否更好，并用 $g(n)$ 值作参考，更小的 $g(n)$ 值表示这条路径更优。如果经过当前节点到达待收录节点的 $g(n)$ 值更小，就更新路径，把当前节点作为待收录节点的父节点，并重新计算它的 $g(n)$、$F(n)$ 值；如果经过更新后的 $g(n)$ 值更大，就不进行任何操作，仍保持原路径。

5）判断目标节点是否收录。

① 把终点加入 Open list 中，说明此时路径已经规划成功。

② 查找终点失败，并且 Open list 是空的，说明无法规划路径。

6）保存路径。从终点开始，回溯每个栅格的父节点生成规划路径。

A*算法的程序流程（伪代码）如下：

```
输入:起点 S,目标点 T;
Open list={S};
While (Open list 不为空)
取出 Open list 中 F 值最小的节点 N
If N=T
break;
for N 的相邻节点 Pi,i=1,2,…,8
If Pi 可到达 && Pi ∉ Open list
Open list={Open list,S};
Parent (Pi)=Pn;
计算 G(Pi),H(Pi),F(Pi);
If Pi ∈ Close list
G′(Pi)=G(Pn)+H(Pn,Pi);
If G′(Pi)<G(Pi)
Parent (Pi)=Pn;
F(Pi)=G(Pi)+H(Pi);
Path={T};
Pt=T;
While (Pt≠S)
Pt=Parent(Pi);
Path={Path,Xp};
输出:路径 Path;
```

（4）改进 A*算法　A*算法相比于其他的搜索算法比较高效，但是为了更加有效准确地找到最短路径，提出了很多基于 A*算法的进行改进优化的方法，例如基于 A*算法的优化启发函数、双向搜索、改变每次的搜索步长、指定方向搜索、添加角度约束等方法，这些方法都会让算法更加高效准确。

1）优化启发函数：把 A*算法启发函数 $h(n)$ 采用的欧氏距离分解成横向、纵向、对角线方向这三个方向的组合，这样能够更准确地表示栅格地图上任意两点的实际移动代价，并使算法尽量处于仅寻得最佳路径而不扩展其他扩展点的理想情况。基于 A*算法的优化启发函数为

$$h(n)\begin{cases}2^{\frac{1}{2}}d_x(n)+d_y(n)-d_x(n) & d_y(n)>d_x(n)\\ 2^{\frac{1}{2}}d_y(n)+d_x(n)-d_y(n) & d_x(n)>d_y(n)\end{cases} \qquad(6-4)$$

这样对启发函数的优化会使搜索效率更高，因为传统 A*算法的欧氏距离表示预估代价时，可能会使实际距离比预估的欧式距离大，而曼哈顿距离会使预估的距离较大，新优化后

的启发函数即可解决此问题。

2)双向搜索:双向搜索就是从起点和目标点同时搜索,一个从起点向目标点采用 A* 算法进行搜索,另一个从目标点向起点进行搜索。当两条搜索路径相遇时,就会得到一条好的路径。这样就会极大地提高搜索速度,如果地图复杂或者地图较大,双向搜索是一种比较不错的搜索方法。

基于 A* 算法的改进算法有很多,但是中心思想还是以 A* 算法为主,改进的目的都是为了提高搜索速度或者准确性来提高规划的效率。A* 算法是基于 Dijkstra 算法演变过来的,当 A* 算法的预估代价为 0 时,整个搜索过程就变成了 Dijkstra 算法。Dijkstra 算法计算的是从起点到其他所有点的最短路径长度,A* 算法计算的是从起点到目标点的总的最短路径。相同情况下,运用 Dijkstra 算法进行规划的时间可能要比运用 A* 算法规划的时间长。

2. 基于采样的路径规划算法

基于搜索的路径规划代表算法有:Dijkstra 算法、A* 算法等,虽然这些算法能很好地找到最短路径,但是它们在搜索过程中需要遍历地图,在较大的地图中搜索时间会较长。所以就提出了一种基于采样的路径规划算法,该算法可以进行快速搜索,不用构建栅格地图。基于采样的路径规划代表算法有 PRM、RRT、RRT*、Informed RRT* 等算法。

(1) PRM 算法 PRM 算法又称为概率路线图法。PRM 算法的核心思想是基于可用空间和占用空间的给定地图,绘制出采样范围内所有可能路径的网络图,然后再通过其他搜索算法在网络图中找到最优路径,如图 6-14 所示。PRM 算法的主要任务是通过采样和碰撞检测建立当前环境地图的无向图,以得到构型空间的完整连接属性。

简单来说,PRM 算法的原理非常简单,即把当前的环境当成一张平面的地图,假设拿着一堆点往地图上撒,起初图中只有起点和终点两个点,然后向地图上撒第一个点,那么这个点落在地图上的位置显然会有两种可能:一种是撒在了空地上,然后将起点和这个点连起来;另一种是把点撒在了障碍物上,如果撒在了障碍物上,就要把这个点舍弃掉,重新撒一次。然后一直重复上述的步骤,不断往地图上撒点,如果点恰巧撒到了要求的目标点上,那么就得到了第一条路径。具体实现的过程中,还要添加步长限制、碰撞检测等约束。编写 PRM 算法程序,圆形为起点,三角形为终点,PRM 算法规划路径如图 6-14 所示。

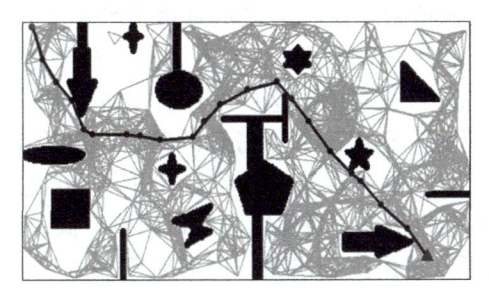

图 6-14 PRM 算法规划路径

(2) RRT 算法 RRT 算法(快速搜索随机树算法)的遍历过程和大树树枝生长的过程非常相似,从起点开始,把起点比作大树的种子,然后开始不断朝各个方向长出树枝,树枝慢慢扩展,一直到新生长的树枝,进而接触到终点,然后就可以找到一条可通行的路径。

RRT 算法的步骤如下：

1）从起点开始搜索，然后在地图上确定一个随机点 X_r，然后将刚确定的随机点连接地图中已经收录的最近点。

2）提前设置一个步长作为树枝的长度，从第 1 步中最近点沿着连线的方向取步长的长度，确定一个新的点 X_n，并把这个新节点收录。

3）然后再随机取一个点 X_{r2}，连接第 2 步中收录的最新的最近点 X_n，再以 X_n 为起点以步长为长度取新的点 X_{n2}。（如果新确定的随机点 X_{r2} 和最近点 X_n 的连线穿过了障碍物，则舍弃这个随机点，再重新选择随机点。）

4）重复以上步骤，要想终止算法，"生长的树枝"就必须正好到终点，但是正好生长到终点的概率很小，所以要设置一个提前停止的条件。

5）设置好一个提前停止的条件后，每次产生一个新的 X_n 时就计算一下它距离终点的距离，如果判断这个距离比步长小并且中间没有障碍物，那么就直接将满足这个条件的 X_n 和终点连接。这样就得到最终路径。

用 C 语言编写 RRT 算法，圆形为起点，三角形为终点，RRT 算法规划路径如图 6-15 所示。

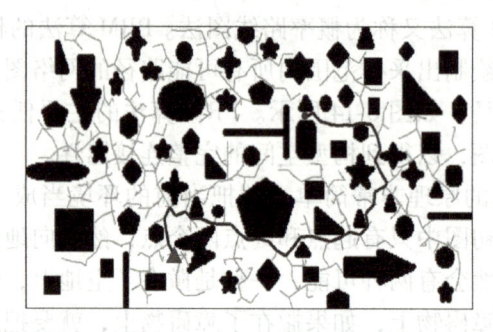

图 6-15 RRT 算法规划路径

在使用 RRT 算法时，可以在规划中一直选终点作为随机点，这样就会快速找到路径。但是这种方法也有一个致命的缺点，即如果起点和终点之间的连线上有障碍物时，就会找不到路径。RRT 算法是一种快速搜索算法，它以牺牲最优性为代价。RRT 算法是一种通用的方法，不管目标体是什么、不管自由度是多少、不管约束有多复杂都能用，"快"是 RRT 算法的优势，而且 RRT 算法的原理很简单，这是该算法在路径规划领域流行的主要原因之一。但是 RRT 算法的缺点也很明显，利用该算法得到的路径一般质量都不是很好，路径不够光滑，通常也远离最优路径。RRT 算法在某些特殊环境下可能会找不到路径，例如，在狭窄通道的环境中，因为狭窄通道面积小，找到狭小出口的概率低，因此找到路径需要的时间也较长。有时利用 RRT 算法可以很快找到出路，但有时则一直被困在障碍物里面，最后导致规划不出路径，进入死循环。

RRT 算法搜索到的路径往往不是最优路径。为了解决这个问题，提出了 RRT* 算法，使得 RRT 算法拥有了渐进最优的特性。

（3）RRT* 算法 RRT* 算法是在 RRT 算法基础上进行优化的算法，虽然 RRT 算法是一种高效率的采样路径规划算法，但是 RRT 算法并不能保证所得出的可行路径是相对优化的，因此需要进行 RRT 算法改进。RRT* 算法的主要特征是能快速地找出初始路径，之后随着采样点的增加，不断地进行优化直到找到目标点或者达到设定的最大循环次数。RRT*算法在 RRT 算法的基础上优化了两个过程：重新选择父节点和重新布线随机树。

重新选择父节点：在确定一个新的节点 X_new 后，以新的节点为圆心，以提前规定好的半径画圆，然后在这个圆内的邻近节点中重新选择父节点，判断邻近节点作为当前节点 X_new 的父节点时是否更优，如果路径更优就选择邻近节点为 X_new 的父节点。

重新布线随机树：在进行重新选择父节点后，为使整体的路径代价最小，需要进行重新布线处理。重新布线的过程也可以被表述成：如果近邻节点的父节点改为 X_new 可以减小路径代价，则将邻近节点的父节点更换为 X_new。

利用 Python 编写 RRT* 算法的规划过程，线 a 即为规划的路径，运行结果如图 6-16 所示。

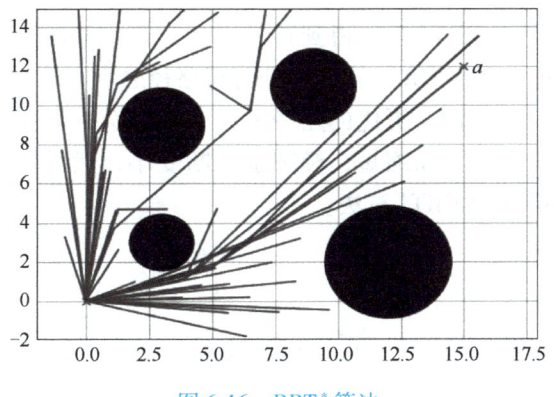

图 6-16　RRT* 算法

下面用一个具体案例介绍 RRT* 算法的具体规划过程，如图 6-17 所示为改进 RRT 算法的过程，假设图中节点 9 为当前的新节点，它的当前父节点为节点 6，然后接下来用 RRT* 算法进行处理。

首先，重新选择父节点：以节点 9（X_new）为圆心，在预设范围圆内进行采样，在该范围内寻找出 X_new 的近邻节点，有节点 4、5、8。原来的路径代价为 16(10+5+1)，备选的三个节点与 X_new 组成的路径代价分别为 11(3+5+3)、14(10+4)、12(3+5+1+3)，因此将节点 5 设为节点 9 的父节点，其对应路径代价是最小的，重新生成的随机树如 6-17b 图所示。

然后，重新布线随机树：重选父节点之后，节点 9 的近邻节点分别为节点 4、8、6。它们父节点分别为节点 0、5、4，对应的路径代价为 10、9、15。如果将节点 4 的父节点改为节点 9，则到达节点 4 的路径代价为 15，大于原来的路径代价 10，所以节点 4 的父节点不用换。同理，更换节点 8 的父节点为节点 9，路径代价将由原来的 9 变为 14，因此也不改变节点 8 的父节点。如果改变节点 6 的父节点为节点 9，则路径代价为 12，小于原来的路径代价 15，因此将节点 6 的父节点改为节点 9。这就是重新布线的过程。

（4）Informed RRT* 算法　Informed RRT* 算法是基于 RRT* 算法进行改进的，RRT* 算法是一个渐进最优的基于采样的规划算法。但是 RRT* 算法在提高了规划路径质量的同时，其消耗的时间也大大增长。因此为力争在相同的时间内，得到尽可能好的规划结果，便提出了 Informed RRT* 算法。

a) 重新选择父节点　　　　　　　　b) 重新生成的随机树

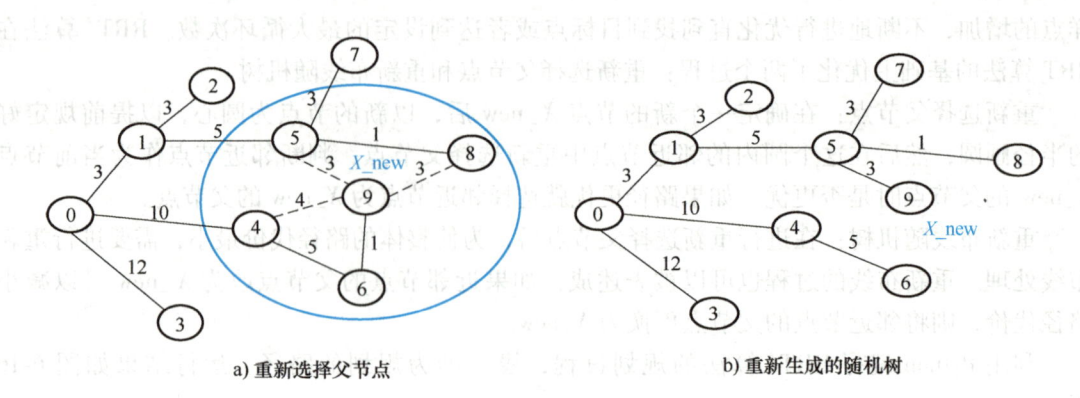

图 6-17　改进 RRT 算法的过程

Informed RRT* 算法是在 RRT* 算法得到路径之后，在此基础上对此路径进行进一步优化，使得得到的路径最优。在用 RRT* 算法得到可行路径之后，将采样点的范围限制在一个椭圆（高维空间为椭球）范围内，更优的路径采样点范围会存在于以起点和终点为焦点的椭圆上，然后随着路径长度的不断缩短，椭圆也不断变小，然后最终得到的路径也越来越优。如图 6-18 所示为 Informed RRT* 算法。

图 6-18　Informed RRT* 算法

Informed RRT* 算法的步骤如下：

1）首先，先用前面提到的 RRT* 算法对当前环境进行探索，得到路径之后，在此基础上对得到的路径进行优化。

2）以起点和终点为焦点找出椭圆，把得到的采样点限制在一个椭圆范围内，此算法的核心就是如何找到这个合适的椭圆。

3）起点和终点分别为椭圆的两个焦点，两者之间的距离定义为 $c_{\min}$，将目前已经搜索到的最短路径定义为 c_{best}，然后以此为半径进行探索。

4）在开始进行优化采样时，以单位圆为范围进行采样，然后通过几何关系将采样点旋转平移到实际采样区域，计算出两个圆的旋转矩阵 $\boldsymbol{C} = \begin{pmatrix} \cos\theta & \sin\theta \\ -\sin\theta & \cos\theta \end{pmatrix}$，其中 θ 为起点与终点连线与 x 轴之间的夹角。正常情况下都是在平面上进行规划，所以 $\boldsymbol{C}$ 就是个二维旋转矩阵。

5）计算椭圆的长轴和短轴的半径分别为 r_1 和 r_2，$r_1 = c_{\text{best}}/2$，$r_2 = \sqrt{c_{\text{best}}^2 - c_{\min}^2}/2$，组成对角矩阵 $\boldsymbol{L}$。

6）然后将采样的单位圆乘以对角矩阵 $\boldsymbol{L}$ 和旋转矩阵 $\boldsymbol{C}$，最后再加上平移量即得到最终进行采样的椭圆范围，具体如图 6-19 所示。

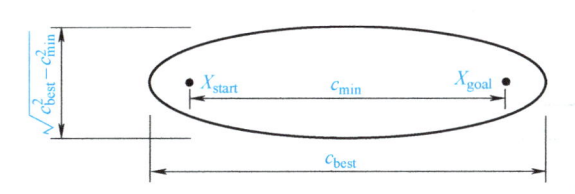

图6-19　Informed RRT* 算法的椭圆示意图

利用 Python 编写 Informed RRT* 算法的规划过程，线 a 即为规划的路径，运行结果如图 6-20 所示。

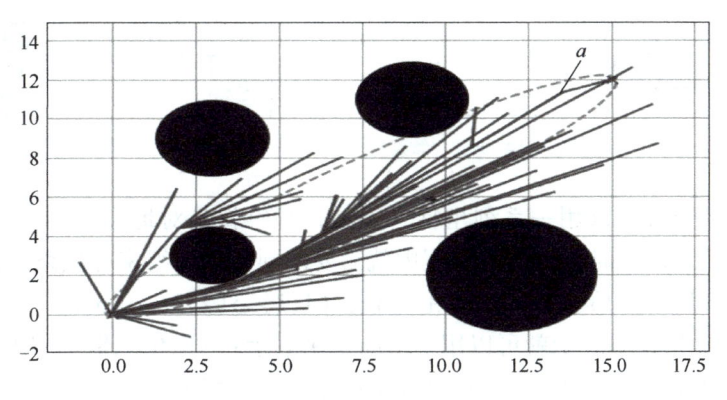

图6-20　Informed RRT* 算法运行结果

通过图 6-20 可以看出，算法正在改进，规划出来的路径也在不断优化，通过 Informed RRT* 算法规划出来的路径明显比 RRT 算法规划出来的路径要更好。但是在实际应用中，要根据不同的情况选择最适合的算法。

3. 基于智能优化的路径规划算法

遗传算法（Genetic Algorithm）又称为基因进化算法，或者进化算法。遗传算法属于启发式搜索算法的一种，遗传算法过程模拟的是达尔文生物进化论的自然选择和遗传学机理的生物进化过程，是一种通过模拟自然进化过程搜索最优解的方法。算法的核心思想可以大致理解为生物的进化过程，即物竞天择、适者生存。

遗传算法以一种群体中的所有个体为对象，并利用随机化技术指导对一个被编码的参数空间进行高效搜索。其中，选择、交叉和变异构成了遗传算法的遗传操作；参数编码、初始化种群、适应度函数的设计、遗传操作设计、控制参数设定五个要素组成了遗传算法的核心内容。如图 6-21 所示为遗传算法流程图。

下面用一个具体案例来介绍遗传算法的流程。

（1）建立地图并对其编码　进行路径规划之前首先要建立地图，本书采用栅格地图对周围的环境空间进行建立地图。在建立地图时，需要先做以下规定：

1）不考虑障碍物在 z 轴方向的高度，把智能车辆行驶的空间看成二维平面空间。

2）障碍物的大小、位置已知，并且不存在动态障碍物。

3）在规划时可以把障碍物进行放大处理，将车辆看成质点。

如图 6-22 所示为遗传算法编码地图。

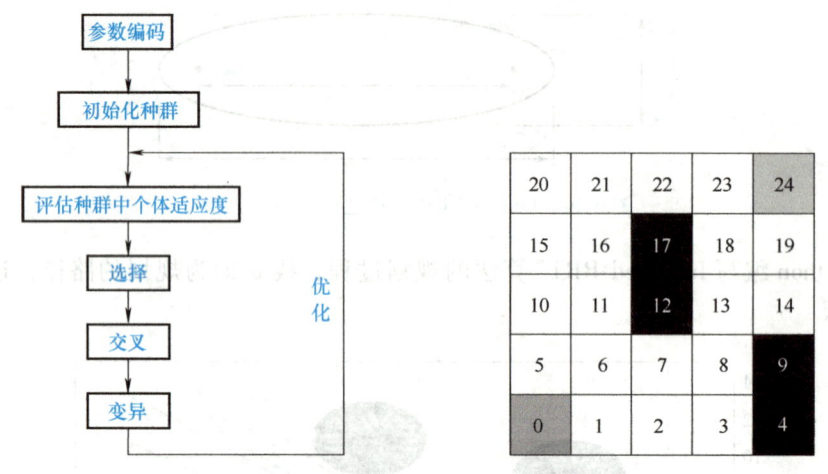

图 6-21 遗传算法流程图   图 6-22 遗传算法编码地图

正常地图中的位置可以用一系列坐标来表示，编码就是对地图上的每一个栅格进行编号。但是用坐标表示位置时，编程的过程中就需要用到二维数组来存放路径，例如，现在以坐标形式表示一条从（1,1）到（5,5）的路径：(1,1)→(2,2)→(3,2)→(4,2)→(4,3)→(5,4)→(5,5)。而用编码表示就可以用一组向量来表示：(0,6,7,8,13,19,24)。在构建栅格地图时，首先以地图左下角第一个栅格为坐标原点建立直角坐标系。因此每一个栅格可以用（x,y）的坐标形式表示，比如左下角第一个栅格可以表示为（1,1），并且从左下角开始为每一个栅格进行编号 N，G_{size} 为每一行栅格的个数，编号从 0 开始。编号和坐标的转换公式为

$$\begin{cases} x = \text{int}(N/G_{size}) + 1 \\ y = N \% G_{size} + 1 \end{cases} \tag{6-5}$$

（2）初始化种群 初始化种群是遗传算法比较重要的一部分，也是算法正式开始的第一步。种群是由多个个体组成的，所以初始化种群就是在地图上随机产生出很多条可行路径。可行路径的产生分为两个主要步骤：第一步首先产生一条间断路径，按顺序在每一行随机取出一个无障碍栅格，形成一条间断的路径；第二步是将间断的路径连接为连续路径，在这一步中首先从第一个栅格开始判断相邻的两个栅格是否为连续栅格，若栅格是连续的那么就直接将两个栅格相连，如果不是连续的就需要在两个间断的栅格中插入新的栅格。栅格是否连续的判断方法为

$$D = \max\{abs(x_1 - x_2), abs(y_1 - y_2)\} \tag{6-6}$$

如果 $D = 1$，就说明这两个栅格是连续的，反之则是不连续的。对于不连续的栅格，取两个栅格的中点栅格，继续进行计算，然后插入路径，中点栅格的坐标计算为

$$\begin{cases} X_{new} = \text{int}\left(\dfrac{x_{i+1} + x_i}{2}\right) \\ Y_{new} = \text{int}\left(\dfrac{y_{i+1} + y_i}{2}\right) \end{cases} \tag{6-7}$$

式中（X_{new},Y_{new}）是新插入栅格的坐标。首选进行判断：

1) 若新插入的栅格为障碍物栅格，则按照就近原则选取其相邻栅格，并判断此栅格是否已经在路径中（防止陷入死循环）。

① 若此栅格不是障碍物栅格并没被选取，则插入路径中。

② 若没有找到合适的邻近栅格，就删除此条路径。

2) 若新栅格为无障碍物栅格，则可直接插入路径。

3) 继续判断新插入的栅格和新插入的栅格的前一个栅格是否连续，若不连续则循环以上步骤，直到两个栅格连续。当两个栅格连续后取下一个栅格，循环以上步骤，直到把每条路径都变得连续。

(3) 适应度函数　利用适应函数可以衡量路径是否是最优的。适应度函数可以根据需要来自行设计，但通常情况下适应度函数可以分为两大部分：路径规划总的长度以及规划出来的路径轨迹的平顺性。总的适应度函数由设计的目标组成，为不同目标分配特定的权重，组成总的适应度函数为

$$fit = afit_1 + bfit_2 + \cdots + nfit_n \tag{6-8}$$

(4) 选择　选择方法采用基于概率的轮盘赌方法。首先计算出所有个体的适应度函数的和，再计算每一个个体所占的比重，计算公式如下

$$p_i = fit_1 \bigg/ \sum_{i=1}^{end} fit_i \tag{6-9}$$

然后根据每个个体的比重，以轮盘赌的方式选择出下一代个体。采用轮盘赌的优势是既能选中好的个体，又不会抛弃坏的个体，可以有效地防止算法陷入局部最优解。

(5) 交叉　因为交叉并不都是有利的，所以要提前设定一个交叉概率，满足条件时才进行交叉。首先需要确定一个交叉概率，产生一个0~1之间的随机数，并和交叉概率比较，若随机数小于预设的交叉概率则进行交叉操作。具体的交叉操作则是找出两条路径中所有相同的点，然后随机选择其中的一个点，将之后的路径进行交叉操作。交叉之后可以丰富个体。

(6) 变异　因为变异也不都是有利的，所以要提前设定一个变异概率。与交叉思想一样，产生一个0~1之间的随机数，并和变异概率比较，若随机数小于变异概率则进行变异操作。变异方法是随机选取路径中除起点和终点以外的两个栅格，去除这两个栅格之间的路径，然后以这两个栅格为相邻点，使用种群初始化路径中的第2步将这两个点进行连续操作。这样就会重新生成一条从起点到终点的新路径。

(7) 优化　至此，算法的选择、交叉、变异环节全部完成，种群更新完毕。若超出了最大迭代次数并没有找到路径，则继续进行之前的操作。若是出现最优路径或迭代完毕则从种群中找到适应度值最小的个体进行输出，最终就会找到一条最优路径。

除了遗传算法，基于智能优化的路径规划算法还有很多，例如粒子群算法、神经网络算法、蚁群算法等，这些智能优化算法几乎都是基于自然现象而演变生成的仿真算法，都能很好地进行路径规划，并且此类算法通常可与其他算法组合运用。

6.3.3 局部路径规划

全局路径规划一般是基于先验地图进行规划的，先基于先验地图规划出一条全局路径，在汽车跟随全局路径规划的过程中，可能会出现先验地图中没有的动态障碍物，所以要先由

全局路径规划器规划出一条大致的全局路径,然后还需要局部路径规划进行实时避障。这样在全局路径规划时,就会对先验地图中已有的障碍物进行避障,在局部路径规划时,对新增的障碍物也进行避障。局部规划的主要作用是跟随全局路径,然后在跟随路径的过程中实现避障功能。局部路径规划的代表性算法有人工势场法、TEB 算法等。

1. 人工势场法

人工势场法的基本思想是在障碍物周围构建障碍物斥力势场,在目标点周围构建引力势场,类似于物理学中的电磁场。被控对象在这两种势场组成的复合场中受到斥力作用和引力作用,斥力和引力的合力指引着被控对象的运动,从而搜索无碰撞的避障路径。更直观而言,势场法是将障碍物比作平原上具有高势能的山峰,而目标点则是具有低势能的山谷。人工势场法的示意图如图 6-23 所示。

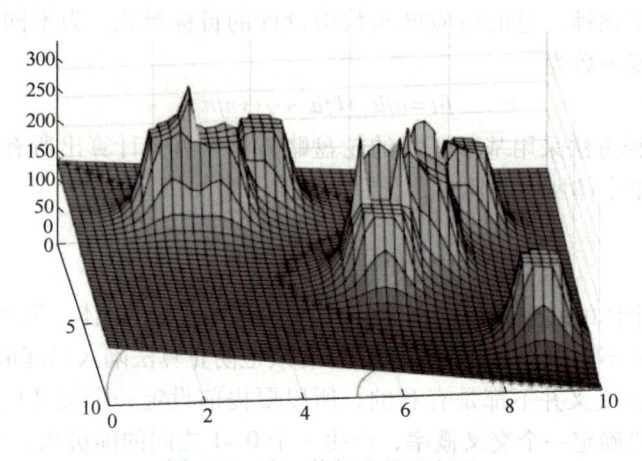

图 6-23 人工势场法的示意图

(1) 引力势场 引力势场主要与车辆和目标点之间的距离有关,距离越长,汽车所受到的势能值就越大;距离越短,汽车所受到的势能值就越小。引力势场的表达式为

$$U_{\text{att}} = \frac{1}{2} k_{\text{att}} \rho^2(q, q_g) \tag{6-10}$$

式中,U_{att} 为引力势场;k_{att} 为引力势场作用系数;$\rho(q, q_g)$ 为车辆与目标点之间的距离。其对应势场的力为势场的负梯度,则势场力为

$$F_{\text{att}} = -\nabla U_{\text{att}} = -\frac{1}{2} k_{\text{att}} \nabla \rho^2(q, q_g) = -k_{\text{att}} \rho(q, q_g) \tag{6-11}$$

(2) 斥力势场 决定障碍物斥力势场的因素是车辆与障碍物之间的距离。当车辆未进入障碍物的影响范围时,其受到的势能值为 0;当车辆进入障碍物的影响范围后,两者之间的距离越长,车辆所受到的势能值就越小,距离越短,车辆所受到的势能值就越大。斥力势场的表达式为

$$\begin{cases} U_{\text{r}} = \frac{1}{2} k_{\text{r}} \left(\frac{1}{\rho(q, q_r)} - \frac{1}{\rho_r} \right)^2 & \rho(q, q_r) < \rho_r \\ 0 & \rho(q, q_r) \geq \rho_r \end{cases} \tag{6-12}$$

式中,U_{r} 为斥力势场;k_{r} 为斥力势场作用系数;$\rho(q, q_r)$ 为车辆与障碍物之间的距离。对应的势场力为

$$F_{r}=\begin{cases}k_{r}\left(\dfrac{1}{\rho(q,q_{r})}-\dfrac{1}{\rho_{r}}\right)\dfrac{1}{\rho^{2}(q,q_{r})} & \rho(q,q_{r})<\rho_{r}\\ 0 & \rho(q,q_{r})\geqslant\rho_{r}\end{cases} \qquad (6\text{-}13)$$

最终，车辆会在势场的合力作用下规划出一条适合车辆行驶的路径，人工势场法的概念比较形象，可以应用到多种场景中，但是采用人工势场法时要考虑传统人工势场法的缺陷，传统的人工势场法会产生目标不可达与局部最优化两个缺陷。

1) 目标不可达：由于障碍物与目标点的距离太近，当车辆到达目标点时，根据势场函数可知，目标点的引力降为 0，障碍物的斥力不为 0，虽然车辆到达目标点，但是在斥力的作用下不能停下来，从而导致产生目标不可达的问题。

2) 局部最优化：车辆在某个位置时，如果车辆受到若干个障碍物的合斥力与目标点的引力大小相等、方向相反，则车辆受到合力为 0，这将导致车辆受力平衡，所以无法向前搜索避障路径，陷入局部最优，局部最优化示意图如图 6-24 所示。

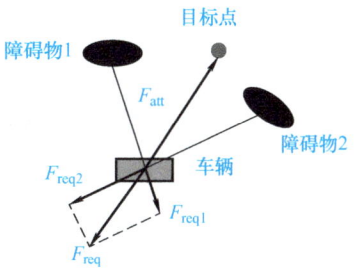

图 6-24 局部最优化示意图

2. TEB 算法

TEB 算法是一种比较常用的局部路径规划算法。该算法的核心思想是指在全局路径上根据相同的时间间隔插入 N 个不同的控制点（位姿点），根据需要的优化目标和约束条件来使各个控制点能远离障碍物，并满足车辆的行驶要求，从而实现局部避障功能，如图 6-25 所示为 TEB 算法示意图。在 TEB 算法中，把规划出来的路径比作弹性带，即将起点和目标点连接起来形成路径，并且此路径可以发生形变，变形的条件就是将所有约束当作弹性带的外力。首先要定义弹性带，需要利用起点、目标点状态等参数，利用中间插入 N 个控制弹性带形状的控制点（位姿点），并根据设置的约束条件，改变这些控制点的位置，使其实现避障的功能。

TEB 算法在运动过程中会调整车辆的位姿朝向，但是 TEB 算法在决策时会产生后退的决策，这在某些应用场景里是不允许的，因为后退可能会碰到障碍物。但是 TEB 算法不能将后退速度的参数调为 0，所以只能尽量调大车辆的前进权重。所以 TEB 算法更加适合阿克曼转向类型的车辆。

起点和目标点位置如图 6-25 所示，其间的连线即为全局路径，五边形为障碍物。因为 TEB 算法是一种局部路径规划算法，所以它的起点和目标点都是通过全局路径规划获取的。中间插入 N 个控制点，就是图中全局路径上的圆点，这些点其实就是车辆的位姿点，每个点都包括车辆的 x、y 坐标和航向角等信息，整条路径可以用这些点来表示。在点与点之间定义运动时间，即在车辆的每两个位姿点之间固定一个时间，这些控制点之间并不是等距的，而是有相同的时间，根据两个位姿点之间的位置和相邻时间等参数就可以算出车辆的速度、角速度、加速度等所有运动学信息。

弹性带变形的条件就是将所有约束当作弹性带的外力，这里以障碍物为例，由图 6-25 可以看出，车辆与障碍物之间存在最短距离，可以把车辆和障碍物之间的最小距离当作约束。假设通过外力把障碍物往车辆的方向推动，这样车辆与障碍物之间的最短距离就会小于规定的约束，车辆为了躲避障碍物，相应的控制点也会被迫向远离障碍物的方向移动。这样就像障碍物利用外力将车辆推开，使规划路径像弹性带一样变形。但与此同时，除了障碍物的约束外，为了满足路径的平滑，与该控制点相邻的点之间也要有运动学约束，因为车辆的速度、加速度、角度等都是有最大值的，所以相邻两点的位姿不能相差太大，如果当前点向下运动，与之相邻的前后两个控制点当然也要适当向下运动。

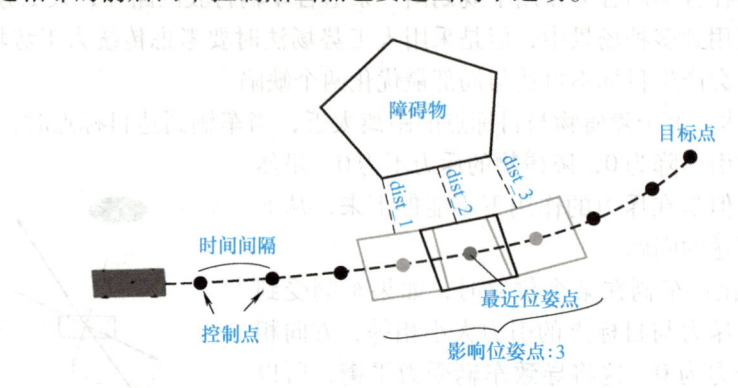

图 6-25 TEB 算法示意图

每个目标函数也就是约束条件只与弹性带中的某几个连续状态有关，并不影响整条弹性带。所以整体来说 TEB 算法就是将整条全局路径中以相同的时间间隔插入某些控制点，让路径变成一个可以变形的弹性带，然后再对它施加一些约束，每一种约束可以看成一种施加在弹性带上的外力，施加外力后弹性带就会变形，这种变形可以看成是一种内部的优化算法，通过优化变形即可找到满足各个约束条件的可行路径。

在 TEB 算法中能实现避障功能的最核心部分就是约束函数，常见的约束函数有以下几种。

（1）跟随路径+避障　跟随路径+避障约束主要有两个目标，即跟随已知的全局规划路径和实时避障。从约束的角度来说，两个目标原理几乎相同，均是在弹性带上找到距离某一点（全局路径点或障碍物）最近的状态。跟随全局规划路径是将这一点拉向全局路径，而避障是将这一点远离障碍物。两个目标只是方向不一样，一个是距离减小，一个是距离增大。两个目标对应的约束函数可以用惩罚函数的形式表示为

$$f_{(\text{path})} = e_\tau(d_{\min,j}, r_{p\max}, \varepsilon, S, n)$$
$$f_{(\text{obs})} = e_\tau(-d_{\min,j}, -r_{o\max}, \varepsilon, S, n) \tag{6-14}$$

式中，$f_{(\text{path})}$ 为跟随全局路径约束；$f_{(\text{obs})}$ 为避障约束；$d_{\min,j}$ 为障碍物与全局路径点序列的最小距离；$r_{p\max}$ 为跟随目标距离全局路径的最大距离；$r_{o\max}$ 为避障目标距离障碍物的最大距离；ε, S, n 为影响近似的准确度；S 为缩放系数；ε 为近似值附近的小位移；n 为多项式阶数。

（2）速度和加速度约束　由于弹性带只定义了车辆在两个控制点之间的位姿和时间，并没有对速度和加速度进行约束。但是可以利用两个控制点之间的已知信息通过差分近似计算速度和加速度，由于车辆性能的约束，车辆的速度和加速度都有最大值和最小值，所以需要对两点之间的运动学信息加以约束，对应的约束形式可以表示为

$$v_i = \frac{1}{\Delta T_i}\begin{pmatrix} x_{i+1}-x_i \\ y_{i+1}-y_i \end{pmatrix} \quad \omega_i = \frac{\theta_{i+1}-\theta_i}{\Delta T_i} \quad a_i = \frac{2(v_{i+1}-v_i)}{\Delta T_i + \Delta T_{i+1}} \tag{6-15}$$

（3）运动学约束　希望规划出来的路径是比较平滑的，不希望车辆在行驶的过程中产

生飘逸或者无法移动现象。一般要对车辆车速和转角进行约束，此外阿克曼转向类型的车辆还有最小转弯半径的约束。为了满足这个约束，生成的路径一般是由若干条圆弧组成的平滑轨迹。运动学约束主要是将车辆在单位时间间隔内的轨迹简化成曲率相同的弧线，如图 6-26 所示为运动学约束示意图。对应的约束条件为

$$\beta_{i,i}=\beta_{i,i+1} \tag{6-16}$$

$$d_{i,i+1}\begin{pmatrix}\cos(\theta_i)\\\sin(\theta_i)\\0\end{pmatrix}=d_{i,i+1}\begin{pmatrix}\cos(\theta_{i+1})\\\sin(\theta_{i+1})\\0\end{pmatrix} \tag{6-17}$$

$$f(x_i,x_{i+1})=\left\|\left[\begin{pmatrix}\cos(\theta_i)\\\sin(\theta_i)\\0\end{pmatrix}+\begin{pmatrix}\cos(\theta_{i+1})\\\sin(\theta_{i+1})\\0\end{pmatrix}\right]d_{i,i+1}\right\|^2 \tag{6-18}$$

式中，$d_{i,i+1}$ 为车辆下一时刻与当前时刻的运动方向；β_i 为车辆 x 轴与运动方向夹角；θ_i 为车辆相对于实际坐标系的绝对位姿。

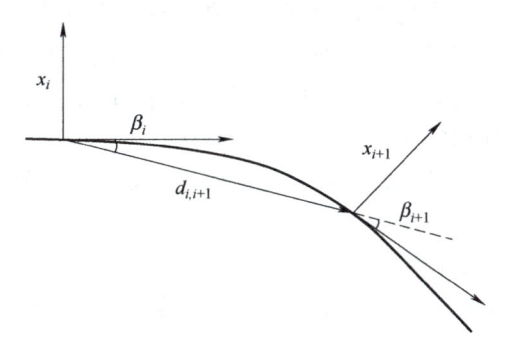

图 6-26　运动学约束示意图

（4）最快路径约束　最快路径约束是一种比较常见的约束，目的是让车辆获得最快的路径，并非是传统意义上的最短路径，因为最短的路径不一定是最快的路径。最快路径约束条件为

$$f=\left(\sum_{i=0}^{n}\Delta T_i\right)^2 \qquad 0\leqslant i\leqslant n \tag{6-19}$$

TEB 算法可表述为一个多目标优化的问题，大多数目标都是局部的，只与一小部分参数相关，每一种约束影响的只是几个连续的状态，因为只依赖于几个连续的状态，所以 TEB 算法的优化速度非常快。优化算法采用开源的 g2o 图优化框架，g2o 中有点和边两个概念，在当前情景下，车辆、障碍物、时间间隔和所有姿态点被当作点，把约束条件当作边，通过约束条件的边把各个点连接起来构成如图 6-27 所示的超图，将超图输入 g2o 优化框架即可进行优化。

所以，总体来说 TEB 算法生成的局部轨迹是由一系列带有时间信息的离散位姿点组成的，g2o 优化的对象即为这些离散的位姿点，目标是使由这些离散的位姿点组成的轨迹能达到时间最短、距离最短、远离障碍物等，同时限制速度和加速度使轨迹满足车辆的运动学。TEB 算法的总流程如下：

得到全局路径→弹性带变形优化→加入约束条件→g2o 优化→发布速度指令

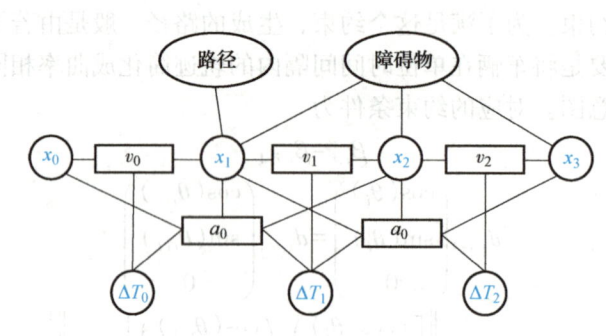

图 6-27　g2o 优化的超图

6.4　决策与规划技术发展

想要实现真正意义上的无人驾驶智能汽车，决策规划这一环节就必须满足准确、迅速等更高的要求。首先，要保证路径规划的安全性，规划出准确无误的全局路径，并在全局路径的基础上，再进行局部路径规划。其次，还要保证规划的时效性，因为正常车辆行驶的过程中车速都不会太低，如果规划的时效性不好并存在延时时，就会导致车辆在当前时刻已经识别到障碍，但由于规划过程的延时，把信号传给底层控制器的时候，因为车速过快车辆已经来不及进行相应的控制，而导致不必要的事故发生。这样会使对决策规划层面临更高的挑战，当前智能车辆决策与规划技术主要发展方向有以下几个方面。

1）相比于高速公路或者农村道路来说，城市道路的交通环境比较复杂，而且城市道路上的车辆也较多，同时，城市道路环境交通参与者类型较多，包括行人、自行车、电动车等多类交通参与者，而且相关参与者的运动意图很难进行预测，这对决策系统的安全性提出了更高的要求。此外，由于交通参与者的类型较多，很容易产生交通拥堵和交通事故，在正常的拥堵环境下，车辆需要不停地加速、减速、防止侧方来车等，对人为驾驶也有一定的考验。所以要想设计全面的决策规划系统，就必须充分地考虑当前交通环境。

2）决策规划系统的主要挑战是能否完全替代驾驶人进行驾驶。当驾驶人正常驾驶去某一个地方时，驾驶人大脑要先规划出来一条或者几条路径，然后按照交通规则进行正常的行驶，根据道路中的车道线、路口前的导向箭头、斑马线等保证车辆的正确通行，依照道路的限速标志、路面交通流情况控制车速；根据行车安全性需求，在不同的车速、路面条件下，车辆应与其他障碍物保持安全的距离；在进入路口前，由于路口情况复杂，车辆应减速慢行，避免碰撞，并视情况让行其他车辆；同时还要注意行驶过程中的突然情况，比如前方发生事故，或者出现危险等情况时驾驶人要重新规划路径。上述都是驾驶人正常驾驶车辆必须要做的事情，如果把这些全部交给决策规划系统来做，决策规划系统能否完全胜任是待考究的问题。

3）智能车辆能从人、车、路及环境等多源信息中及时地提取有效信息是件非常困难的事，所以决策与规划技术未来发展的目标就是实现最大程度的"拟人化"。

【课后习题】

1. 请简述马尔可夫决策过程。
2. 请简述 Dijkstra 算法与 A* 算法的区别,并概述 A* 算法的程序流程(伪代码)。
3. 请描述快速搜索随机树(RRT)算法的搜索过程,并简述 RRT 算法的改进算法。
4. 请说明 TEB 算法中常见的约束有哪些。

参 考 文 献

[1] 杜明博. 基于人类驾驶行为的无人驾驶车辆行为决策与运动规划方法研究[D]. 合肥:中国科学技术大学,2016.

[2] 陈佳佳. 城市环境下无人驾驶车辆决策系统研究[D]. 合肥:中国科学技术大学,2014.

[3] 兰潇根. 基于自主学习的无人车行为规划方法[D]. 南京:南京理工大学,2019.

[4] 张召霞. 面向无人驾驶车辆行为决策的知识库管理系统研究[D]. 合肥:中国科学技术大学,2020.

[5] 宋金行. 人车混杂环境下行人轨迹预测及无人驾驶汽车防碰撞控制[D]. 镇江:江苏大学,2020.

[6] 陆文杰,袁建华,罗为明,等. 自动驾驶汽车决策控制系统简介[J]. 道路交通科学技术,2019(2):3-6.

[7] 罗国荣. 无人驾驶汽车多传感器融合研究概述[J]. 时代汽车,2021(12):17-18.

[9] 石慧. 基于多传感器融合的车辆导航系统研究与实现[D]. 北京:北京工业大学,2016.

[10] 熊璐,康宇宸,张培志,等. 无人驾驶车辆行为决策系统研究[J]. 汽车技术,2018(8):1-9.

[11] SEBASTIAN B,TOBIAS G,RÜDIGER D. Probabilistic decision-making under uncertainty for autonomous driving using continuous POMDPs[C]//IEEE 17th International Conference on Intelligent Transportation Systems(ITSC),2014:392-399.

[12] 刘正锋,张隆辉,魏纳新,等. 环境地图的格栅化及路径规划研究[J]. 舰船科学技术,2021,43(7):141-145.

[13] 许文杰. 基于激光雷达的栅格-拓扑地图构建算法研究与实现[D]. 成都:电子科技大学,2019.

[14] 张杰. 基于 ROS 的移动机器人路径规划研究[D]. 贵阳:贵州大学,2020.

[15] 赵卫东,蒋超. 两阶段搜索的 A* 全局路径规划算法[J]. 计算机应用与软件,2020,37(12):255-259.

[16] 徐思远. 基于 ROS 平台的轮式机器人路径规划算法研究[D]. 南京:南京理工大学,2019.

[17] 杨世春. 自动驾驶汽车决策与控制[M]. 北京:清华大学出版社,2020.

第7章

智能网联汽车控制技术

学习目标

1. 了解控制理论主要包括哪几种。
2. 了解智能网联汽车的控制技术有哪些。
3. 了解汽车模型的分类和基本概念。
4. 了解智能网联汽车在控制技术上有什么优势。
5. 了解针对智能网联汽车的运动控制有哪些。

7.1 经典控制理论

经典控制理论研究对象主要是利用传递函数、常微分方程来描述单一输入与单一输出的线性定常系统，常见的控制有 PID（Proportion Integral Derivative）控制与反馈控制。在实际工程中，应用最多的控制方法是 PID 控制，即比例-积分-微分控制。

PID 控制包含以下三个过程：

1. 比例控制

PID 控制中最简单的控制方式是比例控制，比例控制是将输出值的变化量与输入误差值的变化量成比例关系，仅有比例控制，系统的输出一般存在稳态误差。

2. 积分控制

1）积分控制是输出值与输入误差值的积分成正比关系。

2）对于某个控制系统，如果该系统在进入稳态后仍然存在一定的稳态误差，则称其为有差系统；若要消除稳态误差，需在控制器中引入"积分项"；对误差求关于时间的积分，随着时间的增加，积分项的值会增大。

3）虽然误差很小，但随着时间的增加积分项逐渐增大，积分控制在使控制器的输出值增大的同时，稳态误差会进一步减小，直到稳态误差完全消除。

4）比例控制和积分控制结合，可以使系统在一定时间内快速进入稳定状态，消除稳态误差，结合后的控制称为 PI 控制。

3. 微分控制

1）微分控制指输出误差值与误差变化率成正比关系。

2）控制系统在消除误差的时候会出现频繁振荡甚至失稳现象，其原因是系统中存在较大惯性，使消除误差的变化时间总是滞后于误差的变化时间。

3）具有比例控制和微分控制的控制器，能够提前消除误差，最大程度使误差量控制为零甚至变为负值，从而避免出现被控量严重超调的情况。

4）对于拥有较大惯性和滞后特性的控制对象，比例控制和微分控制能改善在动态过程中的系统特性。

PID 控制系统原理如图 7-1 所示，系统由模拟 PID 调节器和被控对象组成，图中 K_P、K_I、K_D 三个参数易于调节。PID 控制系统以其结构简单、稳定性好、工作可靠、调整方便而成为工业控制的主要技术之一。

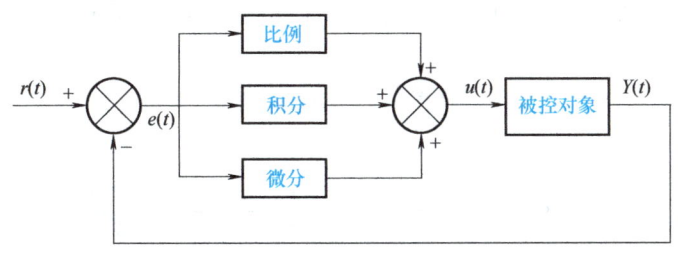

图 7-1 PID 控制系统原理

PID 调节器是一种线性调节器，它将给定值 $r(t)$ 与实际输出值 $c(t)$ 的偏差的比例（P）、积分（I）、微分（D）通过线性组合构成控制量，实现对控制对象的控制。连续系统 PID 调节器的微分方程为

$$u(t) = K_P \left[e(t) + \frac{1}{T_I} \int_0^t e(t) \, dt + T_D \frac{de(t)}{dt} \right]$$

$$= K_P e(t) + K_I \int_0^t e(t) \, dt + K_D \frac{de(t)}{dt} \quad (7\text{-}1)$$

式中，
$$e(t) = r(t) - c(t) \quad (7\text{-}2)$$

写成传递函数为

$$G(s) = \frac{U(s)}{E(s)} = K_P \left[1 + \frac{1}{T_I(s)} + T_D s \right] = K_P + K_I \frac{1}{s} + K_D s \quad (7\text{-}3)$$

PID 调节器各校正环节的作用如下：

1）比例环节：指成比例地反应控制系统的误差信号 $e(t)$，调节器会产生控制效果以减小误差。

2）积分环节：用于消除误差，提高系统的准确性。积分作用的强弱取决于积分时间常数 T_I。

3）微分环节：反应偏差信号的变化速度，并能在偏差信号变得太大之前，在系统中引入一个有效的早期修正信号，从而加快系统的动作速度，缩短调节时间。

7.2 现代控制理论

现代控制理论是由经典控制理论演变而来的，其主要研究对象是时变或非线性系统，该理论通过计算机科学技术、数学模型及综合复杂的控制技术来实现对于系统输入与输出关系的整体描述。现代控制理论是建立在状态空间法基础上的一种控制理论，是自动控制理论的一个主要组成部分。在现代控制理论中,对控制系统的分析和设计主要是通过对系统状态变量的描述来进行的,基本的方法是时间域方法。现代控制理论比经典控制理论所能处理的控制问题要广泛得多,例如可控制线性系统和非线性系统、定常系统和时变系统、单变量系统和多变量系统。它所采用的方法和算法也更适合于在计算机上进行。现代控制理论还为设计和构造具有指定性能指标的最优控制系统提供了可能性。对于目前工程上存在的多复杂问题现代控制理论更为适用。

7.2.1 模糊控制

模糊控制指的是以模糊集合理论、模糊语言变量及模糊推理为基础的一类计算机数字控制方法(属于智能控制范畴)。模糊控制器的一般结构如图 7-2 所示。

图 7-2 模糊控制器的一般结构

模糊控制器各部分主要环节功能如下:

1) 模糊化环节:首先要确定输入变量 x 的取值范围。通过量化因子转化物理论域为模糊论域,将清晰值转化为模糊子集,确定模糊语言的取值以及相应的隶属度函数的过程被称为模糊化。

2) 模糊规则库及模糊推理环节:模糊规则库的建立是设计模糊控制器的关键,它与模糊推理几乎是同步完成的,模糊规则有以下几种表达形式:

① 语言描述型:通常满足"如果……则……"(if…then…)的条件语句,这些语句通常需要对大量实践经验进行总结归纳才能得到,是后期进行逻辑推理的前提。

② 表格型:对蕴含关系进行描述,但是省略了语言描述中的繁琐词句,将语句转化为表格,方便进行规则的编写与查阅,表格型规则比语言描述型规则更加简洁明了。

③ 公式型:公式型规则顾名思义是将模糊规则用公式进行表述,相对于语言描述型规则与表格型规则要灵活一些,公式型规则可以进行实时的变换。

3) 清晰化环节:根据专家经验、大量实验数据,搭建出模糊规则,完成逻辑推理后,将会得到输出的模糊集合,它是由诸多模糊规则总结得出的结论,是一个分段的、不规则的形状,这时候需要将其映射到具有代表性的数值上,将输出的模糊集合转化为清晰的量,并从控制器输出。

模糊控制借助模糊数学模拟人的思维方法,将工艺操作人员的经验加以总结,运用语言变量和模糊逻辑理论进行推理和决策,实现对复杂对象的控制。模糊控制既不意味着被控过程是模糊的,也不意味着控制器是不确定的,它表示的是知识和概念的模糊性,模糊控制所完成的工作是完全确定的。

模糊控制器的类型有:①基本模糊控制器;②自适应模糊控制器;③智能模糊控制器。

模糊控制的特点是不依赖于数学模型,特别适合时滞、非线性系统的控制;省略复杂的

数学模型的建立不仅能够节约工作时间,还能够有效地提高控制策略的鲁棒性。正因如此,模糊控制在近些年来得以普及,在各行各业都有所应用。

7.2.2 线性二次型最优控制

线性二次型最优控制器又称为线性二次型调节器(Linear Quadratic Regulator,LQR),是应用线性二次型最优控制原理设计的控制器。

当系统状态因为某种原因偏离了期望点时,线性二次型最优控制器可以在不消耗多余能量的情况下,将系统状态最大限度地稳定在期望点周围。

为了达到控制要求,可以使用多种控制方案,但是采用最小能量的控制方式更具实际意义。对于线性系统状态空间可以描述为

$$\dot{x} = Ax + Bu \tag{7-4}$$

$$y = Cx \tag{7-5}$$

系统性能和控制能量的要求可以由下列二次型性能指标函数描述为

$$J = \int_0^\infty (x^T Q x + u^T R u) \, dt \tag{7-6}$$

若系统的状态可以直接测量,控制器在状态反馈中可以证明,使性能指标函数式(7-6)具有以下线性状态反馈形式:

$$u = -Kx \tag{7-7}$$

最终选取一个适当的增益矩阵 K,使性能指标 J 最小化。当且仅当

$$K = R^{-1} B^T P \tag{7-8}$$

K 依赖于正定对称矩阵 P,P 矩阵满足下列 Riccati 方程

$$PA + A^T P - PBR^{-1} B^T P + Q = 0 \tag{7-9}$$

对于最优控制状态反馈控制器而言,Q 越大,系统达到稳态的时间越短,则最优控制规律为

$$u = -R^{-1} B^T P x \tag{7-10}$$

稳定化的最优控制状态反馈控制器设计步骤如下:
1)求解 Riccati 方程。
2)将求得的正定对称矩阵 P 代入 $u = -R^{-1} B^T P x$。

若二次性能指标中输出向量,对其进行变换,则

$$J = \int_0^\infty (y^T Q y + u^T R u) \, dt \qquad y = Cx \tag{7-11}$$

7.2.3 滑膜控制

滑膜控制(Sliding Mode Control,SMC)也称为滑膜变结构控制,本质上是一类特殊的非线性控制,且其非线性表现为控制的不连续性。滑膜控制与其他控制的不同之处在于控制系统"结构"的不固定性,控制可以在动态过程中进行,系统根据当前的状态情况(如偏差)按照期望的滑动模态轨迹有目的地修正,从而使系统能够运动。滑膜控制的特点是响应速度快、参数运行平稳、外界扰动影响较小、无须系统在线辨识、控制动作实现方式简单等。

在滑膜控制过程中系统结构会随时间变化而变化。该控制特性可使系统在进行小幅度、

高频率运动的前提下沿着预设的状态轨迹运动,系统运动可称为滑动模态或"滑膜"运动。滑动模态是可以预设的,外界扰动影响小,因此滑膜控制有较好的鲁棒性。

1. 滑动模态的存在性

如图 7-3 所示,超曲面存在于状态空间中,并将状态空间分为两部分。考虑一般情况。在系统的状态空间中,存在一个超曲面 $s(x)=s(x_1,x_2,\cdots,x_n)=0$ 将状态空间分为 $s>0$ 及 $s<0$ 两种情况。

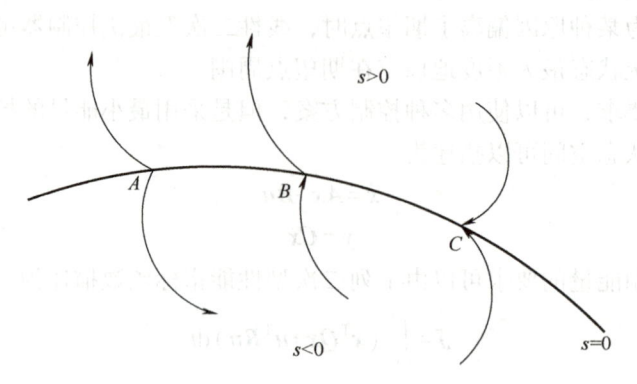

图 7-3 状态空间中的超曲面(切换面)

2. 滑模动态特性分析

按照滑模区上的运动点最终都需运动到终止点这一要求,可知当运动点到达切换面 $s(x)=0$ 附近时,必有

$$\lim_{s\to 0^-}\dot{s}\leqslant 0 \leqslant \lim_{s\to 0^+}\dot{s} \tag{7-12}$$

也可以改写为

$$\lim_{s\to 0}s\dot{s}\leqslant 0 \tag{7-13}$$

这样就形成一个如 $v(x_1,x_2,\cdots,x_n)=[s(x_1,x_2,\cdots,x_n)]^2$ 的 Lyapunov 函数必要条件。在 $s=0$ 附近,v 是一个非增函数,因此满足 Lyapunov 函数必要条件,系统本身即能稳定于 $s=0$。

当满足上述条件时,切换面之外的系统点的运动都趋近于切换面。系统点的运动主要由两部分组成:切换面之外的连续控制,包括 $u+(x)$,$s(x)>0$ 及 $u-(x)$,$s(x)<0$ 的正常运动,其运动轨迹在切换面之外或有限次数穿越切换面;沿切换面附近运动或在切换面附近穿行运动。

根据广义滑模条件 $s\dot{s}<0$,可得 $s\dot{s}=s(C\dot{x})=s(CAx+Cbu)<0$,设 $Cb\neq 0$,则可选择常值切换控制、函数切换控制以及比例切换控制等实现滑模变结构控制模式。

3. 滑模控制系统的动态特性

从理论上而言,系统状态要保持在切换面上运动,此时为理想的滑动模态。但是实际系统中总会存在"开关特性",由于受到系统的惯性、时空滞后等因素影响,系统会在光滑的滑动模态上发生振荡现象,因自振引起的扰动会逐渐减弱,这也是滑模控制存在的弊端。若要改善滑模运动的动态效果,可以采用各种趋近律,具体如下:

1) 等速趋近律:

$$\dot{s}=-\varepsilon\mathrm{sgn}s \quad \varepsilon>0 \tag{7-14}$$

2）指数趋近律：
$$\dot{s} = -\varepsilon \text{sgn} s - ks \qquad \varepsilon > 0, k > 0 \tag{7-15}$$

3）幂次趋近律：
$$\dot{s} = -k|s|^{\alpha} \text{sgn} s \qquad k > 0, 0 < \alpha < 1 \tag{7-16}$$

4）一般趋近律：
$$\dot{s} = -\varepsilon \text{sgn} s - f(s) \qquad f(0) = 0, sf(s) > 0 (s \neq 0) \tag{7-17}$$

综上所述，滑膜控制有以下性质：

1）在切换面 $s(x) = 0$ 以外的运动点均将于规定的时间内到达切换面。
2）可满足滑膜控制系统的动态特性要求。
3）可确保滑膜控制运动的稳定性。

7.2.4 模型预测控制

1. 基本内容

1）模型预测控制（Model Predictive Control，MPC），可在每一个采样周期，通过求解一个有限时域开环最优控制问题来获得当前的控制序列。

2）模型预测控制与时间相关，其利用系统当前状态和当前控制量，可实现对系统未来状态的控制。

3）模型预测控制致力于将更长时间跨度的最优化控制问题，分解成若干个更短时间跨度或有限时间跨度的最优化控制问题，可在一定时间内追求最优解；本质上模型预测控制是求解开环的最优控制问题，实现的过程与模型有关。

模型预测控制是基于预测模型的闭环优化控制策略，其核心算法是预测系统下一时刻的动态特性，可在线反复优化设计并同时滚动优化预测时域内模型，从而控制去除模型失配、干扰等产生的误差。模型预测控制原理如图 7-4 所示。

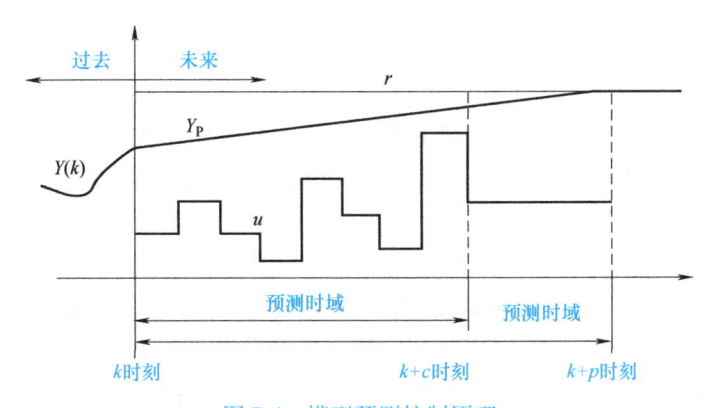

图 7-4 模型预测控制原理

r—参考轨迹　$Y(k)$—测量输出　Y_P—预测输出　u—预测控制量

$$\begin{cases} X(k+1) = f(X(k), u(k)) \qquad X(0) = X_0 \\ Y(k) = h(X(k), u(k)) \end{cases} \tag{7-18}$$

式中，$X(k)$ 为 k 时刻系统的状态；$u(k)$ 为 k 时刻系统的控制输入；$Y(k)$ 为 k 时刻系统测量输出。在预测时域范围内，可以通过 k 时刻的测量输出 $Y(k)$ 来预测未来一段时间的输

出。模型预测的目的是使预测输出与期望输出的误差尽量要小，但要满足以下约束条件

$$\begin{cases} u_{min} \leqslant u(k+i) \leqslant u_{max} & 0 \leqslant i \leqslant P \\ Y_{min} \leqslant Y(k+i) \leqslant Y_{max} & 0 \leqslant i \leqslant P \end{cases} \quad (7\text{-}19)$$

在约束条件下，可以根据预测输出与期望输出累计误差得到目标函数为

$$G(Y(k), u(k)) = \sum_{i=k+1}^{k+p} (r(i) - Y(i/k))^2 \quad (7\text{-}20)$$

式中，$r(i)$ 表示 i 时刻对应的期望输出。

模型预测控制框图如图7-5所示。MPC控制器通过模型预测，在约束条件下对目标函数进行滚动最优求解，再通过反馈优化求解。得到 k 时刻最优控制输入 $u(k)$ 后，将其输入被控对象进而得到 k 时刻的测量输出 $Y(k)$，将状态观测量 $X(k)$ 发送给状态估计器，得到估计状态量 $X_0(k)$。估计状态量再经过 MPC 控制器的处理得到最佳输入，循环往复以此来完成整个控制器的优化。

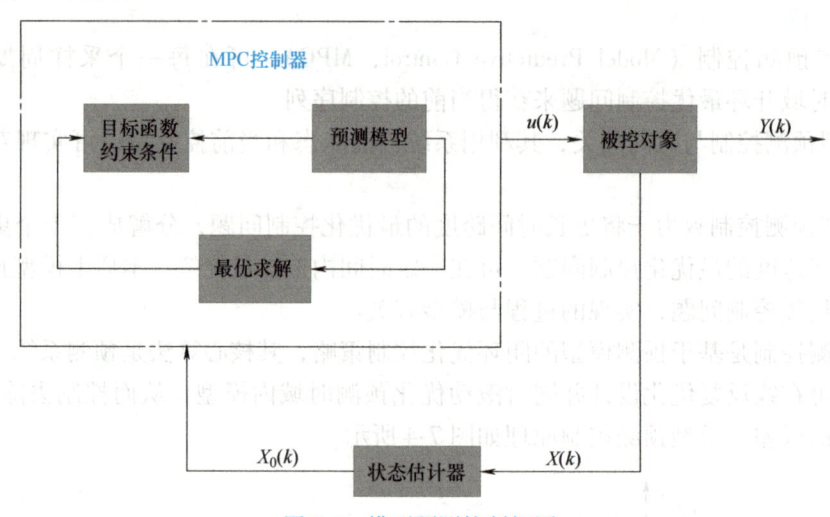

图 7-5　模型预测控制框图

模型预测控制具有效果好、鲁棒性强的优点，可以克服控制过程中出现的耦合性、时变性、非线性等问题，并且能够处理被控量及操纵量的各种约束。模型预测控制的具体特点如下：

1）模型预测。预测模型作为 MPC 的主体，可用于描述系统的状态。预测模型结合系统现在的控制输入及过程的历史信息，预测控制系统未来的输出值。

2）滚动优化。滚动优化是一种最优控制策略，其目的为在一定的基础条件下，寻找出控制的最优解，可以通过多次优化获得最优解。滚动优化的过程不是通过一两次离线完成的，而是通过在线不断迭代与计算而得到最优解的。滚动优化的好处在于在上一步预测模型中无论如何在实际应用中总会存在一定的误差，车辆的行驶并不会完完全全按照期望路径来行驶，如若不进行滚动优化，随着车辆的前进，误差会越来越大，控制效果也就会越来越差，而滚动优化就是起消除误差的作用。

3）反馈校正。由于在模型预测与滚动优化过程中，很难按照真实的智能网联汽车去建立非常贴近于汽车的模型，在实际应用中，都是在动力学或运动学的基础上，对模型进行简化，由于并不能完完全全反映车辆的真实状态，故理论计算与实际运行就必然会存在误差。此外，

车辆在前进过程中还会存在一些未知干扰等不可控因素，因此需要通过预测出的最终值与模型的估算值进行误差计算，利用误差来校正模型预测值，从而得到更加贴切实际的未来控制值。

2. 模型预测控制步骤

1）将动力学方程作为基础预测模型。
2）对模型进行离散化。
3）预测方程矩阵表达形式。
4）优化模型函数并对参数量加以约束。

7.2.5 神经网络控制

神经网络控制是指应用神经网络技术，对控制系统中难以精确建模的复杂非线性对象进行神经网络模型辨识，可以利用神经网络控制对参数进行优化设计，也可以进行推理和故障诊断。

通常神经网络控制器可直接作为误差闭环系统的反馈控制器，神经网络控制器先利用其已有的控制样本进行离线训练，然后以系统误差的均方差为评价函数进行在线学习。

常见的神经网络控制系统有：

①参数估计自适应控制系统；②内模控制系统；③预测控制系统；④模型参考自适应系统；⑤变结构控制系统。

神经网络控制的主要特点有：可以描述任意非线性系统，并且对于非线性系统可以进行辨识和估计；针对复杂不确定性问题可以通过快速优化计算使得控制具有自适应能力和分布式储存能力，最终实现在线、离线学习。

神经网络用于控制系统有两种方法：一种是用其建模；另一种是将其直接作为控制器使用。

1. 神经网络系统建模

① 前馈神经网络。
② 递归神经网络。

2. 神经网络控制器

神经网络控制器的设计方法大体有如下几种：模型参考自适应方法、自校正方法、内模方法、常规控制方法、神经网络智能方法和神经网络优化方法。

7.2.6 自适应控制

1. 基本内容

自适应控制系统可实时测量系统本身的状态、性能、参数等，对系统当前数据和期望数据作比较，通过改变控制器结构、参数或控制方法等进行最优决策。系统不断地将实际输入和参考输入作对比，根据需要不断地调节自适应机构，既要保证系统输出满足要求，还要保证系统的稳定性。

2. 自适应控制系统的设计过程

设可控系统受控对象的数学模型为

$$\boldsymbol{X}_p = \boldsymbol{A}_p \boldsymbol{x}_p + \boldsymbol{B}_p \boldsymbol{u}_p \tag{7-21}$$

式中，$\boldsymbol{X}_p$ 为状态向量；$\boldsymbol{u}_p$ 为控制向量；$\boldsymbol{A}_p$、$\boldsymbol{B}_p$ 分别为有相同维数的系数矩阵。

设定参考模型时，通常选择与被控对象相同的结构形式，参数根据系统设计要求确定，参考模型可表示为

$$X'_m = A_m x_m + B_m r_m$$
$$Y'_m = C_m x_m \tag{7-22}$$

式中，X'_m 为参考模型的状态向量，Y'_m 为参考模型的输出向量；r_m 为参考模型的输入向量；A_m、B_m、C_m 分别为有相同维数的表示期望性能的系数矩阵。

系统的广义输出误差方程为

$$\varepsilon = Y_m - y_p \tag{7-23}$$

式中，Y_m 为参考模型的输出量；y_p 为可调系统的输出量。

系统的广义状态误差方程为

$$\varepsilon = x_m - x_p \tag{7-24}$$

由上式可得广义误差运动方程为

$$\varepsilon(t)' = A_m \varepsilon + (A_m - A_p) x_p + B_m r_m - B_p u_p \tag{7-25}$$

按照自适应控制器的工作原理，可调系统和参考模型间的广义输出误差表示了自适应控制系统的运动状态。

自适应控制系统通过不断地测量系统的输入、状态、输出或性能参数，根据所得的信息按照设计方法，作出相应决策来更新控制器的结构和参数，从而达到所要求的控制性能指标。

7.3 汽车模型

7.3.1 模型概述

汽车动力学模型与运动学模型的建立是出于对汽车运动的规划与控制考虑的，在特定场景下，汽车根据规划轨迹行驶。轨迹规划过程中应充分考虑汽车运动学及动力学约束，使得运动控制的性能更加精准。

汽车运动学模型把汽车完全视为刚体，主要考虑汽车的位姿（位置坐标、航向角）、速度、前轮转角等的关系，不考虑任何力的影响。

汽车动力学模型则需要考虑汽车和地面之间力的影响，例如，某些力会使轮胎发生侧偏现象等。

在建立两种模型时，思路都是通过建立状态空间方程，以便于输入控制量从而得到理想的状态值；并且一般都建立为基于误差（位置误差、航向误差等）的状态空间方程。

7.3.2 运动学模型

汽车运动学模型指用数学方式描述汽车运动而不考虑影响汽车运动的力，如图 7-6 所示为汽车运动学模型图。

建立汽车运动学模型需要作以下假设：
1) 不考虑汽车在 z 轴方向的运动，只考虑在水平面上的运动。
2) 左右侧车轮转角一致，可把左右侧车轮合并成一个车轮进行研究。
3) 汽车行驶速度变化缓慢，忽略车辆前后轴载荷移动。
4) 车身及悬架系统是刚性的。

车辆运动学方程为：

$$\begin{cases} \dot{x}=v_x=v\cos\varphi \\ \dot{y}=v_y=v\sin\varphi \\ \dot{\varphi}=\dfrac{v\tan\delta}{l} \end{cases} \Rightarrow \begin{pmatrix} \dot{x} \\ \dot{y} \\ \dot{\varphi} \end{pmatrix} = \begin{pmatrix} v\cos\varphi \\ v\sin\varphi \\ v\tan\delta/l \end{pmatrix} = \begin{pmatrix} f_1 \\ f_2 \\ f_3 \end{pmatrix} \quad (7\text{-}26)$$

选取状态量为 $\boldsymbol{x}=(x,y,\varphi)^\mathrm{T}$，控制量为 $\boldsymbol{u}=(v,\delta)^\mathrm{T}$，则对于参考轨迹的任意一个参考点，用 r 表示，式（7-26）可以改写为

$$\dot{\boldsymbol{x}}=f(\boldsymbol{x},\boldsymbol{u}) \to \dot{\boldsymbol{x}}_\mathrm{r}=f(\boldsymbol{x}_\mathrm{r},\boldsymbol{u}_\mathrm{r}) \quad (7\text{-}27)$$

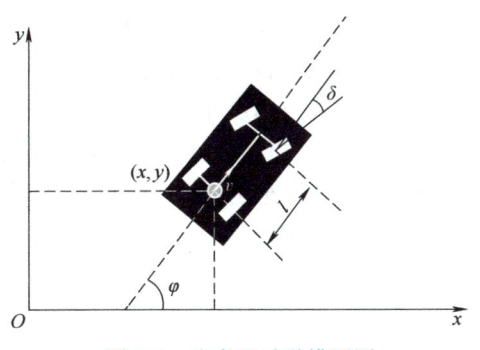

图 7-6 汽车运动学模型图

式中，$\boldsymbol{x}_\mathrm{r}=(x_\mathrm{r},y_\mathrm{r},\varphi_\mathrm{r})^\mathrm{T}$，$\boldsymbol{u}_\mathrm{r}=(v_\mathrm{r},\delta_\mathrm{r})^\mathrm{T}$。对式（7-27）在参考点采用泰勒级数展开，并忽略高阶项，则

$$\dot{\boldsymbol{x}}=f(\boldsymbol{x}_\mathrm{r},\boldsymbol{u}_\mathrm{r})+\{\partial f(\boldsymbol{x},\boldsymbol{u})/\partial \boldsymbol{x}\}(\boldsymbol{x}-\boldsymbol{x}_\mathrm{r})+\{\partial f(\boldsymbol{x},\boldsymbol{u})/\partial \boldsymbol{u}\}(\boldsymbol{u}-\boldsymbol{u}_\mathrm{r}) \quad (7\text{-}28)$$

对 $\partial f(\boldsymbol{x},\boldsymbol{u})/\partial \boldsymbol{x}$ 和 $\partial f(\boldsymbol{x},\boldsymbol{u})/\partial \boldsymbol{u}$ 求雅克比矩阵，有

$$\begin{cases} \partial f(\boldsymbol{x},\boldsymbol{u})/\partial \boldsymbol{x} = \begin{pmatrix} \partial f_1/\partial x & \partial f_1/\partial y & \partial f_1/\partial \varphi \\ \partial f_2/\partial x & \partial f_2/\partial y & \partial f_2/\partial \varphi \\ \partial f_3/\partial x & \partial f_3/\partial y & \partial f_3/\partial \varphi \end{pmatrix} = \begin{pmatrix} 0 & 0 & -v_\mathrm{r}\sin\varphi_\mathrm{r} \\ 0 & 0 & v_\mathrm{r}\cos\varphi_\mathrm{r} \\ 0 & 0 & 0 \end{pmatrix} \\ \partial f(\boldsymbol{x},\boldsymbol{u})/\partial \boldsymbol{u} = \begin{pmatrix} \partial f_1/\partial v & \partial f_1/\partial \delta \\ \partial f_2/\partial v & \partial f_2/\partial \delta \\ \partial f_3/\partial v & \partial f_3/\partial \delta \end{pmatrix} = \begin{pmatrix} \cos\varphi & 0 \\ \sin\varphi_\mathrm{r} & 0 \\ v\tan\delta_\mathrm{r}/l & v_\mathrm{r}/l\cos^2\delta_\mathrm{r} \end{pmatrix} \end{cases} \quad (7\text{-}29)$$

则状态量误差的变化量 $\dot{\tilde{\boldsymbol{x}}}$ 表示为

$$\dot{\tilde{\boldsymbol{x}}}=\begin{pmatrix} x-x_\mathrm{r} \\ y-y_\mathrm{r} \\ \varphi-\varphi_\mathrm{r} \end{pmatrix}=\begin{pmatrix} 0 & 0 & -v_\mathrm{r}\sin\varphi_\mathrm{r} \\ 0 & 0 & v_\mathrm{r}\cos\varphi_\mathrm{r} \\ 0 & 0 & 0 \end{pmatrix}\begin{pmatrix} x-x_\mathrm{r} \\ y-y_\mathrm{r} \\ \varphi-\varphi_\mathrm{r} \end{pmatrix}+\begin{pmatrix} \cos\varphi_\mathrm{r} & 0 \\ \sin\varphi_\mathrm{r} & 0 \\ v\tan\delta_\mathrm{r}/l & v_\mathrm{r}/l\cos^2\delta_\mathrm{r} \end{pmatrix}\begin{pmatrix} v-v_\mathrm{r} \\ \delta-\delta_\mathrm{r} \end{pmatrix} \Rightarrow \dot{\tilde{\boldsymbol{x}}}=\boldsymbol{A}\tilde{\boldsymbol{x}}+\boldsymbol{B}\tilde{\boldsymbol{u}} \quad (7\text{-}30)$$

式（7-30）表明状态误差量可以构成线性状态空间。对式（7-30）进行前向欧拉离散化，得到

$$\dot{\tilde{\boldsymbol{x}}}=\{\tilde{\boldsymbol{x}}(k+1)-\tilde{\boldsymbol{x}}(k)\}/T=\boldsymbol{A}\tilde{\boldsymbol{x}}+\boldsymbol{B}\tilde{\boldsymbol{u}} \quad (7\text{-}31)$$

整理后得出

$$\tilde{\boldsymbol{x}}(k+1)=(T\boldsymbol{A}+\boldsymbol{E})\tilde{\boldsymbol{x}}(k)+T\boldsymbol{B}\tilde{\boldsymbol{u}}(k)=\begin{pmatrix} 1 & 0 & -Tv_\mathrm{r}\sin\varphi_\mathrm{r} \\ 0 & 1 & Tv_\mathrm{r}\cos\varphi_\mathrm{r} \\ 0 & 0 & 1 \end{pmatrix}\boldsymbol{x}(k)+\begin{pmatrix} T\cos\varphi_\mathrm{r} & 0 \\ T\sin\varphi_\mathrm{r} & 0 \\ T\tan\varphi_\mathrm{r}/l & Tv_\mathrm{r}/l\cos^2\delta_\mathrm{r} \end{pmatrix}\tilde{\boldsymbol{u}}(k)$$

$$=\boldsymbol{A}\tilde{\boldsymbol{x}}(k)+\boldsymbol{B}\tilde{\boldsymbol{u}}(k) \quad (7\text{-}32)$$

7.3.3 动力学模型

为更加准确描述车辆横向运动、纵向运动的状态，且为了后续设计控制算法时控制更加精确，依据车辆动力学特性，建立车辆参考模型。目前常见的动力学模型是三自由度车辆动力学模型。

根据受力方向动力学又分为横向动力学和纵向动力学，一般两者解耦之后研究：①纵向上，通过控制轮胎转速实现速度跟踪；②横向上，通过控制前轮转角实现路径跟踪。

本小节以三自由度车辆动力学模型为例进行介绍。将车辆等效为一个自行车模型，如图 7-7 所示车辆质心为坐标原点 O'，满足右手法则，XOY 为大地坐标系，$xO'y$ 为车辆坐标系。x 轴为车辆前进方向，y 轴垂直于 x 轴。

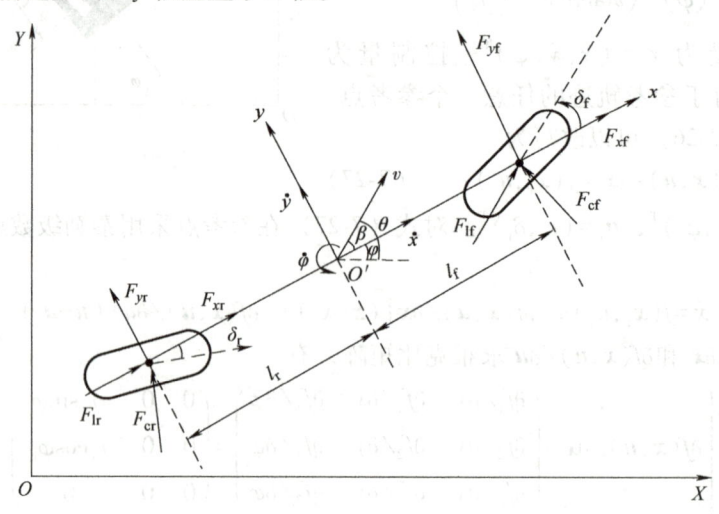

图 7-7 三自由度车辆动力学模型

对车辆进行 x、y 及轴受力分析，则

$$\begin{cases} m\ddot{x} = m\dot{y}\dot{\varphi} + 2F_{xf} + 2F_{xr} \\ m\ddot{y} = -m\dot{x}\dot{\varphi} + 2F_{yf} + 2F_{yr} \\ I\ddot{\varphi} = 2l_f F_{yf} - 2l_r F_{yr} \end{cases} \quad (7\text{-}33)$$

式中，m 为整车质量；φ、$\dot{\varphi}$ 为车辆横摆角及横摆角速度；l_f、l_r 为车辆前后轴到质心距离；F_{xf}、F_{xr} 为前、后轮胎在 x 轴方向所受的力；F_{yf}、F_{yr} 为前、后轮胎在 y 轴方向所受的力。

前后轮胎的纵向力与侧向力合力为在 x、y 轴方向所受的力，则

$$\begin{cases} F_{xf} = F_{lf}\cos\delta_f - F_{cf}\sin\delta_f \\ F_{xr} = F_{lr} \\ F_{yf} = F_{lf}\sin\delta_f + F_{cf}\cos\delta_f \\ F_{yr} = F_{cr} \end{cases} \quad (7\text{-}34)$$

式中，F_{lf}、F_{lr} 为前后轮胎所受纵向力；F_{cf}、F_{cr} 为前后轮胎所受侧向力；δ_f 为前轮转角，为提高控制器实时性，本书对轮胎采用小角度假设。

轮胎的侧偏角 α 用已知量可表示为

$$\begin{cases} \alpha_f = \arctan\dfrac{(\dot{y}+l_f\dot{\varphi})\cos\delta_f - \dot{x}\sin\delta_f}{(\dot{y}+l_f\dot{\varphi})\sin\delta_f + \dot{x}\cos\delta_f} \\ \alpha_r = \arctan\dfrac{(\dot{y}-l_r\dot{\varphi})\cos\delta_f - \dot{x}\sin\delta_f}{(\dot{y}-l_r\dot{\varphi})\sin\delta_f + \dot{x}\cos\delta_f} \end{cases} \quad (7\text{-}35)$$

滑移率是指在车轮运动中滑动成分所占的比例，用 s 表示，则

$$s=\begin{cases} \dfrac{w_{\mathrm{t}}r}{v}-1 & (v>w_{\mathrm{t}}r, v\neq 0) \\ 1-\dfrac{w_{\mathrm{t}}r}{v} & (v<w_{\mathrm{t}}r, v\neq 0) \end{cases} \tag{7-36}$$

式中，w_{t} 为轮胎转动角速度值；r 为车轮半径。

车辆的研究对象基于大地坐标系下的车辆坐标系，车辆坐标系与大地坐标系的关系为

$$\begin{cases} \dot{X}=\dot{x}\cos\varphi-\dot{y}\sin\varphi \\ \dot{Y}=\dot{x}\sin\varphi-\dot{y}\cos\varphi \end{cases} \tag{7-37}$$

综合上述关系式，认为高速公路的摩擦系数较高，为简化模型默认车辆行驶滑移率保持在最佳值。车辆在行驶过程中与地面接触所产生的力与力矩，都可影响车辆状态、轮胎参数、路面特型函数等。经调查研究发现，在横向加速度变化不大时，轮胎侧偏力与侧偏角呈线性关系，则

$$F_y=C_y\alpha \tag{7-38}$$

式中，F_y 为轮胎侧偏力；C_y 为轮胎侧偏刚度；α 为轮胎侧偏角，可对车辆的侧偏刚度进行约束。为保证车辆行驶稳定，横向加速度不宜过大，使轮胎侧偏角在线性区域内。考虑轮胎力的三自由度车辆动力学模型，则

$$\begin{cases} m\ddot{x}=m\dot{y}\dot{\varphi}+2\left[C_{\mathrm{lf}}s_{\mathrm{f}}+C_{\mathrm{cf}}\left(\delta_{\mathrm{f}}-\dfrac{\dot{y}+l_{\mathrm{f}}\dot{\varphi}}{\dot{x}}\right)+C_{\mathrm{lr}}s_{\mathrm{r}}\right] \\ m\ddot{y}=-m\dot{x}\dot{\varphi}+2\left[C_{\mathrm{cf}}\left(\delta_{\mathrm{f}}-\dfrac{\dot{y}+l_{\mathrm{f}}\dot{\varphi}}{\dot{x}}\right)+C_{\mathrm{cr}}\dfrac{l_{\mathrm{r}}\dot{\varphi}-\dot{y}}{\dot{x}}\right] \\ I\ddot{\varphi}=2\left[l_{\mathrm{f}}C_{\mathrm{cf}}\left(\delta_{\mathrm{f}}-\dfrac{\dot{y}+l_{\mathrm{f}}\dot{\varphi}}{\dot{x}}\right)-l_{\mathrm{r}}C_{\mathrm{cr}}\dfrac{l_{\mathrm{r}}\dot{\varphi}-\dot{y}}{\dot{x}}\right] \\ \dot{X}=\dot{x}\cos\varphi-\dot{y}\sin\varphi \\ \dot{Y}=\dot{x}\sin\varphi+\dot{y}\cos\varphi \end{cases} \tag{7-39}$$

式中，$\boldsymbol{\xi}=(\dot{x},\dot{y},\varphi,\dot{\varphi},\dot{X},\dot{Y})^{\mathrm{T}}$ 为状态量，$u=\delta_{\mathrm{f}}$ 为控制量。可以通过控制转向盘从而控制前轮转角。

7.4 汽车运动控制

汽车运动控制的目的是使车辆沿着一条给定的路线运行，尽可能保证车辆和路线的横向偏移量要小，且运行速度要快。汽车运动控制主要根据当前周围环境和车辆位置、姿态、车速等信息按照一定逻辑进行决策，并分别向加速、制动及转向等执行机构发出控制指令。

7.4.1 预瞄跟随控制

预瞄跟随控制原理是根据驾驶人操纵特征提出的。

驾驶人依据预瞄偏差大小转动对应的转向盘角度，从而完成对期望行驶路径的跟踪；预瞄跟随控制系统依据汽车行驶参数、道路曲率、预瞄偏差和汽车动力学模型得出所需转向盘转角或前轮转角，从而实现对期望目标路径的跟踪。

预瞄跟随控制结构如图 7-8 所示。

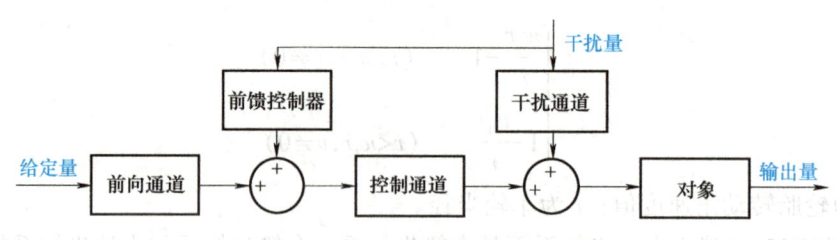

图 7-8　预瞄跟随控制结构

系统传递函数为

$$y/f(s)=P(s)F(s) \tag{7-40}$$

式中，$P(s)$ 为预瞄环节传递函数；$F(s)$ 为跟随环节传递函数。在低频域理想状态条件下，预瞄跟随控制系统应满足的条件为

$$P(s)F(s)\approx 1 \tag{7-41}$$

7.4.2　前馈控制

前馈控制系统属于开环控制系统，前馈控制系统是根据扰动或给定值的变化按补偿原理来工作的控制系统。该控制系统的特点是当扰动产生后，被控量还未变化前，根据扰动作用的大小进行控制，以补偿扰动作用对被控量的影响。

自动驾驶汽车的一般状态方程为

$$\dot{x}=Ax+B\delta \tag{7-42}$$

式中，δ 为前轮转角，考虑到道路曲率的存在，式（7-42）可改写为

$$\dot{x}=Ax+B\delta+B \tag{7-43}$$

前馈控制系统的结构如图 7-9 所示。

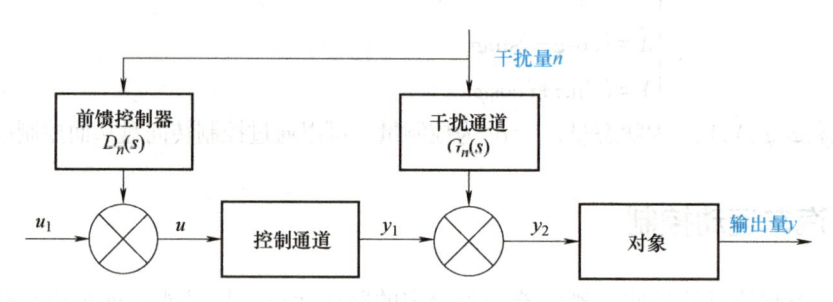

图 7-9　前馈控制系统的结构

图中 $G_n(s)$ 为被控对象干扰通道的传递函数，$D_n(s)$ 为前馈控制器的传递函数，$G(s)$ 为被控对象控制通道传递函数，n、u、y 分别为干扰量、控制量和输出量。

为分析干扰量的影响，假定输入量，则有

$$Y(s)=Y_1(s)+Y_2(s)=[D_n(s)G(s)+G_n(s)]N(s) \tag{7-44}$$

若使前馈控制作用完全补偿扰动作用，则应使 $Y(s)=0$，即

$$D_n(s)G(s)+G_n(s)=0 \tag{7-45}$$

所以前馈控制器的传递函数为

$$D_n(s)=-G_n(s)/G(s) \tag{7-46}$$

7.4.3 反馈控制

反馈控制属于负反馈的闭环控制，是指将系统的输出信息返回到输入端，输出信息与输入信息进行比较，利用二者的偏差进行控制的过程。

反馈控制实际是用过去的情况来指导现在和将来的一段时间。在控制系统中，如果返回信息的作用是抵消输入信息，称为负反馈，负反馈可以使系统趋于稳定；若其作用是增强输入信息，则称为正反馈，正反馈可以使系统信号得到增强。两种反馈各有优点。

7.4.4 前馈-反馈控制

在实际应用中，因为前馈控制属于开环系统，反馈控制属于闭环系统，因此常采用前馈-反馈的复合控制方式，复合控制方式既有前馈控制及时，又有反馈控制精确的特点。图 7-10 所示为前馈-反馈控制系统结构图。

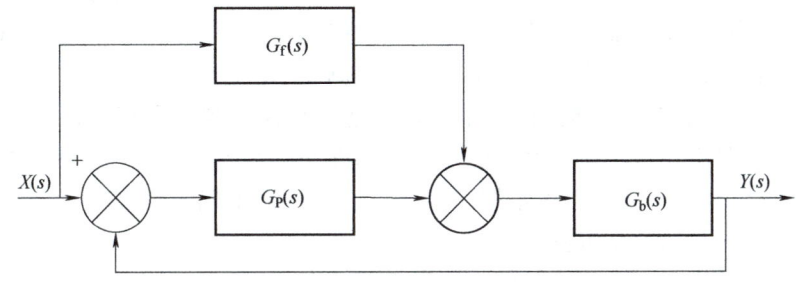

图 7-10 前馈-反馈控制系统结构图

系统输出对输入的传递函数为

$$G_0(s) = \frac{Y(s)}{X(s)} = \frac{G_P(s)G_b(s) + G_f(s)G_b(s)}{1 + G_P(s)G_b(s)} \tag{7-47}$$

系统误差为 $E(s) = X(s) - Y(s)$，则系统误差对输入的传递函数为

$$G(s) = \frac{E(s)}{X(s)} = \frac{1 - G_f(s)G_b(s)}{1 + G_P(s)G_b(s)} \tag{7-48}$$

若使 $1 - G_f(s)G_b(s) = 0$，即 $G_f(s) = 1/G_b(s)$，则可使系统误差 $E(s)$ 为零。

实际使用中，系统的误差不可能完全为零，但系统跟踪误差应缩小到允许的范围内。系统增加前馈和未增加前馈时，传递函数的分母是相同的，即两传递函数的极点是相同的，因此增加前馈控制不会影响系统的稳定性，却可以在不改变原系统参数和结构的情况下，大大提高系统的稳态精度，系统的动态性能也比较容易得到保证。

前馈-反馈控制系统优点如下：

1) 从前馈控制角度看，由于增加了反馈控制，降低了对前馈控制模型精度的要求，并能对没有测量干扰信号的扰动进行校正。

2) 从反馈控制角度看，前馈控制可以对主要干扰及时进行粗调，能大大降低反馈控制的负担。

7.4.5 横向控制

智能网联汽车横向控制实现的是汽车的路径跟踪要求，其目的是在保证车辆操纵稳定性的前提下,不仅使车辆精确跟踪期望路径,同时使车辆具有良好的动力性和乘坐舒适性。

横向控制器的核心是汽车动力学模型与 LQR 模型(示例)。

建立自动驾驶汽车横向控制系统,先要搭建道路-汽车动力学控制模型,输入车辆位置信息、底盘信息、规划信息,并基于汽车动力学模型,得出状态空间方程,从而对转向盘实现控制,设计最优控制序列并加入反馈控制量,结合道路信息,输出转向盘转角控制量。

横向控制是车辆的底层控制,起着重要的作用。因此,针对智能网联汽车的横向控制一直是智能网联汽车技术领域的研究重点与热点。

7.4.6 纵向控制

智能网联汽车纵向控制是指通过对加速和制动的协调控制,实现对期望车速的精确控制。纵向控制的原理是基于加速踏板、制动踏板的控制与协调切换,从而控制汽车加速、减速,实现对智能网联汽车纵向期望速度的跟踪与控制。

纵向控制主要是指在智能驾驶过程中实现加速、减速、制动和车速保持等自动纵向控制。纵向控制系统具有参数不确定性、时滞性和高度非线性等动态特性,纵向控制系统为典型的多输入-多输出复杂耦合动力学系统。构建可处理参数不确定性及高度非线性等特性的控制模型是智能驾驶领域的研究热点。

目前,纵向控制技术主要有直接式和分层式两大类。

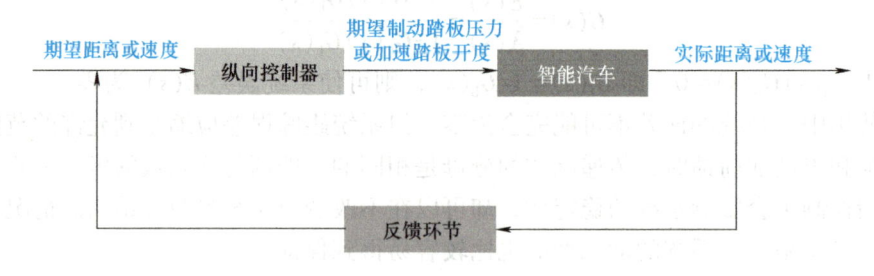

1. 直接式纵向控制

直接式纵向控制本质上是一个单控制器控制系统,控制器接收到期望距离或速度信息后,直接输出智能网联汽车制动或加速执行机构控制命令,如图 7-11 所示为直接式纵向控制。直接式纵向控制考虑了系统的复杂性和非线性等特点,具有集成程度高、模型准确性强的特点。

图 7-11 直接式纵向控制

2. 分层式纵向控制

智能网联汽车动力学具有较强非线性与参数不确定性,在要求高精度的研究中,一般通过设计多个控制器的方式来降低开发难度。分层式控制系统主要包括上位控制器和下位控制器:上位控制器主要负责期望速度或加速度计算,下位控制器则根据上位控制器输出的速度或加速度输出制动信号或加速信号,以此实现对智能网联汽车速度的控制,如图 7-12 所示为分层式纵向控制。分层式纵向控制通过协调加速和制动的分层控制,来实现纵向控制。但是由于分层式纵向控制会忽略参数不确定性、模型误差以及外界干扰等因素，因此建模的准确性会受到一定的影响。

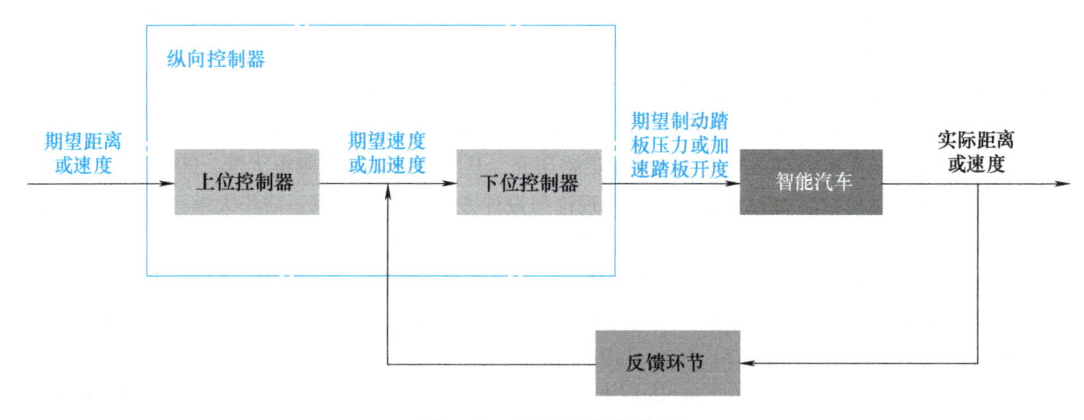

图 7-12 分层式纵向控制

7.4.7 横纵向协调控制

智能网联汽车行驶时，横向运动和纵向运动是同时进行的，为实现横纵向控制器在实际应用中的控制效果，需要将横向控制与纵向控制协调起来并优化控制参数，构建自动驾驶汽车综合控制系统。该综合控制系统用于实现自动驾驶汽车的横纵向耦合运动控制，横纵向协调控制架构包括决策层、控制层、模型层，如图 7-13 所示。

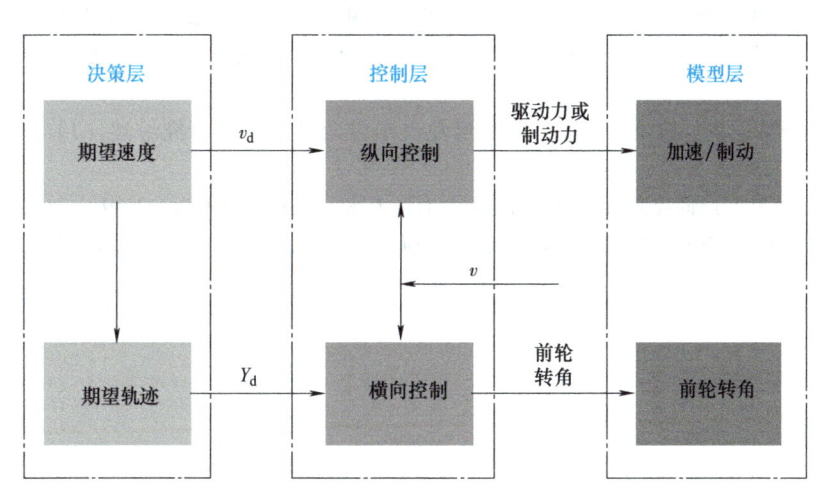

图 7-13 横纵向协调控制架构图

【课后习题】

1. PID 控制包括哪些过程？作用分别是什么？
2. 常见的动力学模型有哪些？其各自包括哪些部分？
3. 模型预测控制是基于开环控制还是基于闭环控制？模型预测控制分为几个部分？

参 考 文 献

[1] 谢亚军. 浅析经典控制理论与现代控制理论的异同 [J]. 科学与财富, 2013 (5): 136-137.
[2] 周佳. 四轮转向系统控制策略对比研究 [D]. 北京: 北京理工大学, 2015.
[3] 诸静. 模糊控制原理与应用 [M]. 北京: 机械工业出版社, 1995.
[4] 李金畅. FSAC赛车横向控制系统设计与研究 [D]. 广州: 广东工业大学, 2019.
[5] 叶祥吉. 智能电动车模糊自适应横纵向控制策略研究 [D]. 重庆: 重庆邮电大学, 2019.
[6] 刘金琨. 滑模变结构控制MTALAB仿真基本理论与设计方法 [M]. 北京: 清华大学出版社, 2019.
[7] 陈虹. 模型预测控制 [M]. 北京: 科学出版社, 2013.
[8] 邱东强, 涂亚庆. 神经网络控制的现状与展望 [J]. 自动化与仪器仪表, 2001 (5): 3-9.
[9] CHEN S, BILLINGS S A, GRANT P M. Nonlinear system identification using neural networks [J]. International Journal of Control, 2003, 51 (6): 1191-1214.
[10] CHEN S, BILLINGS S A. Neural networks for nonlinear dynamic system modelling and identification [J]. International Journal of Control, 1991, 56 (2): 319-346.
[11] 杨世春, 曹耀光. 自动驾驶汽车决策与控制 [M]. 北京: 清华大学出版社, 2020.
[12] 金鸿耀, 李刚. 循迹工况下无人驾驶方程式赛车横纵向协同控制策略研究 [D]. 锦州: 辽宁工业大学, 2022.
[13] 郭孔辉. 汽车操纵动力学 [M]. 长春: 吉林科学技术出版社, 1991.
[14] 高振海. 驾驶人最优预瞄加速度模型的研究 [D]. 长春: 吉林大学, 2000.
[15] 赵旺升. 基于脉冲串控制的含位置反馈和前馈补偿的位置控制算法的研究 [D]. 北京: 北京交通大学, 2008.
[16] 陈慧岩, 熊光明, 龚建伟, 等. 无人驾驶汽车概论 [M]. 北京: 北京理工大学出版社, 2014.
[17] 郭景华, 李克强, 罗禹贡. 智能车辆运动控制研究综述 [J]. 汽车安全与节能学报, 2016, 7 (2): 151-159.
[18] 罗玉峰, 钟陈志鹏, 陈齐平, 等. 智能驾驶汽车纵向运动控制研究综述 [J]. 汽车实用技术, 2018 (22): 28-32.
[19] 邱灿文. 无人赛车纵向控制系统设计与研究 [D]. 广州: 广东工业大学, 2019.
[20] 骆文星. FSAC赛车横纵向综合控制系统设计与研究 [D]. 广州: 广东工业大学, 2020.

第8章

智能网联汽车测试与评价技术

学习目标

1. 了解自动驾驶测试体系的组成。
2. 掌握模型在环、软件在环、硬件在环、车辆在环和道路在环的概念。
3. 了解常见的安全评价方法及原则。

8.1 测试与评价技术概述

随着智能汽车的不断发展，汽车从机械化向智能化、网联化逐渐深入，智能汽车技术的开发与应用成为汽车市场上强有力的竞争筹码，在有效减少伤亡、提高效率的同时，汽车系统安全也面临着新的挑战。传统汽车的测试是以车为主，关注车与人、车与路之间的交互性，测试的性能指标很明确，如动力性、经济性、制动性等。而对于新的智能汽车而言，它涉及通信、后台、道路，其测试需要考虑车辆本身的信息安全、公共安全，以及人工智能产生的不确定性。

测试是指具有试验性的测量，它的基本目标就是获取有用的测量信息，借助仪器、设备和合理的试验方法进行信号分析和数据处理。评价则是对一个人或者事进行判断，分析测试后的结果。构建智能驾驶测试与评价体系，可以全面系统地评价智能汽车的性能，为研发与生产提供方向。

2021年2月，工业和信息化部、交通运输部、国家标准化管理委员会联合印发《国家车联网产业标准体系建设指南（智能交通相关）》中指出加快构建智能网联汽车标准体系建设，加快智能汽车标准化工作。2021年7月，工业和信息化部、公安部、交通运输部三部委联合印发《智能网联汽车道路测试与示范应用管理规范（试行）》，文件中明确提出了测试的主体，以及测试驾驶人以及测试车辆的有关要求，明确了智能网联汽车的发展路线以及发展愿景。到2025年，掌握自动驾驶总体技术和各项关键技术。

中国汽车工程研究院股份有限公司联合各大整车厂、供应商、出行公司、测试机构、研究院所等共同成立了智能汽车测试评价联合研究中心，如图8-1所示。该中心开展我国典型驾驶场景数据采集，共享数据库建设；制定测试评价体系，包括评价标准和测试规范等；开发高效的仿真测试工具，协助国家相关部门制定自动驾驶运营监管法规。

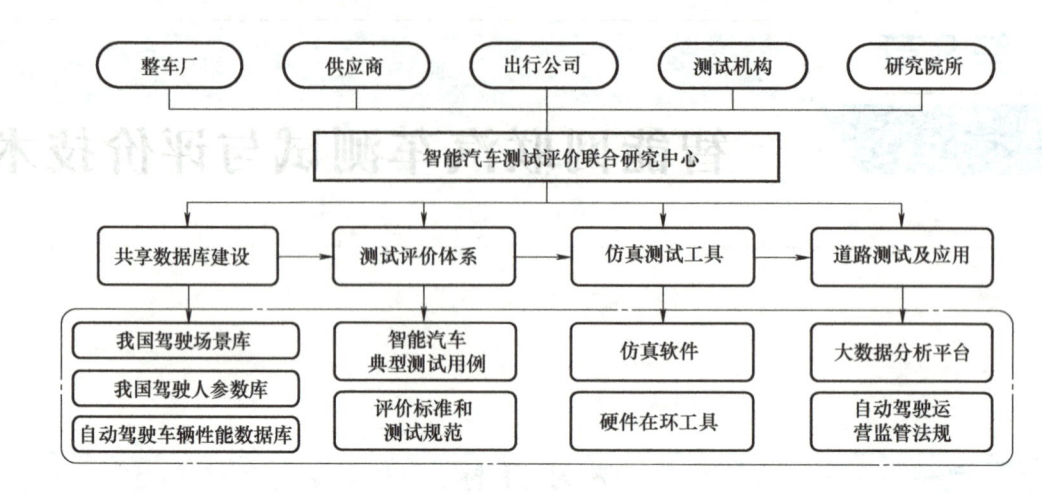

图 8-1　智能汽车测试评价联合研究中心

制定完善的智能网联汽车相关系列标准，能够加快智能网联汽车相关技术发展和相关产品落地应用，能够加快智能网联汽车技术的发展与创新，提高我国智能网联汽车的技术水平和国际竞争力，创造安全、高效、健康、智慧运行的未来智能网联汽车社会。

8.1.1　测评目的

在进行测试和评价时，需要研究测评目的。根据测评对象对汽车的测评目的不同，测评可分为整车系统性测评、零部件测评等。根据测评设备不同，测评可分为软件在环测评、硬件在环测评、台架测评等。常见的测评包括符合性测评、比对测评和研发测评。

1. 符合性测评

对于符合性的定义，不同的标准中表述有所不同。本书中符合性是指相关产品、过程或服务等活动及有关结果是否符合指定的规范要求，而符合性测试则是指标准符合性测试。标准符合性测试是通过测试试验的方式，来检验测评对象是否达到了规定中的各项指标。它是用于衡量产品功能和性能指标同相关国家标准或行业标准规定的一致性的活动。它不同于一般的测评，其依据和程序必须是国家标准或行业标准，而不是实验室定义的非正式相关规范。测试结果可用于评估既定目标是否实现。如果结果表明未达到目标，则有必要修改和改进标准一致性测试的对象。标准一致性测试流程如图 8-2 所示。

2. 比对测评

比对测评指的是挑选两个或两个以上的测评对象，挑选其中一个测评对象变量作为测评的物理量，在保证其他条件一致或基本相同的情况下，比较两个或两个以上测评对象的性能。通过比对测评可以得到不同汽车的性能，如能耗量、排放量等，从而更加明显地分析汽车的差异，以满足不同消费者的购买需求。同时，在汽车的设计阶段，比对测评结果也可以作为确定质量目标的一种信息来源，帮助明确设计目标、提高市场竞争力。

3. 研发测评

研发测评是一种提高汽车性能和促进产品开发的一种测试与评价活动。在高等院校、科研院所、汽车整车厂、汽车零部件厂等进行的相关开发研究都是研发测评。为了满足市场对汽车性能和功能的要求，满足大众对汽车的多样化需求，研发阶段的测试和评估范围非常广

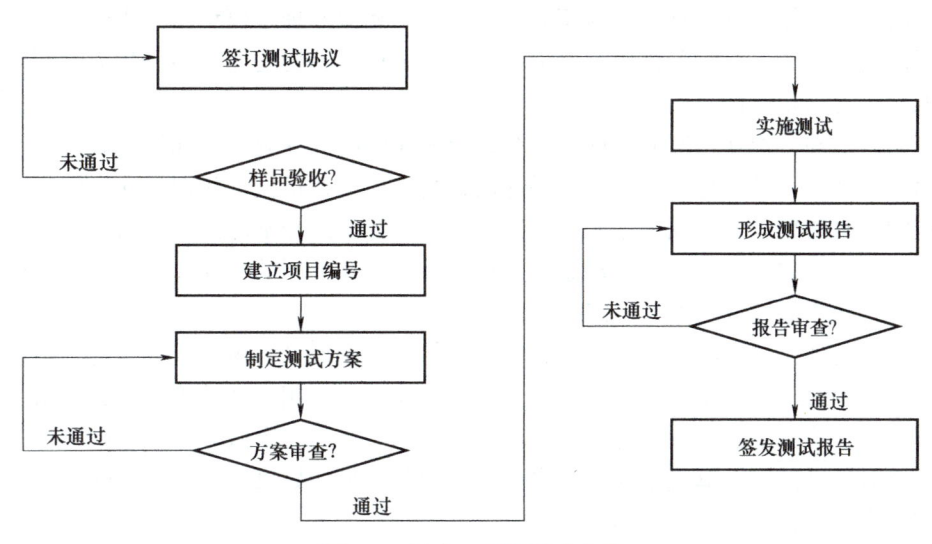

图 8-2 标准一致性测试流程

泛。为了适应新技术，特别是适应当前的汽车智能化和自动化技术，测试和评估方法均需要不断更新。

研发评估的目的是在研发初期将相关的质量问题和安全问题考虑在内，以便研发的设计结果可以直接作为生产的模板。这不仅可以缩短研发时间，而且可以降低研发成本，例如在智能汽车进入实车测试前都会进行仿真测试，在计算机的虚拟场景中测试智能汽车的感知、决策和控制能力，通过复杂的各种可能场景，提早发现问题。值得注意的是，研发测评不仅仅是检测汽车的功能，而且还要尽可能提早地发现产品中的错误和缺陷，提早修正，降低产品成本。在研发测评的过程中，最重要的是保证有效性、客观性和完整性。

8.1.2 通用测试原理

测试内容主要包括两个方面：一是测量，利用测量工具获取数据并对数据进行分析处理；二是试验，通过设置环境检测产品的性能并判断是否达到性能指标。本小节主要介绍探测产品性能时常用的测试方案设计方法和设置测试环境时遵循的数学原理——相似原理。

1. 测试方案设计方法

测试计划的设计实际上是一种测试优化技术。通过使用不同的数学方法，合理安排测试计划并分析数据，可以帮助在更短的测试时间内达到评估的目的。常见的测试方案设计方法包括单因素测试方案、多因素测试方案、疲劳测试方案和寿命测试方案等。

单因素测试是指影响测评的因素只有一个，通常应用于汽车的开发，运用一维查询方法获取最优值。当影响因素较多时，采用多因素测试方案，运用正交设计法寻找最优解。正交设计法借助生产实践的经验建立正交表，对测试项目进行全面考核。疲劳测试是指确定材料的疲劳强度，找到极限值，在汽车生产中主要是指金属疲劳测试。寿命测试是可靠性试验中的一种，它将产品放在特定的试验条件下，观察失效随时间的变化规律，通过失效分析，找到失效机理，改进产品，提高产品质量。

2. 相似原理

相似性来自几何学，用于确定两种现象是否相似。在具有物理变化的现象中，相似性是指空间中所有量的相对点和时间上的相对比例关系。相似原理是模型试验研究的基础，是试验和分析研究的方法。在汽车领域，模拟和仿真测试环境的构建通常涉及相似性原则，包括几何相似性、运动相似性和动态相似性。

相似第一定理：相互相似的物理现象必须遵循相同的客观规律。如果客观规律可以用方程来表示，那么方程必须是相同的。如果这两种物理现象在机械上相似，那么空间中相应的点和相应的瞬时物理量彼此成一定比例。这些相似参数的选择不能是任意的，而是符合一定的规律并相互制约的。此外，物理现象中的相似性准则在不同的时间和不同的空间位置具有不同的值，因此相似性准则不是恒定的。

相似第二定理：对于同一类物理现象，当单值条件相似且由单值条件中的物理量组成的相似性标准相等时，这些现象必须相似。描述两种物理现象相似性的第一个必要条件是微分方程必须相同；第二个必要条件是单值条件相似。由于在同一个微分方程组中有许多类似的现象，研究对象可以通过单值条件从诸多现象中划分出来。如果单值条件相同，那么微分方程组的解是唯一的，物理现象是相似的。

相似第三定理：描述某一现象，共有 i 个物理量，其基本量纲为 j 个，则 i 个物理量存在某种函数关系：$f(x_1, x_2, \cdots, x_i) = 0$，这就是相似第三定理，也称为 π 定理。

8.2　测试方法

测试体系包括实验室测试［模型在环（MIL）、软件在环（SIL）、硬件在环（HIL）］、车辆在环（VIL）测试和道路在环（RIL）测试。在进行车辆在环和道路在环测试之前必须经过实验室测试。车辆在环测试又分为 VIL 行驶能力测试、台架在环测试、性能资源测试。道路在环测试又分为封闭测试场测试、半开放道路测试和开放道路测试。自动驾驶测试体系如图 8-3 所示。这些测试可以实现算法验证、控制器验证以及虚拟环境下的实车验证。下面介绍常见的在环测试方法。

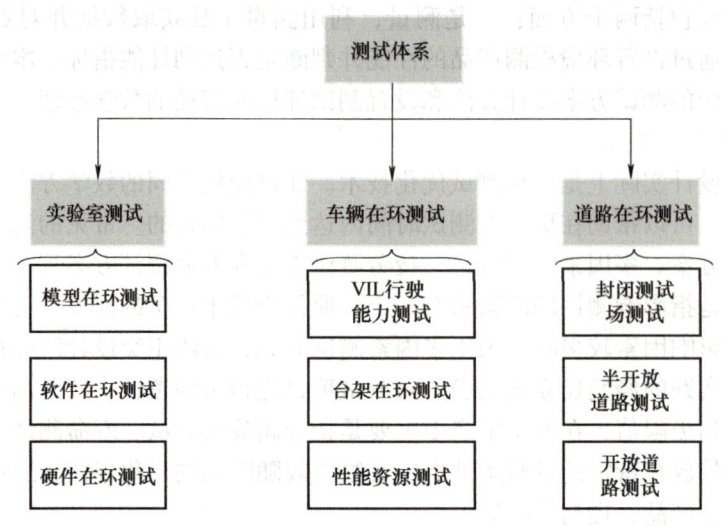

图 8-3　自动驾驶测试体系

8.2.1 模型在环、软件在环测试方法

模型在环测试是基于模型系统工程的一种开发与测试方法,通过模型来表达复杂的系统,用于解决控制、信号处理等相关问题。采用模型在环测试可以在开发早期对模型进行验证,提早发现算法中的问题和错误,在开发的过程中可不断验证。

软件在环测试是不接入任何实物进行算法模型及代码测试的方法。在智能汽车中,包含很多系统,如感知系统、定位系统、高精度地图系统等,这些系统都要进行在环测试,因此在自动驾驶阶段,软件在环测试是一个离线的仿真系统,可以对每个子系统进行访问。软件在环测试的模型和测试环境都是虚拟的,这样可以建立大量的复杂场景和极限工况,以便在前期就能快速发现问题并解决问题,提高开发的效率。

8.2.2 硬件在环测试方法

硬件在环测试是一种将实物和软件模型联合的一种半实物仿真测试。该测试通过仿真车辆的传感器和执行器等来构建一个虚拟的车辆环境,以实时处理器中运行的实体仿真模型模拟受控对象的运行状态,软件模型通过I/O接口与被测部件连接,在测试系统中起到承前启后的作用。与软件在环测试不同的是,硬件在环测试将真实的传感器引入测试系统中。硬件在环测试如图8-4所示。

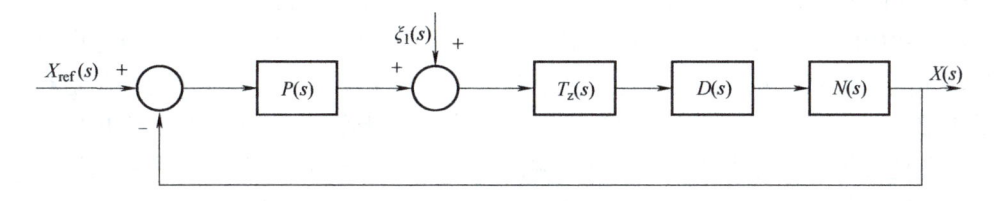

图 8-4 硬件在环测试

图8-4中,$P(s)$ 为控制器传递函数;$T_z(s)$ 为传感器传递函数;$D(s)$ 为控制对象模型;$N(s)$ 为测试系统的其余部件模型;$X_{ref}(s)$ 为输入信号;$X(s)$ 为输出信号;$\xi_1(s)$ 为干扰信号。在该测试系统中,引入了传感器传递函数,将实物和软件模型连接起来,能够覆盖智能汽车的多个系统,实现了端到端的离线测试功能。

8.2.3 车辆在环测试方法

车辆在环测试是一种半实物仿真思想,其将整车加入仿真的闭环中,实现了软件、硬件在环测试到实车测试的过渡,既提高了软件、硬件在环测试的精确度,又解决了实车测试中时间长、工况少等问题。车辆在环测试分为静态车辆在环测试和动态车辆在环测试。

静态车辆在环测试是将车辆通过举升机构固定到台架上,利用仿真软件,实现虚实结合的闭环测试。动态车辆在环测试是在封闭的场地中,将真实汽车与虚拟场景联合,完成不同的驾驶任务进而实现动态测试,如图8-5所示为动态车辆在环测试。

图 8-5　动态车辆在环测试

8.2.4　道路在环测试方法

为了保证智能汽车在实际不同路况下的行驶都能够安全、可靠和高效，道路在环测试是必不可少的环节。在汽车出现在市场之前，有必要进行长时间、全面的实车试验，通过实际的或者模拟实际的交通环境测试，验证智能汽车的驾驶功能是否满足设计要求，实现车—人—路的协调。我国的测试场地有很多种类型，可根据不同的要求进行分类，按照建设目标可分为认证测试类场地和研发测试类场地，认证测试类场地主要应用于标准法规的制定和发放上路测试牌照，研发测试类场地主要服务于高等院校、科研院所、研发机构和主机厂、零部件厂等；按照建设模式可分为现状道路改造测试场、传统测试场改造测试场和新规划建设道路测试场；按照封闭模式可分为封闭测试场、半开放道路和开放道路。

1. 封闭测试场测试

自动驾驶车辆在上路之前首先需在封闭测试场完成各种场景测试。封闭测试场可以实现场景可控和场景复现的仿真环境，通过简单基础场景的测试如直行、转向、上坡等检测自动驾驶车辆的基本功能和软硬件系统运行情况。我国的智能网联汽车封闭测试场构成如图 8-6 所示。

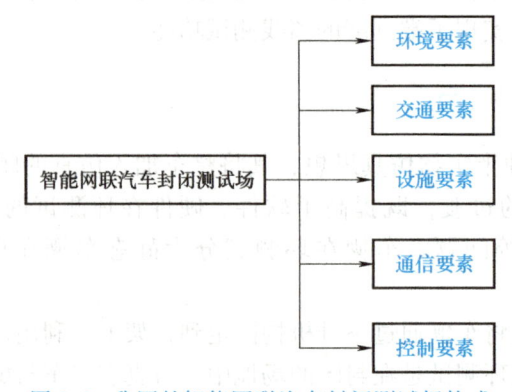

图 8-6　我国的智能网联汽车封闭测试场构成

环境要素包括低、高速公路，城市乡村道路，隧道等，还应具备相应的特点，如街景、

停车场、弯路、交通设施、标线、信号灯等，同时还能模拟雨、雪、雾等自然环境。交通要素主要是指机动车、非机动车、异常物体等。通信要素主要包含有线通信与无线通信系统、交通环境检测系统、定位系统等。控制要素主要有场地管理系统、云储存系统、交通信号控制系统和显示屏幕等（设施要素此处未展开介绍）。

根据测试能力，封闭测试场可以分为三个级别：ADAS 系统测试（自动驾驶 L1 和 L2 级别）；L3 级及以上高级自动驾驶；V2V 通信系统、车路协同系统和相关装备的测试。根据测试场景，封闭测试场可以分为 T1~T5 五个等级，其中，T1 为最基础的直线行驶路况，包括少量的红绿灯路口等简单交通环境；T2 为城市场景（简单场景），可以让自动驾驶车辆实现转弯等行驶方式；T3 为常见城市场景，包括城市平面立交桥等场景设置；T4 为复杂城市场景，有隧道、林荫道等复杂场景；T5 为特殊城市场景，包括模拟雨雾、湿滑等复杂交通场景。

基于封闭测试场构建的实际道路场景进行测试时，可以及早发现自动驾驶系统和车辆基本功能等方面的问题，检验汽车的安全性，避免车辆进入开放道路时出现事故，降低风险。

2. 半开放道路测试

在正式进入开放道路测试之前，自动驾驶车辆还需要在半开放道路上进行测试。半开放道路是相对于开放道路而言的，是指在可控范围内的、规模有限的社会车辆和行人通过的道路。一般选择车速较低、交通密集度低的园区、机场、港口作为半开放道路，加装 V2X 系统、路灯等设备。半开放道路的社会车辆和行人流量可控，半开放道路测试可以实现单车自动驾驶、自动泊车、自适应巡航、紧急制动等功能验证，相比实际开放道路测试场景要简单。

3. 开放道路测试

在有大量行人通行的道路上，交通场景随机多变、状况复杂。所以，开放道路测试是必不可少的测试步骤，是道路测试的最终环节。相比于虚拟仿真测试，开放道路测试的数据结果更加真实、可靠、有效，对算法的改进有很大的益处。开放道路测试可以全面地检验自动驾驶车辆在复杂场景状况下的运行状况以及对于危机情况的化解能力，实现车—人—路之间协调配合。

在开放道路测试方面，国家部委、各省市均纷纷出台相关道路测试管理规范。据不完全统计，全国有 30 多个省（直辖市）出台了智能网联汽车测试管理规范或实施细则，其中北京、上海、天津、重庆、江苏、浙江、湖南、河南、广东、海南等出台了直辖市（省）级法规。上海、江苏、浙江、安徽签订了《长江三角洲区域智能网联汽车道路测试互认合作协议》。

8.3 评价方法

评价是指对一件事或一个人进行判断、分析。人们常常会参照一些标准进行评价，通过与标准的比对，从而实现对事物的认知并做出一定的决策。

8.3.1 常见的通用评价方法

根据系统评价的理论和方法，评价分析方法大致可以分为三类：一是基于数学理论，在假设条件下，对系统进行定量描述和计算，主要包括模糊分析法、灰色系统分析法等；二是注重统计分析，将统计数据视为随机数据，转换指标数据，根据均值、方差和协方差找到潜在规律，通过统计方法分析指标体系，以全面了解评价对象，主要包括主成分分析、因子分析、聚类分析、判别分析等；三是再现决策支持方法。通过计算机仿真，可使系统的运行与人类行为目标一致，并从仿真中获得评估结果。

8.3.2 常见的安全评价方法

安全评价是指分析系统中的危险和有害因素，判断事故发生的可能性，并制定相应的对策，是一种定性、定量的综合评价工具。安全评价方法有很多种，常见的评价方法有检查表法、预先危险分析法、故障分析法、危险与可操作性分析法、故障树分析法、指标评价法等，每一种评价方法都有其适应的范围和条件，以及优缺点。在评价过程中选择了不恰当的安全评价方法，不仅会浪费时间、影响工作的正常进行，还会使测评的结果严重失真，因此要选择合适的评价方法。安全评价方法的选择要遵循以下原则：充分性、适应性、系统性、针对性和合理性。

（1）充分性原则　充分性是指在进行安全评价之前，要充分了解被测评的系统，同时还要掌握多种测评方法，并对每一种方法的优缺点、适用范围和使用条件进行了解，为测评工作做好充足的准备。

（2）适应性原则　适应性是指选择的安全评价方法应适应被测评的系统。被测评的系统可能由多个子系统构成，每个系统都有各自的评价重点，此时应该结合各种评价方法的范围和条件选择合适的安全评价方法。

（3）系统性原则　系统性是指安全评价方法与被评价系统所提供的安全评价初值和边界条件应形成一个和谐的整体。被评价系统能够提供所需的数据和资料，在真实、合理和系统的数据上可采用安全评价方法，从而得到真实可靠的评价结果。

（4）针对性原则　针对性是指选择的安全评价方法能够提供所需的结果。由于测评目的不同，测评结果也有所不同，最终应保证得到的结果能被选用。

（5）合理性原则　合理性是指在满足评价目的和能够提供所需结果的前提下，选择计算过程简便、所需基础数据最少和容易获得结果的方法，避免出现无用功和不必要的麻烦。

选择安全评价方法时要考虑被评价系统的实际情况和评价目标，有时可能会采用多种方法进行安全评价，综合分析验证，这样可提高评价结果的可靠性。

【课后习题】

1. 自动驾驶测试体系包括哪些部分？
2. 道路在环测试中环境要素包括哪些？
3. 安全评价方法遵循哪些原则？

参 考 文 献

[1] 陈晓明，杜志彬. 智能网联汽车技术基础 [M]. 北京：机械工业出版社，2020.
[2] 李寒洋. 浅谈智能网联汽车发展现状及趋势 [J]. 汽车工业研究，2020，1（1）：1-9.

[3] 冀建波. 智能网联汽车封闭测试场建设现状及场地设计总结［J］. 城市道路与防洪，2020，8（8）：325-327.
[4] 重庆车检院获"交通运输部认定自动驾驶封闭场地测试基地（重庆）"授权资质［J］，客车技术与研究，2018，40（4）：38.
[5] 吴东升. 城市级智能网联示范区最新进展和挑战［J］. 智能网联汽车，2020（7）：52-57.
[6] 中国电子信息产业发展研究院. 智能网联汽车测试与评价技术［M］. 北京：人民邮电出版社，2019.
[7] 王羽，曲婕. 智能驾驶发展现状及对地方开放智能驾驶车辆测试道路的建议［J］. 汽车工业研究，2018，11（1）：4-11.
[8] 《智能网联汽车道路测试管理规范（试行）》发布［J］. 道路交通管理，2018（5）：6.
[9] 余贵珍，周彬. 自动驾驶系统设计及应用［M］. 北京：清华大学出版社，2019.

第9章 智能网联汽车智能驾驶辅助系统

学习目标

1. 理解 ADAS 系统使用目的及需求。
2. 熟悉智能驾驶辅助系统的各种功能。
3. 熟悉 ADAS 功能的触发逻辑。
4. 了解 ADAS 各个子功能的异同点。
5. 熟悉 ACC 辅助系统和其他系统组成相似点。
6. 了解 ADAS 系统道路融合以及目标融合对于传感器的需求。

9.1 智能驾驶辅助系统概述

智能驾驶辅助系统（ADAS）是一种 L2 级别及以上的高级智能驾驶辅助系统，是车辆科技化发展的一种表现形式。通过传感器融合输出的信息利用控制器进行执行介入操作，能够提高车辆在行驶过程中的安全性以及舒适性，降低发生交通事故的概率。ADAS 通常由感知单元、决策单元、控制执行单元组成，如图 9-1 所示，该系统是分布式控制系统，一般需要与多个车载控制系统进行合作，同时与自车性能、道路特征、驾驶人特征息息相关。

图 9-1 ADAS 架构

ADAS 按照感知类别的不同可以划分为自主控制类 ADAS 和网联协作类 ADAS。自主控制类 ADAS 分为预警类、自主控制类、提高舒适类等不同种类的智能驾驶辅助系统。网联协作类 ADAS 可基于 V2X 进行通信交互完成感知，通过云端大数据进行决策控制。

常见的智能驾驶辅助系统有自适应巡航控制（Adaptive Cruise Control，ACC）系统、车道保持辅助（Lane Keeping Assist，LKA）系统、车道偏离预警（Lane Departure Warning，LDW）系统、自动紧急制动（Autonomous Emergency Braking，AEB）系统、自动泊车辅助（Automatic Park Assist，APA）系统等。

9.2 自适应巡航控制系统

9.2.1 自适应巡航控制系统概述

自适应巡航控制系统是在传统的根据给定车速进行巡航控制的基础上，通过传感器判断自车与前车的速度差和车间时距，在驾驶人需求的速度范围内利用控制器控制自车的车速，并保证与前方车辆的安全距离，以达到自动巡航的目的，如图 9-2 所示为自适应巡航示意图。

汽车在行驶过程中，驾驶人开启自适应巡航激活开关后，便可开启自适应巡航功能。在该系统中，如果前车减速行驶，为了保持合适的安全距离，自车也会通过控制器进行决策，进而进行减速，然后以驾驶人给定的安全距离跟随行驶速度相对于自车较慢的前车；当前方没有目标车，或目标车距离较远时，ACC 系统通过驾驶人给定的巡航车速将自车车速控制在需求的巡航车速之内。需要说明的是，在自适应巡航控制系统下，驾驶人主观意愿的优先级高于 ACC 控制器的优先级，也就是说驾驶人接管命令的执行优先级高于系统自动判断后所输出命令的优先级。因此当驾驶人关闭 ACC 功能开关后，ACC 系统不会继续工作。

自适应巡航控制系统的目的是通过智能系统对于车辆进行控制，以保证驾驶人在行驶过程中最大程度地解放双手，减缓行车过程中驾驶人因过度精神集中而产生的紧张感及疲劳感。在实际应用中，自适应巡航控制系统更适合于在良好路面上使用，不适合在山路或复杂城市道路中使用。

图 9-2 自适应巡航示意图

ACC系统的主要功能如下：

(1) 定速巡航　当汽车行驶在良好路况且前方一定距离内没有车辆时，驾驶人开启ACC系统主开关，ACC系统将以设定车速为目标车速匀速行驶。

(2) 跟车巡航　当汽车行驶在良好路况且前方一定距离内存在车辆时，若驾驶人关闭ACC系统主开关，则ACC系统将以设定车间时距跟随前车稳定行驶。前车切入或切出时，自车能够保持安全距离并且舒适跟车。若前车减速到停止，自车能够舒适跟随前车停止并保持合适跟车距离。

(3) 调节车速　在ACC系统控制过程中，驾驶人可以随时通过操纵按键对车速进行调节，且调节方式包括精调和粗调，以达到驾驶人所期望的车速。

(4) 调节间距　当前方有车辆时，驾驶人可通过按键调整车间时距，以达到与前方车辆保持安全距离的目的，且针对不同驾驶风格的驾驶人，ACC系统支持多种等级的车间时距调节。

(5) 恢复车速　当ACC系统主动或被动解除巡航控制后，驾驶人可以通过按下恢复键来使车辆恢复上一次所设定的车速。

(6) 解除控制　车辆在巡航功能触发过程中，如果驾驶人关闭ACC系统控制开关，ACC系统自动退出。

(7) 接管模式　当驾驶人主动踩下制动踏板或加速踏板时，制动或加速由驾驶人控制，ACC系统不进行控制。

9.2.2　自适应巡航控制系统组成

自适应巡航控制系统主要由感知单元、整车电子控制单元、执行单元和人机交互界面组成，如图9-3所示。

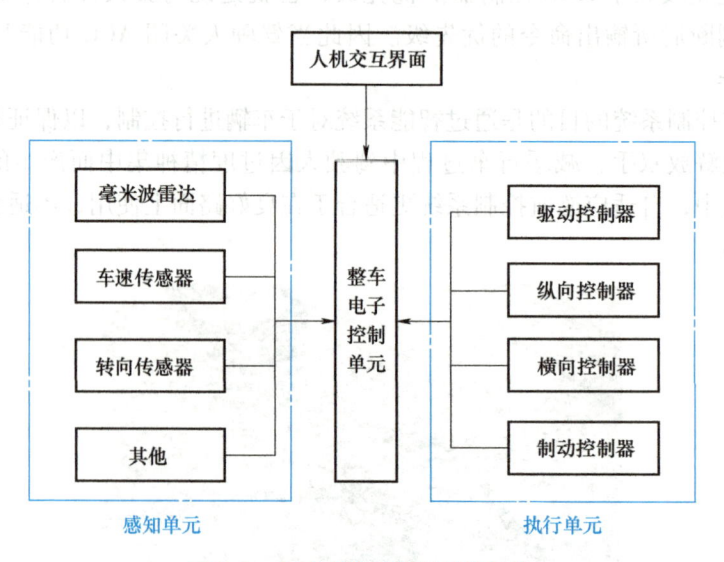

图9-3　自适应巡航控制系统架构

1) 感知单元：感知单元的主要作用是识别前车信息以及获取自车状态信息。ACC系统通过毫米波雷达、前视摄像头等传感器可以根据对目标功能的需求，结合自车和环境信息，筛选出当前最重要的目标，车辆正前方的毫米波雷达可以实时反馈并精准地获取自车与前车的距离和速度，并进行比较判断，得到期望值，将期望值传递给控制单元。

2）整车电子控制单元：整车电子控制单元属于 ACC 系统的决策层，以感知单元发送的信号作为控制单元的输入，负责对车速、转角等信号进行估算、滤波和异常处理。控制单元以驾驶人的期望间距以及期望速度作为输入，通过逻辑判断模块判断车辆在行驶过程中输入值是否符合系统设定的逻辑，同时也会考虑自车是否处于安全状态。如果判断结果为需要减速或加速，则按照规定的控制算法给出或加速制动信号，并将该信号传递到执行单元，从而保证实际安全车距符合预期。

3）执行单元：执行单元负责接收上级单元传输的信号并进行实际状态下的控车，实现对车辆速度以及加速度的控制，执行单元主要包括驱动与制动控制器、纵向控制器、横向控制器等，可将被控车的状态信息反馈给相关单元，真正意义上实现 ACC 控车的作用。

4）人机交互界面：人机交互界面主要是通过可视化的方式为驾驶人提供自车的初始状态和被控信息，驾驶人可以通过人机交互界面开启或关闭 ACC 功能，也可使其进入待机状态，同时也可以对跟车距离以及车速等进行控制。

9.2.3　自适应巡航控制系统工作原理

ACC 控制器由前视摄像头与毫米波雷达等传感器对图像信息以及交互信号进行识别处理，进而获取前车的车辆信息以及目标信息（相对距离、相对速度等），通过控制器局域网络使网关、整车电子控制单元、纵向控制器等其他相关电子控制单元之间进行通信交互，进而获取车速、制动踏板、主缸压力、加速度等信息，以实现 ACC 的决策以及对控制器的控制请求。ACC 系统在传统燃油汽车和新能源电动汽车上控制方式有所不同：传统燃油汽车控制加速踏板的开度大小进而控制输入与输出转矩，而新能源电动汽车则是直接通过电动机来控制输入与输出转矩。

9.3　车道保持辅助系统

9.3.1　车道保持辅助系统概述

车道保持辅助系统的功能是当驾驶人在驾驶配备本系统车辆时，若出现无自主意识的横向偏离现象，该系统能够自动帮助驾驶人将车辆进行纠偏，使车辆稳定地在该车行驶的车道上行驶，进而减少车辆的侧向碰撞和正面碰撞来保证行车人的人身安全，如图 9-4 所示为车道保持辅助示意图。

此系统通过摄像头检测识别车旁的可视化车道线记号，判断自车与边缘标记的相对位置关系，如果发生无意识偏离，则首先判断可否进行纠正，如果可以主动纠正，则自动将车辆在偏离出主车道前纠正车辆行驶方向，使车辆在正确的车道内行驶。如果偏离过大无法进行主动纠正，则通过语音播报和人机交互界面提醒驾驶人采取相关措施。LKA 系统可以应用于识别不同种类的交通车道线，例如，实线、虚线、双实线等以及不同颜色车道线。当然也可用于直线行驶的保持以及弯道保持和特殊情况下的变道保持。驾驶人可以根据个人意图进行不同模式的选择。

图 9-4　车道保持辅助示意图

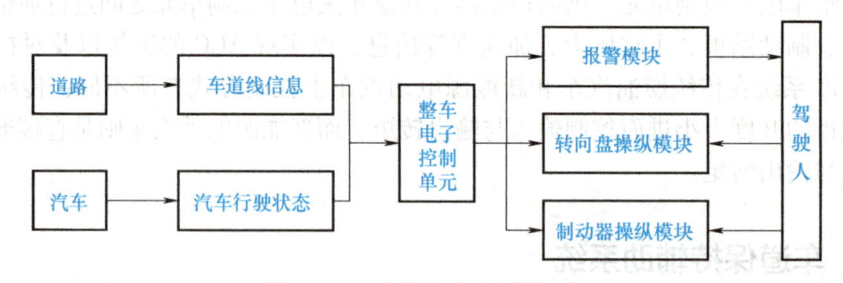

9.3.2　车道保持辅助系统组成

车道保持辅助系统主要由信息采集单元、整车电子控制单元、执行单元、人机交互界面组成。在 LKA 系统工作过程中，信息采集单元采集车道线的相关信息并进行可视化标记，同时也会获取自车的一些动态参数作为参考，由于 LKA 系统需要判断车辆能否进行纠正，如果无法纠正则会通过语音播报提醒或利用人机交互界面图像发出警报，必要时需引入制动相关系统进行制动。

车道保持辅助系统构架如图 9-5 所示。

图 9-5　车道保持辅助系统架构

1）信息采集单元包括车道线检测模块、轨迹计算模块和车辆运动模块。

① 车道线检测模块：通过接收传感器发送的信号作为输入信号，使用图像识别算法辨别行车过程中采集的可视化车道线标记信息，确定当前车辆行驶过程中的行车主道，同时输出主道的相关信息。

② 轨迹计算模块：以传感器融合输出的自车状态信息以及可视化车道线标记信息为输入，通过相关算法求解出车辆行驶过程中的行车轨迹，同时对比自车与可视化车道线标记的相对位置以及估算下一时刻自车与可视化车道线标记的相对位置。

③ 车辆运动模块：通过接收车辆的物理量信号（节气门开度信号、主缸压力信号、转向盘信号等）对车辆是否处于可纠偏状态进行判断。

2）整车电子控制单元包括侧向控制模块、驾驶人意图分析模块。侧向控制模块使用鲁棒性强、控制精度高、性能可以得到保证的相关算法对侧向力通过控制信号进行控制，使自车能够按照期望的效果在预期行车轨迹中行驶。

3）执行单元包括转向盘操纵模块、制动器操纵模块。

4）人机交互界面：将系统发送给人机交互界面以及其他执行器相关节点的信号进行封装处理，通过控制器局域网总线或车载以太网实时输出给各个交互节点信息，进而达到界面可视化的目的，可方便驾驶人了解自车信息并进行控制。

9.3.3 车道保持辅助系统应用

1. 大众汽车 LKA 系统

车道保持功能激活条件：车速大于等于 67km/h，摄像头能够清楚地识别前方道路环境，道路融合模块可以判断辨别出道路边界界限，2.85m≤车道宽度≤4.54m。如图 9-6 所示为大众汽车 LKA 系统仪表。

图 9-6　大众汽车 LKA 系统仪表

2. 奥迪汽车 LKA 系统

当车速超过 65km/h 时，如果无其他横向相关辅助功能系统介入，LKA 系统则自动激活，如图 9-7 所示为奥迪汽车 LKA 系统仪表。

图 9-7　奥迪汽车 LKA 系统仪表

9.4　车道偏离预警系统

9.4.1　车道偏离预警系统概述

车道偏离预警系统的功能是当配备该系统的车辆出现无意识偏离行驶车道时，可通过提醒使驾驶人进行控车，从而避免因为车辆偏离出行驶车道而与其他车辆或障碍物发生碰撞导致的交通事故。LDW 系统主要通过语音播报、人机交互界面图像、转向盘固定频率振动等不同方式来进行报警。

车道偏离预警系统通过前视摄像头以及毫米波雷达等传感器识别车道线相关信息，并结合自车相对位置、自车状态等参数，通过算法判断车辆与车道线的位置，进而判断是否发生车道偏离。如若判断出横向偏差大于实际偏差，则通过提醒或其他辅助系统介入的方式尽可能地避免因为驾驶人行车过度疲惫或注意力不集中而产生的交通安全问题，特别是在一些车道曲率过大的弯道处以及事故多发地区的复杂道路下，最大程度地保证驾驶人的行驶安全。

9.4.2 车道偏离预警系统组成

车道偏离预警系统主要由感知单元、决策控制单元、执行单元、人机交互界面组成，并与整车电子控制单元进行交互。如图 9-8 所示为车道偏离预警系统架构。在 LDW 系统工作过程中，感知单元可对车道线信息识别并进行可视化标记，同时也可识别目标融合信息以及道路融合信息，并将这些信息作为参考，在决策控制单元认为需要对驾驶人进行提醒时，通过声音广播提醒或中控图像发出警报。

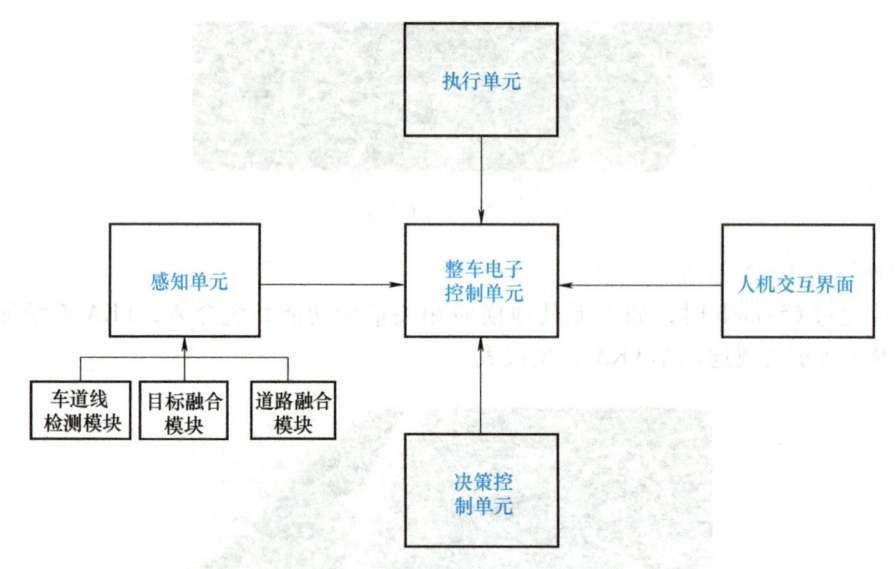

图 9-8 车道偏离预警系统架构

1）感知单元包括车道线检测模块、目标融合模块和道路融合模块。

① 车道线检测模块：通过接收传感器融合输出的道路信息以及可视化车道线信息发送的信号作为输入，使用图像识别算法辨别行车过程中采集的可视化车道线标记信息，确定当前车辆行驶过程中的行车主道同时输出主道的相关信息。

② 目标融合模块：以传感器融合输出的自车状态量为输入，通过对于目标车的状态信息进行分析，并使用相关算法求解出车辆行驶时的状态参数。

③ 道路融合模块：通过接收传感器融合输出的道路相关信息，对前方环境进行分析，并使用相关算法求解出车辆行驶过程中的轨迹。

2）决策控制单元则包括侧向控制模块、驾驶人意图分析模块。

3）执行单元则包括转向盘操纵模块以及制动器操纵模块。

4）人机交互界面：将系统发送给 HMI 以及其他执行器相关节点的信号进行封装处理，通过 CAN 总线或车载以太网实时输出给各个交互节点，进而达到界面可视化的目的，方便驾驶人了解自车信息并进行控制。

5）整车电子控制单元是自动驾驶汽车的核心控制单元，主要功能是解析驾驶人需求，监控汽车行驶状态，协调决策控制单元的工作，实现整车的上下电、驱动控制、能量回收、附件控制和故障诊断等功能。

9.4.3 车道偏离预警系统应用

1. 奔驰 s 级轿车 LDW 系统

全新升级后的奔驰 s 级轿车在保持原有的内饰满意度前提下，主要提高了行车科技感以及行车安全性。在车辆行驶速度超过 61km/h 时该系统会自动介入，并通过安装于车内用以观察驾驶人的摄像头分析驾驶人是否有主动并线意图。当 LKA 系统判断驾驶人无意图并且车辆横向距离大于预期值时，利用语音播报以及转向盘轻微抖动等方式提示驾驶人保持注意力集中。当启用转向灯时，在并线过程中，LKA 系统会被转向灯信号抑制，不会对驾驶人进行提醒。

2. 岚图汽车 LDW 系统

LDW 系统通过车辆横纵向信息、视觉感知信息结合车辆运动信息判断车辆是否需要 LDW 系统功能的介入，同时可根据道路的不同情况以及实际行车情况对驾驶人进行辅助驾驶，如图 9-9 所示为岚图汽车 LDW 系统中控仪表。

图 9-9　岚图汽车 LDW 系统中控仪表

3. 丰田汽车 LDW 系统

在驾驶人主动通过按键激活 LDW 系统功能时，指示灯会从红色变为绿色，在中控屏上会显示"LDW 功能激活"文字描述，表示功能已经可以使用。同时丰田汽车 LDW 系统功能包含车道偏离预警功能、车身摇摆抖动预警功能、转弯预警功能。

9.5　自动紧急制动系统

9.5.1　自动紧急制动系统概述

当装有自动紧急制动系统的车辆与其他交通参与者（行人或车辆）具有发生碰撞的风险时，如果驾驶人没有制动行为或者有制动行为但驾驶人给出的制动力不足以满足制动要求，自动紧急制动系统将进行自动紧急制动来避免与其他车辆和行人发生碰撞，或减少碰撞造成的损失。

汽车主动安全系统是自动驾驶中不可缺少的一部分。其中的 AEB 系统可以使碰撞追尾等安全事故发生的频率大大降低,该系统能通过各种感官方式对驾驶人进行提醒。如果驾驶人在接收到提醒信息后没有采取任何行动,则 AEB 系统功能触发,进而避免发生事故,如图 9-10 所示为自动紧急制动行车示意图。AEB 系统通过毫米波雷达、360°环视摄像头等传感器融合检测自车状态以及周围环境状态,在发生碰撞前能有效降低碰撞发生的可能性,也可根据需求把电子稳定程序系统和规避动作辅助系统整合起来。对于 AEB 系统,其系统的反馈响应能力以及执行效率是最为重要的,因此近年来,全球各个国家在 AEB 系统领域花费了大量资金以及时间进行研究。AEB 系统通常由三大子系统组合而成,分别为城市道路 AEB 系统、避让行人 AEB 系统以及高速公路 AEB 系统。

图 9-10　自动紧急制动行车示意图

9.5.2　自动紧急制动系统组成

自动紧急制动系统通过毫米波雷达等传感器输出的自车与其他交通参与者的距离与安全报警间距进行对比,如果实际距离小于安全报警距离则进行报警提醒,如果小于最小安全距离,且驾驶人并没有制动行为或制动行为不足时,AEB 系统功能就会启动,使车辆进行制动。自动紧急制动系统主要由距离检测单元、信息处理单元、整车电子控制单元、执行单元组成,如图 9-11 所示。

图 9-11　自动紧急制动系统架构

1)距离检测单元:制动间距与汽车本身的性能、质量、所处工况以及制动系统息息相关。目前汽车距离检测常用的方法主要有毫米波雷达测距、红外线测距、激光雷达测距、超声波雷达测距。其中毫米波雷达传感器可以识别的距离比其他传感器更远。

2)信息处理单元:在车辆低速行驶的过程中,因为速度相对较低所以驾驶人可以有足够的时间做出反应从而进行制动或规避风险,所以一般 AEB 系统启动时需要判断自车车速是否高于 29km/h,如果高于该数值则 AEB 系统可以启动。此外,该处理单元要对前车的车辆状态信息以及自车的相对状态信息进行评估,并将需求制动力大小反馈给执行单元。

3）整车电子控制单元同前面介绍。

4）执行单元：执行单元通过获取信息处理单元传输的需求进行实际状态下的车辆制动，实现对车辆速度以及加速度的控制，并把执行后的自车车辆状态信息反馈给距离检测单元，真正意义上实现了自动紧急制动的作用。

9.5.3 自动紧急制动系统应用

1. 沃尔沃汽车 AEB 系统

沃尔沃汽车自主研发了自动紧急制动系统——全自动制动碰撞预警（Collision Warning With Full Auto Brake，CWAB）系统，该系统目前是世界主流的主动干预碰撞安全系统之一。此系统通过摄像头与雷达进行结合同时检测前方信息。其中摄像头用于检测前车动态信息（55m 内），雷达用于检测距离较长的前方信息（155m 内）。

2. 奥迪汽车 AEB 系统

奥迪汽车将前方碰撞预警（Forward Collision Warning，FCW）系统与 AEB 系统相结合，可提醒驾驶人即将发生碰撞的不同等级风险，当驾驶人无视 FCW 系统提醒时，则 AEB 系统介入进行自动紧急制动，保证人身安全。

3. 本田汽车 AEB 系统

本田汽车设置了两段判断距离——报警距离和制动距离，并依靠分段报警的处理方式，减少碰撞发生的概率，降低了驾驶人因分心或紧张过度出现失误操作而发生意外的可能性。

9.6 自动泊车辅助系统

9.6.1 自动泊车辅助系统概述

泊车是很多新手驾驶人在日常驾驶中比较头疼的一项驾驶操作，而通过自动泊车辅助系统就可以使汽车完全代替驾驶人来完成这项复杂的操作。自动泊车辅助系统也称为自动泊车入位系统，可用于 L2 级别以上的自动驾驶，即完全不用驾驶人操作，智能车辆通过配备的传感器（雷达、摄像头等）来发现车位，并通过车辆自身的规划与控制系统来使车辆自动进入车位的过程。自动泊车辅助系统可通过摄像头与雷达融合的方式来共同识别停车位和障碍物信息。摄像头主要负责停车位的检测与车位线的识别等，雷达主要探测障碍物与车辆的距离，探测空间车位。智能车辆根据分析可得出车辆的当前位置及姿态、目标车位位置以及周围障碍物分布位置的环境参数，依据上述参数规划泊车路径。该系统控制车辆自动前进、后退、转向、制动等，在规定的操作次数和时间内完成泊车操作。

9.6.2 自动泊车辅助系统分类

随着技术的快速发展，自动泊车技术的应用也越来越广。目前自动泊车的分类有很多种。基于泊车场景的不同，自动泊车可以分为平行泊车、垂直泊车、斜向泊车，如图 9-12 所示。这三种泊车方式是根据车位位置的不同来进行划分的，平行泊车就是日常的侧方停车，垂直泊车就是日常驾驶中的倒车入库。

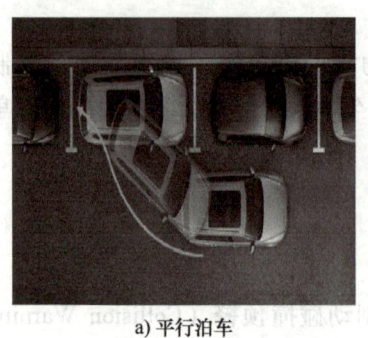

a) 平行泊车 　　　　　　　　b) 垂直泊车 　　　　　　　　c) 斜向泊车

图 9-12　自动泊车

根据自动驾驶等级的划分，自动泊车可以分为 L1 级别的半自动泊车系统、L2 级别的全自动泊车系统、L3 级别的记忆自动泊车系统以及 L4 级别的无人自主泊车系统。①半自动泊车系统实现的功能比较简单，主要是根据探测距离比较近的超声波雷达来感知空闲车位，然后控制车辆进行泊车操作，但它只对车辆的横向进行控制，纵向控制还是由驾驶人负责。②全自动泊车系统会配备更加丰富的传感器，将各个传感器的数据进行融合后，通过融合信息来检测车位以及与其他障碍物的位置，并对车辆的横向与纵向进行控制，可以替代驾驶人进行操作。③记忆自动泊车系统是在全自动泊车系统基础上进行的改进技术系统，可以记录停车环境周围的信息以及特征地图，再次停车时就会根据之前的泊车信息来进行全自动泊车。④无人自主泊车系统是目前最先进的自动泊车系统，它的功能非常强大，但是需要的信息也较多，特别是对停车场的地图信息依赖性较强，需要高精度地图信息，同时无人自主泊车系统还可以与云端互联通信，通过手机等人机交互设备来实现自动泊车功能。

9.6.3　自动泊车辅助系统组成

自动泊车辅助系统主要由环境感知、路径规划、跟踪控制组成。①环境感知就是利用汽车上的雷达、摄像头、陀螺仪等传感器对周围的环境信息进行提取并处理，通过各传感器的数据融合来寻找周围环境中的空闲车位以及相关障碍物信息。②路径规划就是根据检测到的车位信息，规划出一条从车辆当前时刻位置到目标车位位置的无碰撞安全泊车路径。③跟踪控制就是对规划出的路径进行跟踪，根据规划路径解算出车辆的前轮转角以及速度等信号，并将信号传递给车载控制器，实现对车辆的横纵向控制。在整个泊车过程中要设计好各个模块的逻辑，自动泊车辅助系统架构如图 9-13 所示。

1. 环境感知

在自动泊车中环境感知主要是为了检测车位以及自车与其他障碍物之间的距离。目前检测车位的方法主要有基于机器视觉的检测车位方法、基于雷达传感器的检测车位方法、多传感器融合技术。①基于机器视觉的检测车位方法是指利用摄像头采集到的图像信息，经过处理分析来检测出停车位。②基于雷达传感器的检测车位方法是指利用雷达来检测出周边车辆的轮廓，再结合车辆的位姿信息解算出周边车辆间形成的空闲车位。③多传感器融合技术是指综合利用智能网联汽车中常用的视觉传感器、超声波雷达、激光雷达、惯性导航传感器，对各种传感器进行多层次、多空间的信息互补和优化组合处理，以实现多场景多工况下的车位检测。

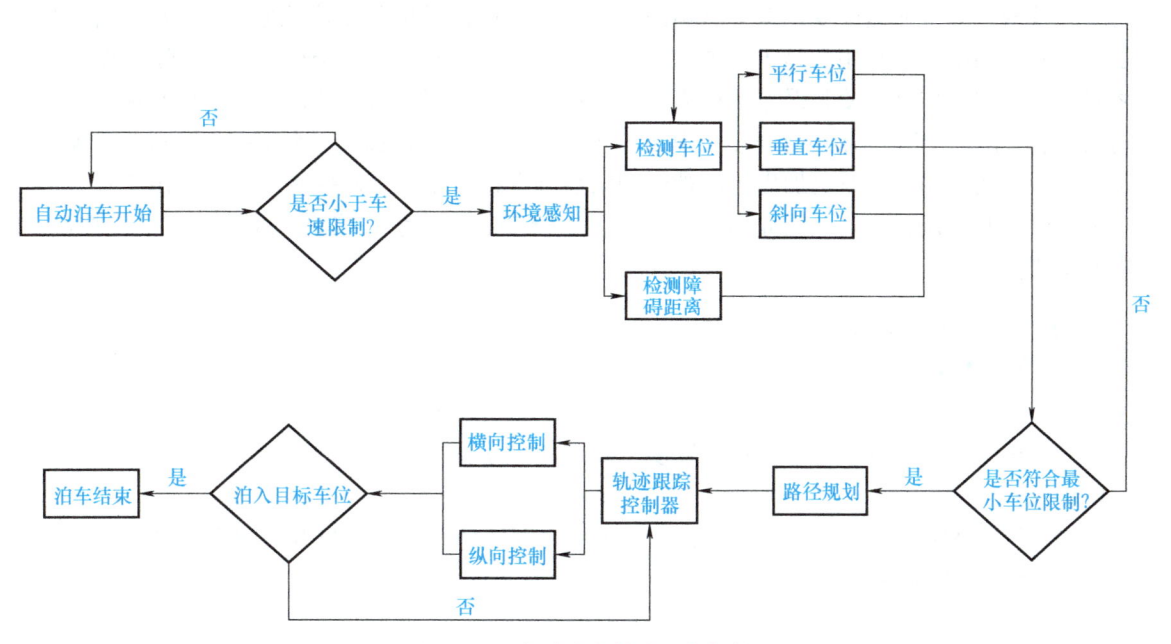

图 9-13 自动泊车辅助系统架构

2. 路径规划

自动泊车的路径规划目前有很多都是基于几何的方法进行规划的，具体指采用多段不同半径的圆弧，以及不同半径的圆弧和直线组合的方式规划出泊车的路线，如图 9-14 所示；然后对规划出的路径采用贝塞尔曲线或者样条曲线进行平滑处理。随着智能驾驶的不断发展，还有很多智能规划算法逐渐应用到自动泊车的路径规划中，如触须算法、混合 A* 算法等。

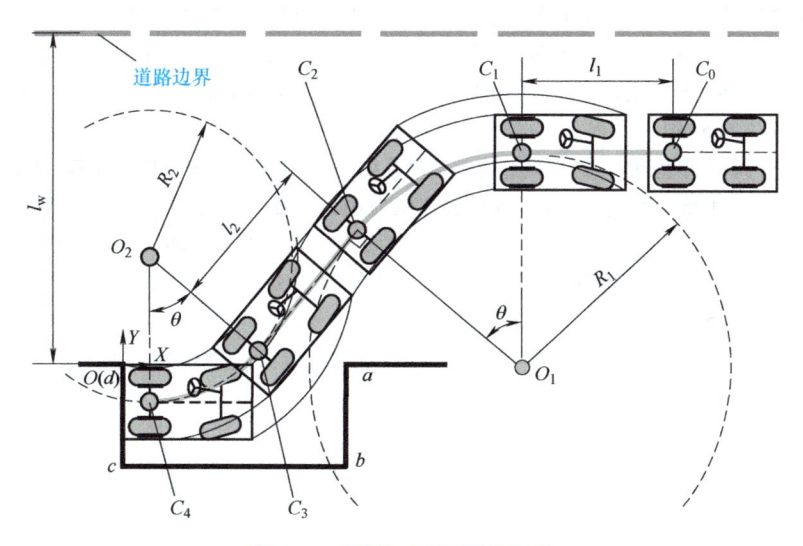

图 9-14 圆弧-直线-圆弧规划

3. 跟踪控制

跟踪控制主要分为横向控制和纵向控制，由于自动泊车属于高精度低速运动，因此一般整个泊车过程车速不超过 5km/h，虽然速度较低，但是由于泊车过程中与其他车辆或者障碍

物距离较近，细微的速度变化就会影响到整个泊车过程，因此需要对车速进行非常精密的控制。纵向控制中比较常用的是 PID 控制，控制的原理就是对期望车速及当前实际反馈车速之间的误差进行控制，使其误差接近为零，并得到相应时刻的加速度，从而实现对加速和制动的控制。除了 PID 控制还有很多控制方法都可以进行纵向控制，例如模糊控制、滑模控制、模型预测控制，以及更加先进的神经网络控制等都可用于车速控制的研究。由于自动泊车中需要不断地调整方向，因此横向控制用得比较多的是纯跟踪控制、线性二次最优控制、模型预测控制等。

【课后习题】

1. 智能驾驶辅助系统由几部分组成？其常用功能具体有哪些？
2. 智能驾驶辅助系统功能种类繁多，其中哪种功能是在车辆停止时使用的，其具体作用是什么？
3. 装配 ADAS 系统的智能车辆，在前车紧急制动的情况下，AEB 系统与 ACC 系统哪个先触发？请说明理由。

参 考 文 献

［1］范梦阳. 自动泊车系统停车位检测方法浅析［J］. 信息记录材料，2021，22（7）：148-149.

［2］李俊凯. 基于机器视觉的车道保持控制策略研究［D］. 天津：天津职业技术师范大学，2020.

［3］邓龙泽. 车辆换道轨迹跟踪多目标滑模控制研究［D］. 合肥：合肥工业大学，2021.

［4］刘祺. 自动驾驶线控系统开发及其在车道保持控制中的应用［D］. 北京：清华大学，2018.

［5］李占锋. 汽车防碰撞控制系统设计与实现［J］. 微型电脑应用，2018，34（8）：64-66.

［6］张莉莉. 简述雷达技术在汽车防撞安全系统的应用［J］. 山东工业技术，2016（10）：241.

［7］梁硕. 具有横向主动安全的智能车驾驶员模型［D］. 长春：吉林大学，2019.

［8］彭湃，王耀南，凌志刚，等. 一种适用于城市道路检测及偏离报警的方法［J］. 电子测量与仪器学报，2015，29（5）：685-691.

［9］周晓飞. 智能网联汽车基础（三）：先进驾驶辅助系统（上）［J］. 汽车维修与保养，2021（12）：78-81.

［10］何玮，刘昭度，王斌，等. 汽车 ACC 雷达技术的应用与发展［J］. 现代雷达，2007（9）：28-30+35.

［11］朱丽丽，赵秀春. 汽车自动巡航系统的 PID 控制［J］. 科技信息，2009（34）：767.

［12］彭业胜. 基于机器视觉的车道线智能识别系统开发与实验研究［J］. 信息与电脑（理论版），2019（14）：85-86.

［13］张在房，孙建，刘园，等. 一种汽车广义产品智能化配置方法：CN105512258A［P］. 2016-04-20.

第10章 无人驾驶方程式赛车关键技术

学习目标

1. 了解无人驾驶方程式赛车的硬件架构。
2. 了解无人驾驶方程式赛车的软件架构。
3. 掌握感知系统的工作原理。
4. 掌握轨迹跟踪控制在无人驾驶方程式赛车上的作用。

10.1 无人驾驶方程式赛车架构

无人驾驶方程式赛车分为四大系统，即环境感知系统、路径规划系统、运动控制系统和线控底盘系统。与传统赛车相比，无人驾驶方程式赛车依靠自身的传感器获取赛车和周围环境的信息，对信息数据进行分析处理，并按照设定的整车控制策略，调整无人驾驶方程式赛车的行驶状态，从而满足赛事项目中对无人驾驶方程式赛车的行驶要求。无人驾驶方程式赛车作为一个系统整体，主要由以下硬件和软件组成。

中国大学生无人驾驶方程式大赛（Formula Student Autonomous China，FSAC）是由中国汽车工程学会举办的中国大学生方程式大赛系列赛事之一，旨在为我国汽车行业发展培养智能驾驶领域技术人才，是培养大学生熟悉和掌握无人驾驶关键技术的重要平台。该赛事从2017年开办，吸引了众多高校大学生参与，成为我国参赛规模和影响力较大的无人驾驶汽车大赛，如图10-1所示为2022年无人驾驶方程式车队赛车合影。无人驾驶方程式赛车虽小，

图10-1 2022年无人驾驶方程式车队赛车合影

但其"五脏俱全"。本书以辽宁工业大学无人驾驶方程式赛车为例,对无人驾驶技术进行介绍。

10.1.1 无人驾驶方程式赛车硬件架构

在硬件方面,无人驾驶方程式赛车首先是一辆纯电动方程式赛车,除拥有传统电动车辆的基本结构以外,在电动方程式赛车基础上将驱动系统、转向系统以及制动系统线控化处理,再加装上由摄像头、激光雷达、毫米波雷达、GNSS/IMU 等传感器进而组成赛车的环境感知系统,如图 10-2 所示,此赛车可以通过算法感知赛车周身环境,路径规划系统接收感知系统信息而对赛车的期望行驶路径进行规划,由运动控制系统控制线控底盘系统,使赛车平稳、精准地跟踪期望行驶路径。

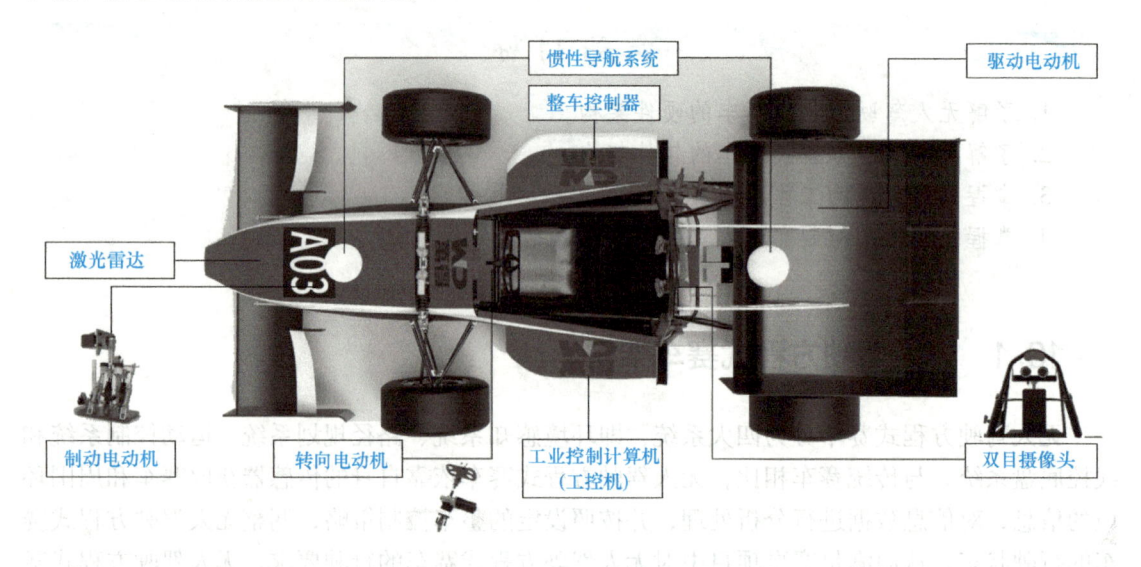

图 10-2 无人驾驶方程式赛车关键部件

1. 线控驱动

无人驾驶方程式赛车线控驱动部分采用双电机独立驱动方式,如图 10-3 所示。图中选用的是 Emrax208 电动机,其峰值功率为 70kW,最高转速为 7000r/min,能够满足赛车在无人驾驶时的高速、高响应性要求,同时双电机独立驱动方式能够提高赛车的可控性,可根据实际工况单独控制每个电动机的转矩输出,进而提高赛车的动态表现。整车控制器可将算法解算得到的转矩指令利用 CAN 通信方式发送给电动机控制器,用于控制电动机输出相应的转矩,再通过行星齿轮减速器分别将转矩传递给两个驱动后轮,实现无人驾驶方程式赛车线控驱动控制。

2. 线控转向

对于线控转向,为使有人驾驶和无人驾驶能够实现方便的切换,因此在保证原有机械转向的基础上,在转向轴中间加入驱动电动机实现线控转向。转向底板用简单的钢板制成,结构简单实用,在四个角上有安装孔,用吊耳安装在车架上,方便拆卸。线控转向中核心部件为转向电动机,转向电动机需要有足够的转矩、转速、精确度以及快速响应性,线控转向结构如图 10-4 所示。

第 10 章　无人驾驶方程式赛车关键技术

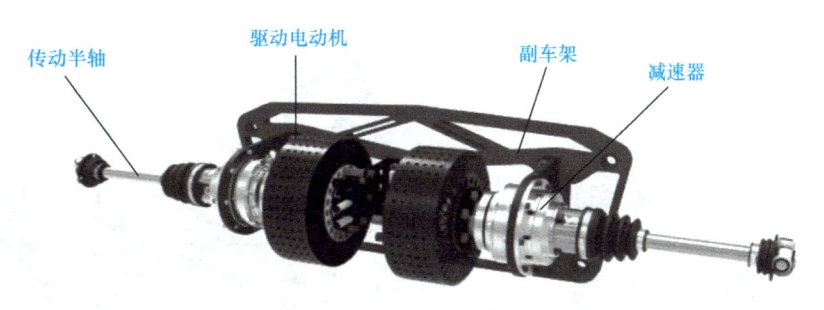

图 10-3　线控驱动结构

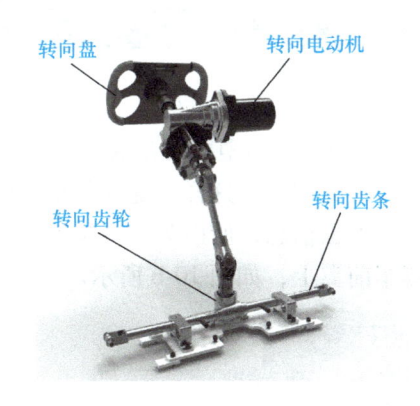

图 10-4　线控转向结构

3. 线控制动

对于线控制动，要求在车辆行驶过程中能实现不同的制动力，因此采用电动机通过线控制动拉杆带动制动踏板转动的方式来实现线控制动，如图 10-5 所示。

为了使制动驱动系统拆卸方便，并且装配一体化，设计了制动驱动电动机安装架。电动机和制动踏板之间用两个连杆传递电动机的转矩从而使制动踏板转动制动，为了防止线控制动和人工机械制动发生干涉，在电动机和驱动连杆之间设有空行程结构，在驾驶人踩制动踏板时驱动连杆相对电动机空行程转动，保证了不受电动机干涉。电动机和连杆之间用平键连接，两连杆之间用螺栓连接。当制动时，与电动机连接的连杆转动，从而带动制动踏板旋转进行制动，制动完成后，制动踏板在制动主缸的作用下复位。为了保证在制动过程中能够产生足够的转矩、精度和稳定性，线控制动结构如图 10-5 所示。

4. 激光雷达

激光雷达工作原理是通过测量激光发射器发出的激光在路面锥桶和本体之间的时间差来确定二者之间的距离。根据激光雷达采集的原始点云提取感兴趣区域，仅保留车体前方一定范围内的点云信息，同时降低点云量。由于比赛场地较为平整，因此可对地面点进行滤除，保留锥桶点云，并在此基础上采用欧氏距离聚类方法对锥桶点云进行聚类，进而实现锥桶点云的逐个分离，最后提取每个锥桶点云的中心点位置代表锥桶，并将位置信息发送给路径规划程序。

无人驾驶方程式赛车比赛的环境单一，是在平滑整洁的路面上摆放若干个锥桶围成赛

135

图 10-5　线控制动结构

道，要求赛车在赛道内部循环行驶。锥桶是 30~70cm 高的塑料锥形路标，由于锥桶尺寸的限制，使得激光雷达必须安装在车体距离地面较近的位置。这样才能使得更多的激光束照射到锥桶上形成反射，从而获得更全面、更细致的点云信息，所以为了减少遮挡，增加激光点云的扫描范围，本章选择将激光雷达安装在赛车前翼上，如图 10-6 所示。

图 10-6　激光雷达安装位置示意图

5. 摄像头

赛道中锥桶的颜色具有特定的含义。比如赛道的左侧锥桶为红色，右侧为蓝色，赛车驶过黄色锥桶需制动停车，所以颜色识别对路径规划与赛车启停有重要意义。因此，无人驾驶方程式赛车选择相机作为目标识别的传感器，考虑到实际应用载体为高速行驶的赛车，同时需检测的目标物体尺寸较小，综合以上因素，将相机分辨率与采集频率作为相机型号选取的主要因素。本章采用了大恒水星系列的工业相机，其分辨率为 1920×1200，采集频率为 30 帧/s，足以满足赛车感知系统的识别需求，同时为了解决赛车进入弯道处内侧锥桶因脱离视野无法识别的问题，采用将单目相机组成双目扩充相机检测视野，如图 10-7 所示。

6. 惯性导航系统

惯性导航系统选用的是广州导远的 INS-570D 型号组合惯性导航，INS-570D 是一款基于惯性导航技术、融合卫星导航（支持载相相位差分技术）和车辆信息（轮速、档位等）、满足车规级标准设计和制造的高性能组合惯性导航定位产品，如图 10-8 所示。此惯性导航系统具备在各种场景下通过数据总线向车辆提供准确姿态、航向、位置、速度和传感器数据等信息的能力；还可以输出超过 100Hz 的高频信号，并且具有较高的短期测量精度。

图 10-7　相机安装位置示意图

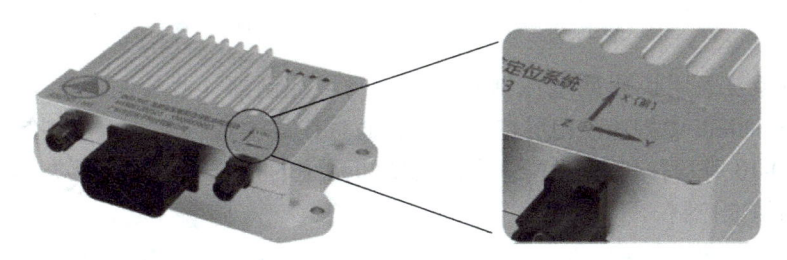

图 10-8　惯性导航定位产品

10.1.2　无人驾驶方程式赛车软件架构

软件结构主要起到的作用为算法的设计及信息的处理。以辽宁工业大学无人驾驶方程式赛车为例，在感知层面所采用的软件有 OpenCV、点云库（Point Cloud Library，PCL）、机器人操作系统（Robot Operation System，ROS）、Eigen 库、GTSAM、g2o 以及 ceres 等软件系统。其中，使用 OpenCV 对图像进行处理；使用点云库对激光雷达的点云数据进行处理；机器人操作系统负责节点的进程管理，如图 10-9 所示；Eigen 库负责矩阵的运算；GTSAM 负责平滑与建图；g2o 与 ceres 负责模型的非线性优化。

图 10-9　无人驾驶方程式赛车软件架构

图 10-9 无人驾驶方程式赛车软件架构（续）

线控底盘系统采用快速原型控制器作为底盘域控制器，此控制器基于 V 字开发流程在 MATLAB/Simulink 中搭建应用层控制策略，通过代码生成技术，生成控制器需求的文件格式，如图 10-10 所示；利用 CAN 总线接收感知系统的指令和整车的状态信息，最终实现对执行机构的精准控制。

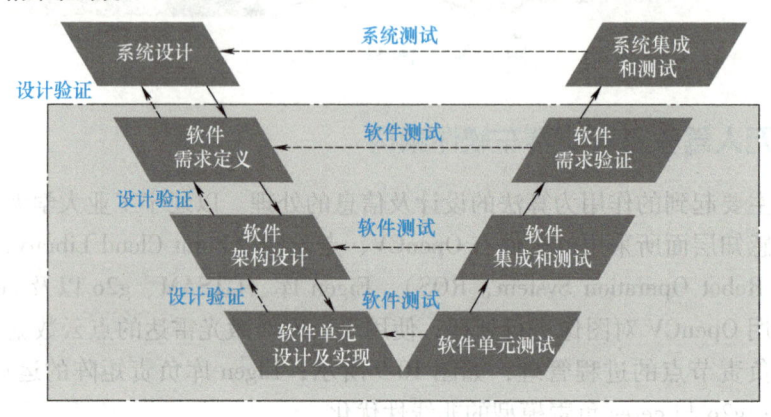

图 10-10 V 字开发流程

10.2 无人驾驶方程式赛车环境感知

无人驾驶方程式赛车的环境感知系统通过感知传感器主要采集两方面的环境信息：分别是激光雷达采集到的原始点云和摄像头采集到的彩色图片。具体算法的实现流程为：Pandar40 激光雷达采集环境中原始点云；提取感兴趣区域内的数据并进行预处理工作，拟合并剔除地面点云；进行障碍物的欧氏距离聚类，提取聚类的中心点作为锥桶空间位置信息；通过适当的坐标变换，将该中心点转换到摄像头的像素坐标系下。考虑到 Pandar40 激光雷达在感兴趣区域内锥桶点云较为密集，通过聚类就可以很好地检测锥桶，所以没有进行特征提取工作。

与此同时，摄像头的数据也进行了相应的算法处理。首先，将摄像头的原始 RGB 彩色图片转化为 HSV 颜色空间下的图片；其次，颜色识别算法识别出障碍物的颜色信息；最后，

将颜色信息与障碍物的空间位置信息进行信息融合。如图 10-11 所示为无人驾驶方程式赛车环境感知系统实现原理。

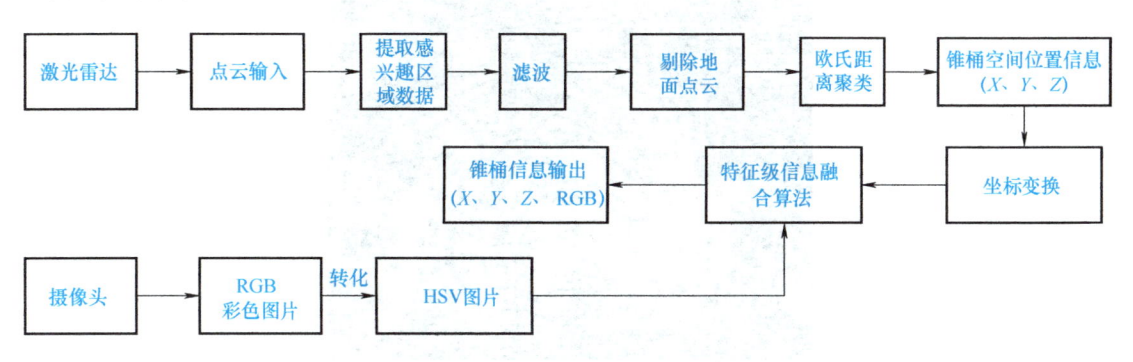

图 10-11　无人驾驶方程式赛车环境感知系统实现原理

10.2.1　基于激光雷达的锥桶检测算法研究

无人驾驶方程式赛车主要依靠激光雷达对赛场环境进行感知，进而进行路径规划和决策控制，所以实现锥桶的准确检测对于保证赛车的稳定运行非常重要。锥桶尺寸较小并且很容易出现漏检误检现象，因此对检测算法的精度和实时性要求较高。由于 Pandar40 激光雷达的线束比较多，所以利用该激光雷达进行锥桶障碍物检测时，原始激光点云数据中包含大量噪声点和非锥桶点云，考虑到算法精度和程序的运行时间，首先需要对原始点云进行滤波、降噪等数据预处理。从而滤除大量无用的点云，又因为锥桶尺寸已知且在地面附近，所以采用随机采样一致性平面拟合算法滤除地面，从而得到只有锥桶的点云，最后采用欧式聚类算法对锥桶点云聚类最终得到锥桶的空间位置信息。

如图 10-12 所示为锥桶检测算法流程图，该算法的输入为 Pandar40 激光雷达的原始点云，之后经过一系列的点云处理算法最终得到锥桶的空间位置信息。

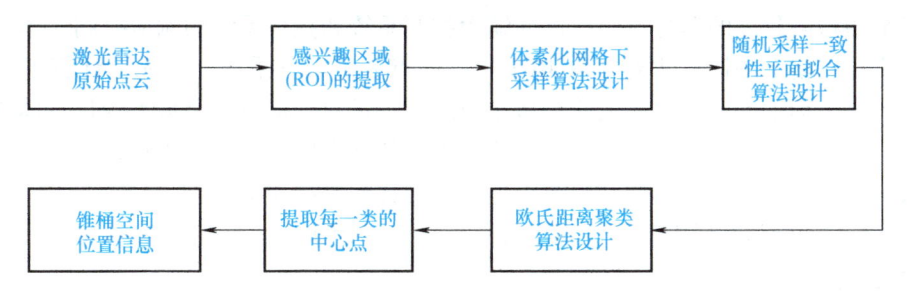

图 10-12　锥桶检测算法流程图

1. 感兴趣区域（ROI）的提取

激光雷达是 360°全方位扫描的，所以可以以激光雷达坐标系的坐标原点为中心，激光雷达的扫描范围可以通过设置"最小扫描半径"和"最大扫描半径"来进行限定，这样可以有效过滤掉打在赛车车体上的点云和较远处对锥桶检测没有用的点云。除此之外，由于赛道的宽度不变，并且锥桶的高度是一定的，激光雷达的实时扫描距离分别限制在 x、y、z 轴上，如图 10-13 所示为 ROI 的提取效果，然后再对提取的数据进行降噪处理。

图 10-13　ROI 的提取效果

如下所示为阈值限制过程的部分代码。

```
{filterPassThrough(cloud_rem_filter,cloud_pass_z,"z",-0.60,0.45);
 filterPassThrough(cloud_pass_z,cloud_pass_x,"x",0,20.0);
 filterPassThrough(cloud_pass_x,cloud_pass_y,"y",-9.0,9.0);
 pcl::PassThrough<PointType> pass;
 pass.setInputCloud(input);
 pass.setFilterFieldName(axis);
 pass.setFilterLimits(limit_min,limit_max);
 pass.setNegative(false);
 pass.filter(*output);}
```

2. 体素化网格下采样算法设计

为了缩短检测程序的运行时间，进而缩短控制系统和执行系统的响应时间，本章基于点云库用体素化网格下采样算法对提取 ROI 之后的点云进行下采样。首先，计算下采样之后的点云在各个坐标轴方向上的最大值和最小值之差，进而确定出一个最大的长方体能充分容纳所有点云；其次，根据需求划分该长方体为更小的立方体，立方体边长设定的大小取决于点云的数量多少；最后，由数次试验测出经验值。详细过程如下：

1) 计算出待检测区域内目标锥桶的分布范围，进而确定采样的分辨率和立方体栅格的大小，设定立方体边长为 L。

2) 计算立方体栅格和每个点的对照关系，假设某点的点云坐标值为 (x,y,z)，并且对应的立方体栅格编码为 $Pos3D(i,j,k)$，则由以下公式计算得出

$$\begin{cases} i = \text{int}\left(\dfrac{x}{L}\right) \\ j = \text{int}\left(\dfrac{y}{L}\right) \\ k = \text{int}\left(\dfrac{z}{L}\right) \end{cases} \tag{10-1}$$

3）计算立方体栅格的重心坐标为

$$\begin{cases} x_{\text{center}} = \sum_{n=1}^{sum} \dfrac{n_x}{sum} \\ y_{\text{center}} = \sum_{n=1}^{sum} \dfrac{n_y}{sum} \\ z_{\text{center}} = \sum_{n=1}^{sum} \dfrac{n_z}{sum} \end{cases} \quad (10\text{-}2)$$

式中，x_{center}、y_{center}、z_{center} 分别为立方体格栅的三维坐标值，n 表示激光点云中的某个激光点，sum 为激光点云的激光点总数。

4）对该帧点云中的所有激光点进行遍历，并且重复以上步骤，就可以得到立方体栅格和每个激光点的对应关系。

如下所示为体素化网格下采样的部分代码。

```
filterVoxelGrid(cloud_pass_y,cloud_vox_filter,0.02);
pcl::VoxelGrid<PointType> vox;
vox.setInputCloud(input);
vox.setLeafSize(leaf_size,leaf_size,leaf_size);
vox.filter(*output);
```

图 10-14 所示为点云体素化网格下采样算法的处理结果。从点云数量上来看，已经大幅度降低了点云数量，可以大大缩短后续算法的处理时间。

3. 随机采样一致性（RANSAC）平面拟合算法设计

前面实现了点云的下采样，并通过提速网格化算法让原本无规律的点云变得有规律。赛场环境虽然单一，但可能会存在一些干扰因素，并且不能采用简单且通用的手法进行处理。

为了提高检测算法的运行效率，需要通过一些约束来过滤掉干扰点，可以通过过滤地面的点云，从而尽可能获得只包含锥桶的点云，这是因为首先，地面点云的数量最为庞大，并且现有的处理方法已经比较成熟；其次，过滤掉地面点云之后，可以大大减少点云数量，缩小后续目标检测范围，提高后续算法运行效率；最后，地面点云会影响聚类的效果，影响锥桶的检测精度。

图 10-14 点云体素化网格下采样算法的处理结果

综上所述，本章决定采用随机采样一致性平面拟合算法来实现地面的拟合。RANSAC 平面拟合算法是一种随机参数估计方法，可将数据分为局内点和局外点，并且不断迭代数据从而得到最优模型，尽可能地包含局内点而剔除局外点。二维平面内的直线模型拟合步骤如下：

1）以线性方程模型为例，从平面内选出两个样本点来进行模型拟合，得到初始方程。

2）将剩余点代入初始方程，给定一定的误差 δ，在误差 δ 范围内，则距离拟合曲线一定距离内的点称为局内点，需要进一步计算局内点的个数 N。如果 N 不小于设定的局内点阈值 K，则判定该模型为待定模型，N 为该模型的支持度。

3）再随机选取两个点，并重复以上两步直至达到预定的迭代次数，统计每次迭代的支持度 N，选出支持度最大的模型，作为最后的拟合结果。如图 10-15 所示为 RANSAC 平面拟合算法在二维平面内提取最优模型的过程。

以上是二维平面内的直线模型拟合，而实际情况是需要在三维空间中拟合出一个平面。具体步骤如下：

1）假定一个平面模型，需要随机从目标点云中抽取三个点。

2）重新选取三个点，再确定引入一个允许误差的范围值，找出满足误差范围内的点并记录其个数。

3）重复以上两个步骤，经过反复迭代，直至找到一个平面能尽可能包含更多的点，拟合结束。包含最多点的拟合所确定的平面为最终需要过滤掉的地面点云平面。

如下所示为 RANSAC 平面拟合算法的部分代码。

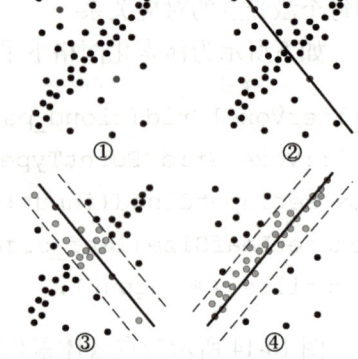

图 10-15　RANSAC 平面拟合算法在二维平面内提取最优模型的过程

```
pcl::SACSegmentation<PointType> seg;
  pcl::PointIndices::Ptr indices (new pcl::PointIndices);
  pcl::ModelCoefficients::Ptr coefficients (new pcl::ModelCoefficients);
  seg.setOptimizeCoefficients(true);
  seg.setModelType(pcl::SACMODEL_PERPENDICULAR_PLANE);
  seg.setMethodType(pcl::SAC_RANSAC);
  seg.setMaxIterations(100);
  seg.setAxis(Eigen::Vector3f(0.0,0.0,1.0));
  seg.setEpsAngle(pcl::deg2rad(5.0f));
  seg.setDistanceThreshold(0.06);
  seg.setOptimizeCoefficients(true);
  seg.setInputCloud(input);
```

图 10-16 为 RANSAC 平面拟合算法处理结果。从图中可以看出，该算法可以很好地分开地面点云和锥桶点云，实现地面点云的滤除，为下一步的锥桶点云聚类奠定了良好基础。

4. 欧氏距离聚类算法设计

在对无人驾驶方程式赛车进行路径规划时，需要提前获取赛车前方一定范围内锥桶的位

第 10 章　无人驾驶方程式赛车关键技术

置用于估算赛车的转向盘转角，如果锥桶摆放位置重叠，那么就很有可能会出现误检。所以为了能够使锥桶点云数据尽可能聚集成簇群，设计出锥桶点云欧氏距离聚类算法。

通过以上点云处理可以有效地降低点云数量，尽可能只留下锥桶的点云，但或多或少仍会存在一些杂点。这些杂点会对后续的算法产生干扰，所以后续点云处理算法的选择尤为重要。综合考虑算法的耗时和赛场环境特点，决定采用基于欧氏距离聚类的方法对锥桶点云进行聚类。用欧氏距离来描述两个点集之间的距离为

$$d_{ij}=\sqrt{\sum_{k=1}^{n}(x_{ik}-x_{jk})^2} \quad (10\text{-}3)$$

图 10-16　RANSAC 平面拟合算法处理结果

式中，i、j 为两个点集中的点索引。

欧氏距离聚类算法在进行预处理时是通过采用 K-D 树（K-Dimensional Tree）来实现的，预处理可以提高算法的运行效率，欧氏距离聚类算法流程如图 10-17 所示。

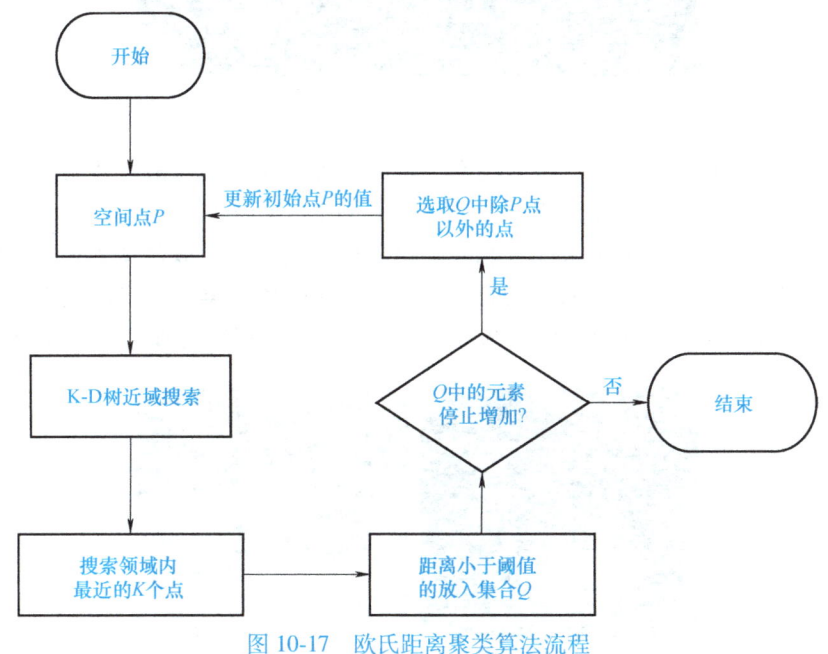

图 10-17　欧氏距离聚类算法流程

如下所示为欧氏距离聚类算法的部分代码。

```
pcl::EuclideanClusterExtraction<PointType> euc;
euc.setInputCloud(input);
euc.setClusterTolerance(0.55);
euc.setMinClusterSize(4);
euc.setMaxClusterSize(600);
euc.extract(output);
```

如图 10-18 所示为欧氏距离聚类算法处理结果，从图中可以明显地看出聚类后的点云只保留了目标锥桶的点云数据，图中不再出现噪声点。为了尽可能多地得到锥桶簇群，将距离阈值设置为 0.56m，激光雷达扫描范围限制为 18m。

图 10-18　欧氏距离聚类算法处理结果

通过试验可以发现，激光雷达探测的有效距离约为 35m，距离稍远处的点云细节信息不足，首先需要对原始点云进行滤波降噪处理，之后进行 ROI 的提取；对 ROI 内的点云进行体素化网格算法处理实现点云下采样；利用随机采样一致性平面拟合算法对下采样之后的点云进行地面的拟合，并过滤掉地面点云数据；利用欧氏距离聚类算法将锥桶点云聚类并提取聚类的中心点。如图 10-19 所示为算法调试过程中锥桶检测算法处理过程的综合对比。

图 10-19　算法调试过程中锥桶检测算法处理过程的综合对比

接下来进行实车试验，在校园内空地上摆放锥桶围成的赛道用于模拟真实的赛场环境，运行方程式赛车进行数据采集并以数据包的形式进行保存，接着将检测算法部署到方程式赛车的工控机中进行测试。如图 10-20 所示为程序运行后截取的一帧点云数据,其中图 10-20a 为激光雷达的原始点云数据,图 10-20b 为检测算法处理后的点云数据,算法的单帧处理时间约为 80ms,且准确率高。

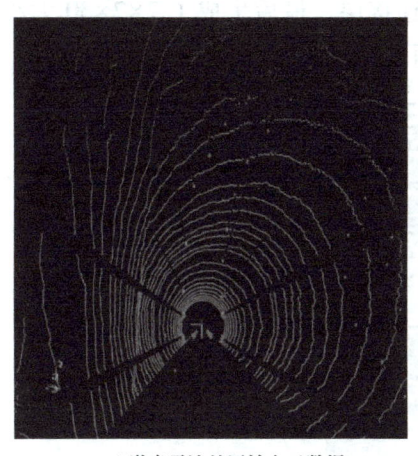

a) 激光雷达的原始点云数据 　　　　b) 检测算法处理后的点云数据

图 10-20　程序运行后截取的一帧点云数据

10.2.2　基于摄像头的锥桶检测算法研究

中国大学生无人驾驶方程式大赛中,不同颜色的锥桶会给赛车提供不同的指令。赛道的左侧锥桶统一为红色,右侧统一为蓝色,黄色锥桶代表换向或者启停标志,所以锥桶的准确检测对赛车的后续规划和控制都非常重要。本章主要基于摄像头对锥桶目标检测进行研究,内容包括 YOLO 目标检测框架的介绍,锥桶数据集的建立,基于 Pytorch 的训练环境配置,最后对算法进行试验验证。

1. YOLO 目标检测框架的介绍

在 YOLO 目标检测框架出现之前,基于神经网络的目标检测主要分为两个阶段:第一阶段是通过判别前景和背景从而提取出建议框,第二阶段进行分类和回归。这种方法精度高但实时性较差,所以主要应用于对算法实时性要求不太高的应用场景。单一阶段 YOLO 目标检测框架,很巧妙地将目标检测问题转化为回归问题,直接回归输出的边框已经包括目标的类和具体位置,虽然检测精度上没有前者高,但实时性较好,所以得到了非常广泛的应用。

YOLO 目标检测框架在 2016 年首次提出,当时是 YOLOv1 版本,至今已经发展到第五个版本 YOLOv5。YOLO 目标检测框架计算速度非常快,该框架把检测问题视为回归问题,所以不需要复杂的流程。YOLO 目标检测框架算法主要分为以下几个步骤:将输入的图片填补或者拉伸成相同的大小;将整个图片划分为 $S×S$ 的网格;将划分网格后的图片放入深度神经网络,进而预测出边框信息;将预测的边框信息通过后处理主要是过滤掉低置信度的检测框,通过非极大值抑制(Non Maximum Suppresion,NMS)找出预测效果最好的框,如图 10-21 所示为检测与识别过程。

基础版本的 YOLOv1 可以以 45f/s 的速度实时处理图像,快速版本的 YOLOv1 可实现

155f/s 的实时处理图像速度，并且其 mAP 为 52.7%，YOLOv1 一共生成了 49 个网格单元并且每个网格单元预测 2 个边框，所以最多可以预测 98 个边框，通过置信度过滤以及非极大值抑制筛选出符合条件的目标检测框，达到分类和定位的目的。其网络架构如图 10-22 所示，该网络有 24 个卷积层，后面接了 2 个全连接层，最后生成了 7×7×30 大小的张量，由此张量经过后处理后可得到最后的目标检测结果。

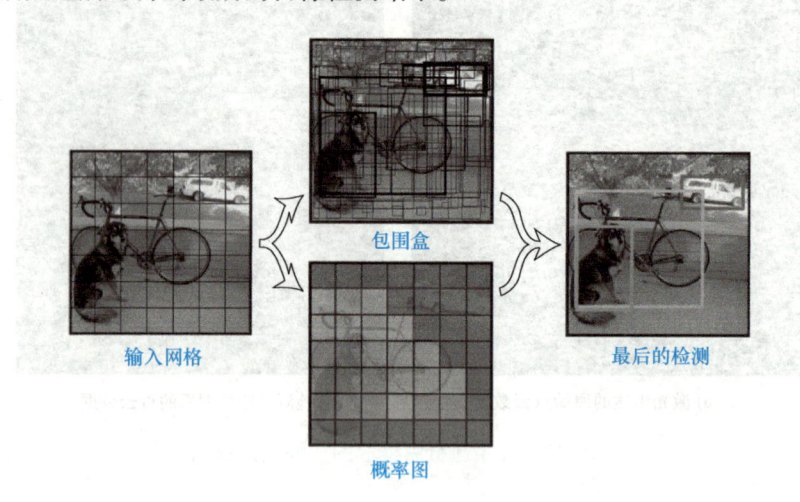

图 10-21 检测与识别过程

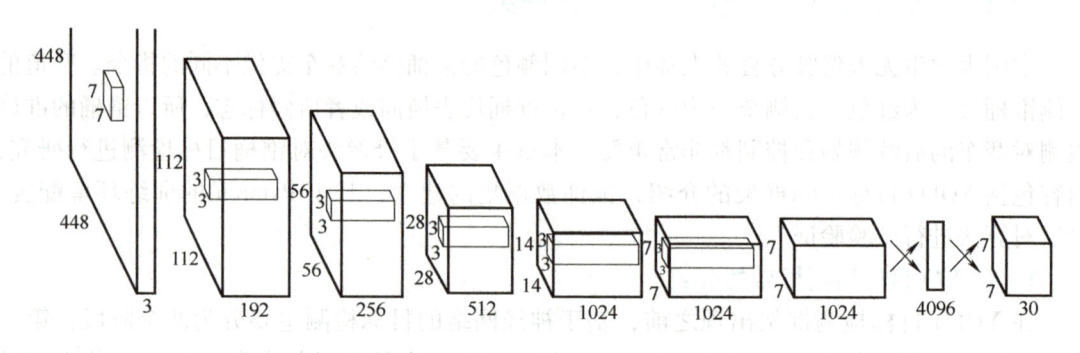

图 10-22 YOLOv1 网络架构

在 YOLOv1 基础上改进后得到 YOLOv2，其模型可以以不同的尺寸运行。并且 YOLOv2 提供了一个更精确的检测器，并且检测速度很快，从而可以使网络更加简单，以提升 YOLO 目标检测框架算法的整体性能。YOLOv2 网络输入为 416×416 大小的张量，共有 19 个卷积层，所以被称为 Darknet19，最终输出是 13×13 大小的张量。而 YOLOv3 是在 YOLOv2 的基础上基于残差网络思想加入了更多的卷积层，最终达到了 53 个卷积层，所以被称为 Darknet53。Darknet53 主要由 1×1 和 3×3 卷积层组成，并且网络可以很好地避免过拟合，可以进行多尺度预测，如图 10-23 所示为 YOLOv3 网络架构。

YOLOv4 是在 YOLO 系列之前版本的基础上进化而来的，YOLOv4 可使网络更加高效且更适合单一 GPU 的训练，包括 CBN、SAM 和 PAN（Path Aggregation Network）等，所以又被称为 CSPDarknet53，如图 10-24 所示为 VOLOv4 网络架构。YOLOv4 的激活函数为 *Mish* 函数，其计算公式为

$$Mish = x\tanh[\delta(x)] \qquad (10\text{-}4)$$

式中，$\delta(x) = \ln(1+e^x)$，是一个激活函数，在 YOLOv4 中使用 Mish 函数的原因是它具有低成本、平滑、非单调、无上界、有下界等特点，与其他常用激活函数相比，Mish 函数有更强的激活性能。

	Type	Filters	Size	Output
	Convolutional	32	3×3	256×256
	Convolutional	64	3×3/2	128×128
1×	Convolutional	32	1×1	
	Convolutional	64	3×3	
	Residual			128×128
	Convolutional	128	3×3/2	64×64
2×	Convolutional	64	1×1	
	Convolutional	128	3×3	
	Residual			64×64
	Convolutional	256	3×3/2	32×32
8×	Convolutional	128	1×1	
	Convolutional	256	3×3	
	Residual			32×32
	Convolutional	512	3×3/2	16×16
8×	Convolutional	256	1×1	
	Convolutional	512	3×3	
	Residual			16×16
	Convolutional	1024	3×3/2	8×8
4×	Convolutional	512	1×1	
	Convolutional	1024	3×3	
	Residual			8×8
	Avgpool		Global	
	Connected		1000	
	Softmax			

图 10-23　YOLOv3 网络架构

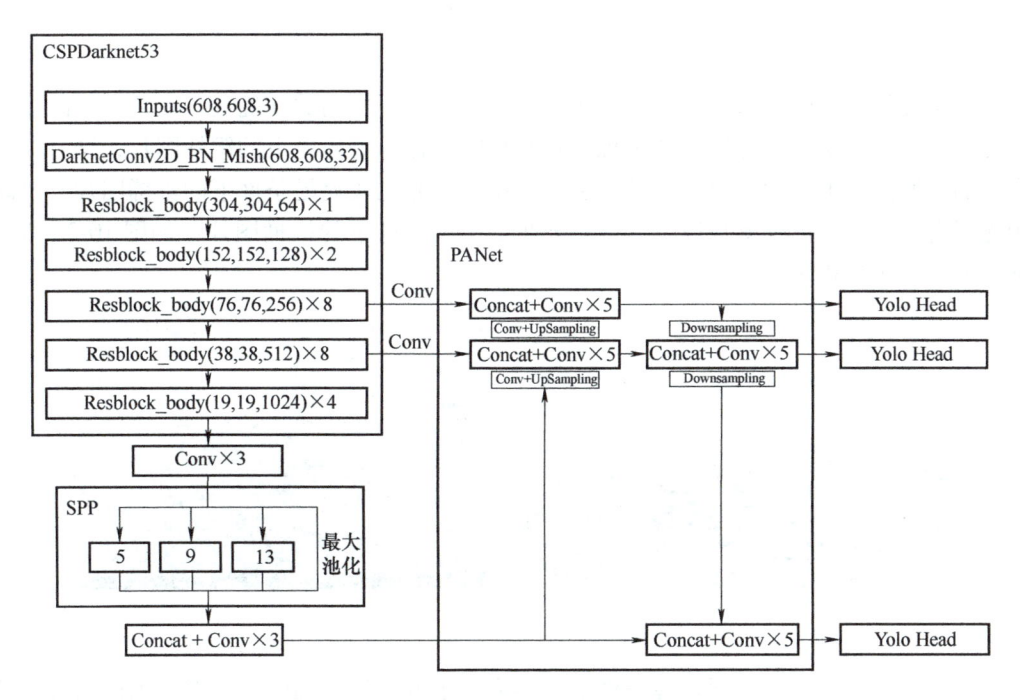

图 10-24　YOLOv4 网络架构

YOLOv4 使用数据集边框聚类结果作为先验边框。每个边界框预测涉及 4 个坐标：t_x、t_y、t_w 和 t_h，其中 t_x、t_y 为检测框的中心点坐标，主要用于确定预测框中心点的位置，而 t_w、t_h 分别为预测框的宽、高。若目标中心所在网格与图像左上角偏移量是 (c_x,c_y)，并且对应先验边界框的宽和高为 p_w、p_h，如图 10-25 所示，则此次的预测值为

$$\begin{cases} b_x = \sigma(t_x) + c_x \\ b_y = \sigma(t_y) + c_y \\ b_w = p_w e^{t_w} \\ b_h = p_h e^{t_h} \end{cases} \qquad (10\text{-}5)$$

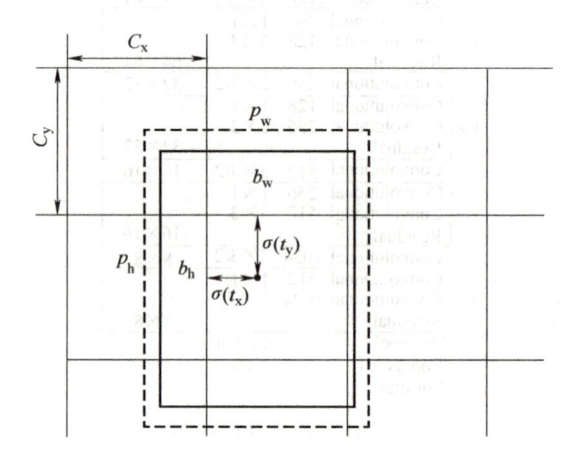

图 10-25 维度先验和位置预测边界框

2. 锥桶数据集的建立

为了保证训练出的权重文件能够满足不同环境条件下检测的准确性，在数据集的建立过程中分别选取了真实赛场环境下的锥桶图片和校园模拟赛场环境下的锥桶图片；同时为了保证在不同光照条件下的检测效果，分别采集了中午阳光比较充足条件下的锥桶图片、傍晚没有阳光照射条件下的锥桶图片以及光线不充足的室内条件下的锥桶图片，如图 10-26 所示为锥桶数据集采集过程示例。

图 10-26 锥桶数据集采集过程示例

本书中利用摄像头在不同环境条件下一共采集了近千张锥桶图片，考虑到识别目标较为单一，并且颜色信息是目标锥桶最为明显的信息，易于区分，所以本书将目标锥桶数据按照颜色信息分为三类，分别是红色（red）锥桶、黄色（yellow）锥桶和蓝色（blue）锥桶，并

且分为训练集和测试集，其中训练集 800 张，测试集 200 张，二者比例为 4∶1。

利用 labelme 专业标注软件对锥桶训练集进行手工标注，颜色标签分别为 red、blue、yellow。为了保证标注数据集的质量，标注时，每一个标注框都尽可能贴近目标锥桶，并且标注完毕之后要对标注的结果进行复核，保证标注的准确性，如图 10-27 所示为锥桶数据集标注过程示例。

图 10-27　锥桶数据集标注过程示例

如图 10-28 所示为标注框的位置和类别信息。

```
<annotation>
    <folder>JPEGImages</folder>
    <filename>000001.jpg</filename>
    <path>/home/zk/darknet/data/VOCdevkit/VOC2007/JPEGI
    <source>
        <database>Unknown</database>
    </source>
    <size>
        <width>1920</width>
        <height>1200</height>
        <depth>3</depth>
    </size>
    <segmented>0</segmented>
    <object>
        <name>blue</name>
        <pose>Unspecified</pose>
        <truncated>0</truncated>
        <difficult>0</difficult>
        <bndbox>
            <xmin>916</xmin>
            <ymin>117</ymin>
            <xmax>996</xmax>
            <ymax>204</ymax>
        </bndbox>
    </object>
```

图 10-28　标注框的位置和类别信息

将已经标注的数据集仿照 VOC 数据集的组成格式进行整合，最终数据集的结构如图 10-29 所示。其中 Annotations 文件夹中的 .xml 文件主要包括标注框的锥桶位置和类别信息，JPEGImages 文件下的 .jpg 文件为采集的图片，训练集和测试集的绝对路径存放在 ImageSets 文件夹中。

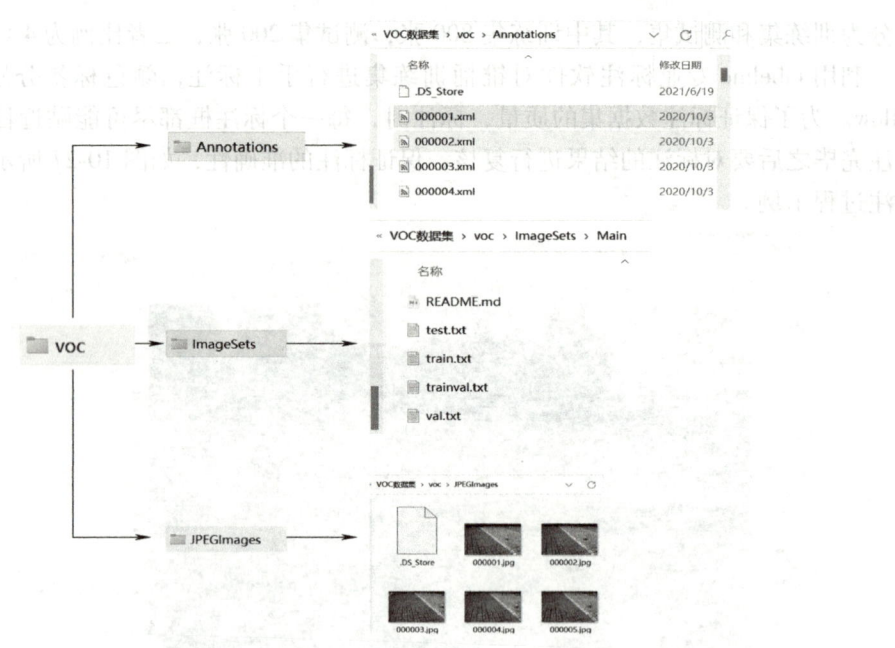

图 10-29 数据集的结构

3. 基于 Pytorch 的训练环境配置

标注完数据集后对训练环境进行配置，在 Linux 系统下完成试验，采用 Pytorch 框架，将最大学习率设置为 0.001，在 Linux 系统下基于 Pytorch 框架搭建 YOLOv4 目标检测网络，训练环境配置如图 10-30 所示，其中输入尺寸为 416×416。

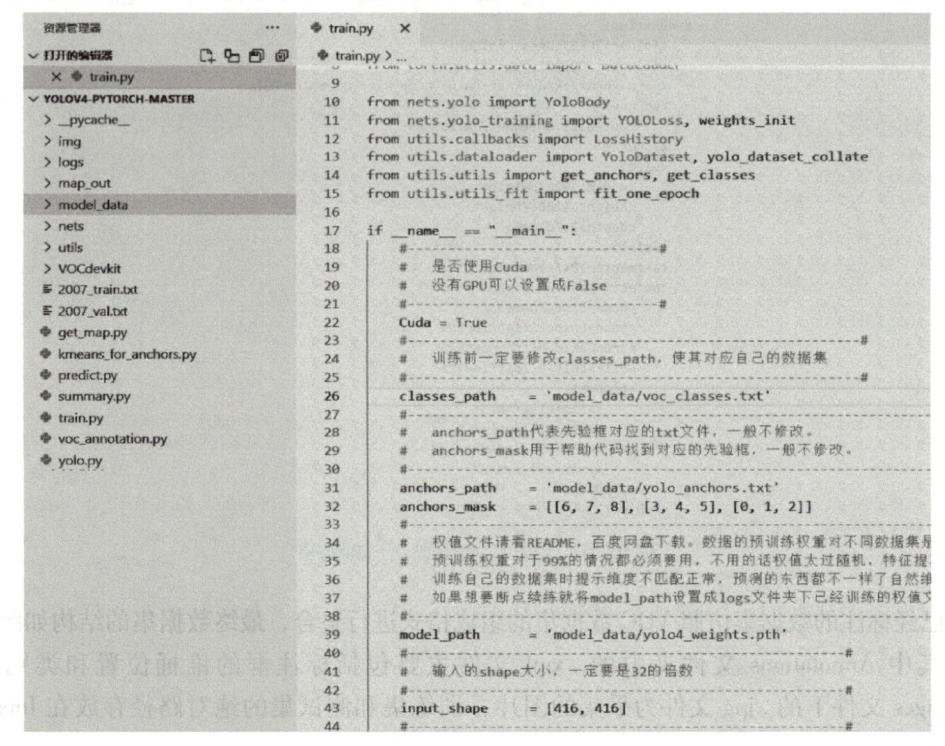

图 10-30 训练环境配置

4. 试验验证

如图 10-31 所示为基于 YOLO 目标检测框架算法的锥桶检测效果算法的单帧处理时间为 80ms，识别置信高于 80%，基本上能把图片中所有的锥桶检测出来，包括远处较小的锥桶，也可以满足方程式赛车的比赛需求。

图 10-31　基于 YOLO 目标检测框架算法的锥桶检测效果

10.3　无人驾驶方程式赛车路径规划

中国大学生无人驾驶方程式大赛中动态赛分为三个比赛项目：直线加速、8 字环绕、高速循迹。直线加速项目赛道长 75m、宽 3m，比赛要求是让赛车以最快的速度通过终点，并在指定的距离下停车；8 字环绕项目由两个圆形赛道组成，赛车从入口驶入，右侧圆形赛道行驶两圈，左侧圆形赛道行驶两圈，然后从出口驶出；高速循迹由多段变曲率的弯道和部分直道组成。赛道示意图如图 10-32 所示。

不同的比赛项目考查赛车不同的性能，传统的规划算法不能满足无人驾驶方程式赛车比赛的要求，因此要针对比赛项目设计相关的规划算法。为了能规划出更便于赛车行驶的路径，不同的项目要采用不同的规划算法。

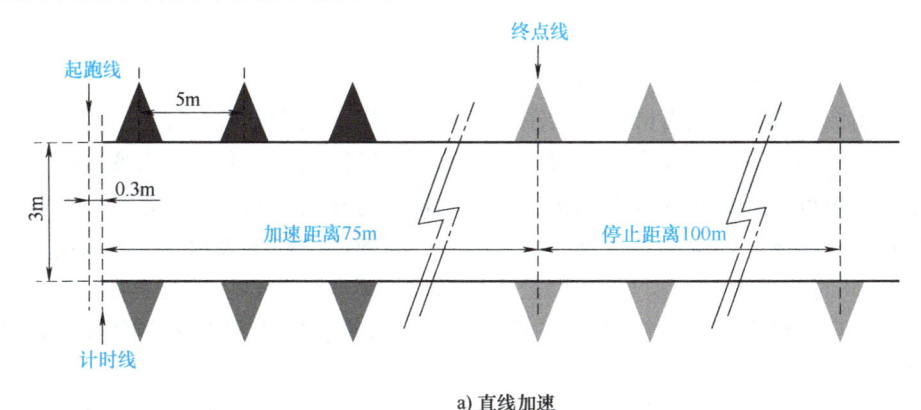

a) 直线加速

图 10-32　赛道示意图

b) 8字环绕

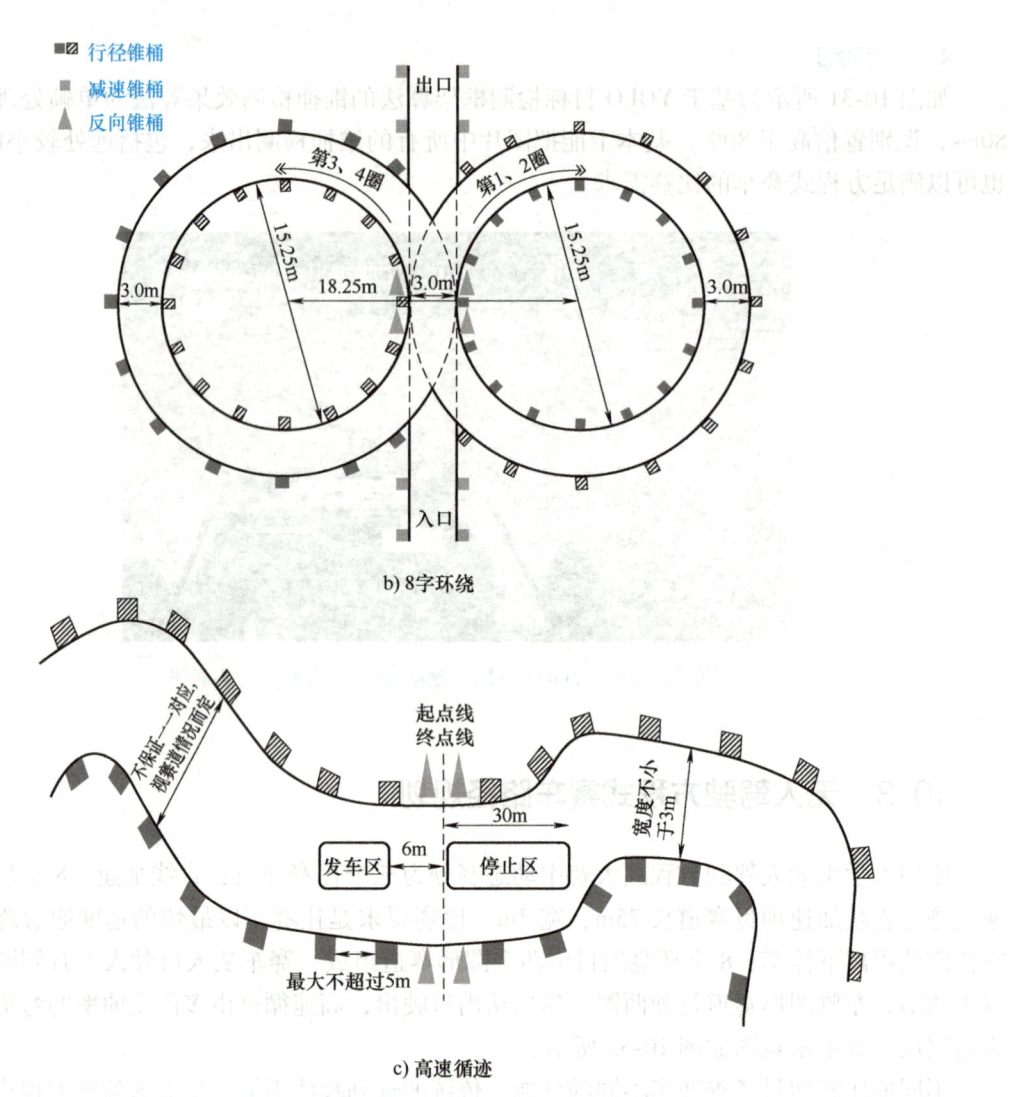

c) 高速循迹

图 10-32 赛道示意图（续）

10.3.1 直线加速

在直线加速测试项目中，算法的基本原理是霍夫变换（Hough Transform）。霍夫变换最初用于检测图像中的直线或者圆等几何图形，主要应用在图像分析、计算机视觉和数字图像处理领域，经过不断发展霍夫变换在很多领域都得到广泛应用。利用霍夫变换检测直线的基本原理在于利用点与线的对偶性。图像空间中的直线与参数空间中的点是一一对应的；参数空间中的直线和图像空间中的点也是一一对应的。在图像空间中表示直线可以用点斜式表示为 $y=kx+b$，此时的参数为 k 和 b；现将公式变形，变成 $b=-kx+y$，这时不再把 k 和 b 看成参数，而是看成自变量和因变量，把 x、y 看成参数，这样就完成了图像空间与参数空间的映射。霍夫变换映射的原理如图 10-33 所示。

从图 10-33 中可以看出在笛卡儿坐标系下的点 A、B、M 映射到参数空间中实际上是线，而笛卡儿坐标系中的直线 AB、直线 BM 映射到参数空间中则是点 E、F，这就是霍夫空间的对

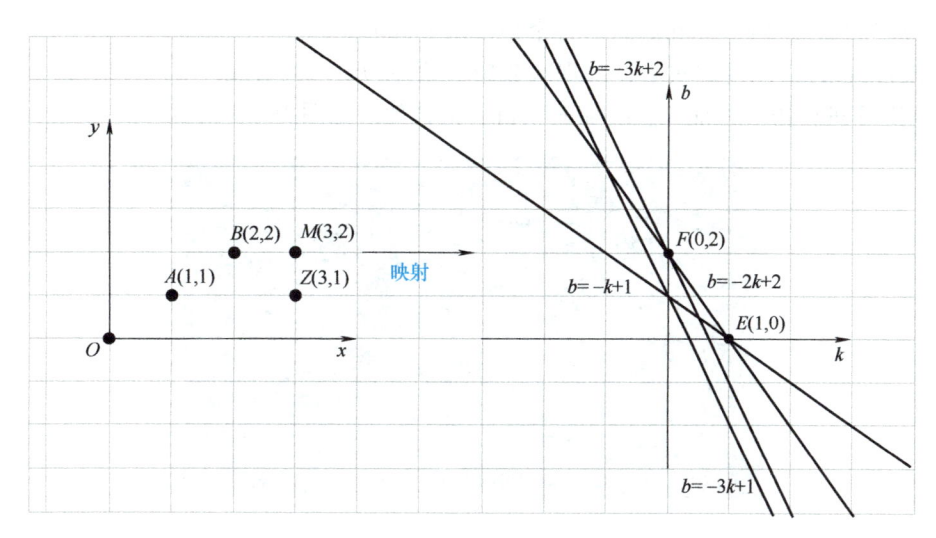

图 10-33　霍夫变化映射的原理

偶性。但是有一种情况会存在无解，就是斜率不存在的时候，如图 10-33 中的 M、Z 两点对应在参数空间中的线是平行的，没有交点。此时就需要用极坐标系的参数空间来进行霍夫变换。

在极坐标系下参数空间的每个点都对应了图像空间的一条直线，或者说图像空间的一个点在参数空间中就对应为一条曲线。参数空间采用极坐标系，这样即可在参数空间表示原始空间中的所有直线。图 10-34 所示为极坐标系下的霍夫变换。

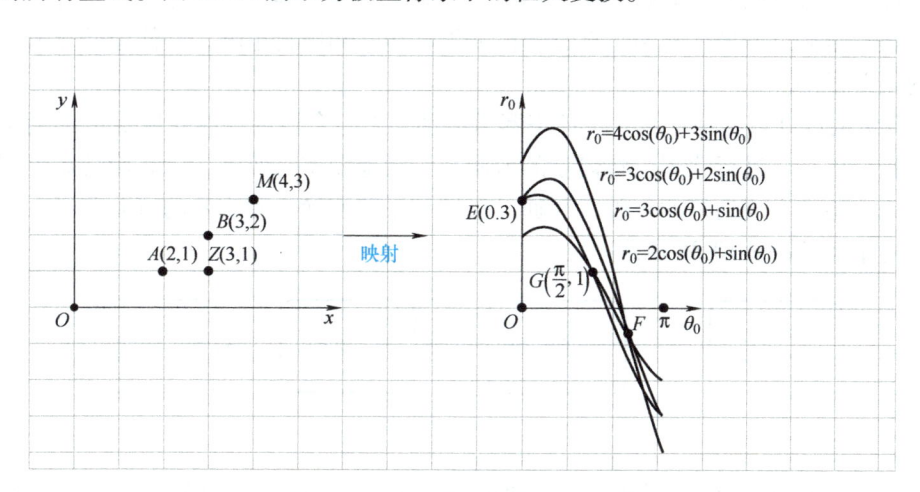

图 10-34　极坐标系下的霍夫变换

从图 10-34 可以看出笛卡儿坐标系下的点 A、B、M 映射到极坐标系下的参数空间中实际上是线，而笛卡儿坐标系中的直线 ABM 映射到极坐标系下的参数空间中实际上是点 F，即极坐标系下的霍夫变换同样具备对偶性。且对于平行于 x 或 y 轴的直线也可以很好地映射到参数空间下并且有交点。通过霍夫变换可把在图像空间中检测直线的问题转化为在极坐标系下参数空间中找通过点 (r,θ) 的最多正弦曲线数的问题。

实际规划的过程可以分为以下几步：

1）离散化 θ，根据需要把 θ 离散成各个角度。

2）按点的坐标（x,y）和离散的各个角度求 θ 和 r。

3）统计（r,θ）出现的次数，出现次数最多的即为要求的直线。

通过 ROS 进行仿真验证，直线加速项目的拟合效果如图 10-35 所示。

图 10-35　直线加速项目的拟合效果

10.3.2　8 字环绕

在 8 字环绕赛道中，由于赛道的特殊性，在赛道交叉口处很难实现对赛道的实时局部规划，而赛道的固定性提供了可以提前建立地图的可能性，因此设计了基于迭代最近点（Iterative Closest Point，ICP）算法的 8 字环绕规划算法。ICP 算法是一种点云匹配算法，将原始点云与目标点云进行匹配，能够使两个不同坐标系下的点集匹配到一个坐标系中。ICP 算法的核心思想就是通过变换求解两组点云转换的平移矩阵和旋转矩阵，并使原始点云与目标点云之间的误差最小。

ICP 算法的设计思路是针对 8 字环绕赛道特性，由组合惯性导航获取赛道锥桶位置信息和赛车里程计信息，进行建图，将建立的地图与先验地图实时匹配，计算旋转矩阵和平移矩阵，将在先验地图上规划好的行驶路径通过旋转和平移变换得到实际的行驶路径。

ICP 设计流程如图 10-36 所示。

建立先验地图及对应路径 → 建立赛道地图 → 点云匹配 → 转换行驶路径

图 10-36　ICP 设计流程

1）根据赛事规则，建立标准赛道锥桶点集和在此基础上的标准路径。该标准路径处于赛道中心线上且符合赛事。8 字环绕先验地图如图 10-37 所示。

2）由组合惯性导航提供赛车实时位姿信息，激光雷达提供激光雷达坐标系下的赛道锥桶位置信息，根据坐标转换原理得到全局坐标系下的锥桶位置信息，从而构建赛道地图。

3）通过 ICP 算法实现两个点集之间的配准，得到旋转矩阵 R 和平移矩阵 T，并使目标函数为最小化，目标函数为

$$\frac{1}{2}\sum_{i=1}^{n}(q_i-Rp_i-T)^2 \tag{10-6}$$

构建矩阵 H，对矩阵进行奇异值分解，得到旋转矩阵 R 和平移矩阵 T，从而进行重复迭代。

4）按照建立的先验地图，提前规划好合理的先验路径。在赛车行驶的过程中，把原始点云和先验点云进行匹配，得出旋转、平移矩阵，将赛车的先验路径转换为实际行驶路径。通过 ROS 进行仿真验证，8 字环绕项目的拟合效果如图 10-38 所示。

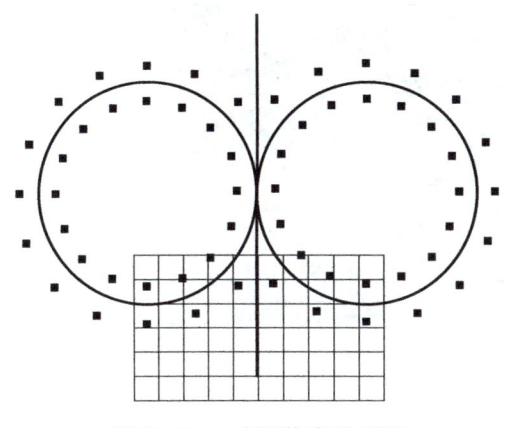

图 10-37　8 字环绕先验地图

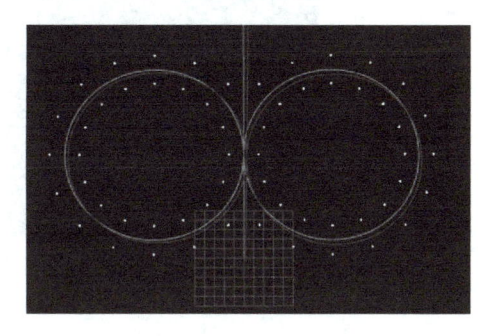

图 10-38　8 字环绕项目的拟合效果

10.3.3　高速循迹

高速循迹的路径规划算法设计思路是针对赛道特性，由激光雷达获取赛道锥桶位置信息，通过对锥桶位置的分析，确定路径所要经过的离散点，基于三次样条插值算法计算分段多项式，进而得到所需路径，如图 10-39 所示为高速循迹设计流程。

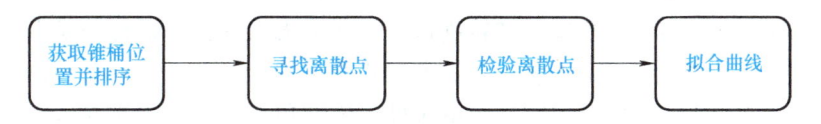

图 10-39　高速循迹设计流程

1. 获取锥桶位置并排序

对激光雷达得到的原始点云进行滤波处理，得到各个锥桶的中心点，并对它们按照距离排序，得到处理后的点云。

2. 寻找离散点

从排好序的锥桶点集（s0,s1,s2,s3,…,sn）中取距离雷达最近的四个点（s0,s1,s2,s3），组成一个四边形，取其重心作为离散点。

3. 检验离散点

根据离散点到不规则四边形顶点的距离进行排序，并根据最大距离与最小距离的差值，对离散点进行检验，确定所有拟合曲线所需的离散点。

4. 拟合曲线

根据插值点条件、衔接点条件和边界条件可以求出对应的（a_i，b_i，c_i，d_i），得到三次样条曲线。拟合期间使用相邻的三个离散点估算参考路径点处的斜率，提高拟合出路径曲线的平滑性和精确性。三次样条曲线的多项式为

$$S_i(x) = a_i(x_i-x)^3 + b_i(x-x_{i-1})^3 + c_i(x_i) + d_i(x_i-x)$$

通过 ROS 进行仿真验证，高速循迹项目的拟合效果如图 10-40 所示。

图 10-40　高速循迹项目的拟合效果

10.4　无人驾驶方程式赛车运动控制

10.4.1　无人驾驶方程式赛车横向运动控制

无人驾驶方程式赛车横向运动控制是指通过设计的横向控制算法控制车辆转向轮自主转向，使赛车跟踪期望行驶轨迹，如图 10-41 所示为横向控制原理结构。赛车通过自身的感知系统感知车辆的周身环境后，规划系统规划出期望行驶路径并发送给横向控制器，横向控制器控制车辆转向轮使车辆沿着期望行驶轨迹行驶，保证无人驾驶车辆行驶稳定性与安全性的同时实现赛车横向运动控制。由于无人驾驶方程式赛车的特殊性，需要在考虑车辆动力学模型控制方法的同时，考虑多种动力学的约束条件，模型预测控制器对于参考模型的预测和处理多约束能力较强，因此本章选择模型预测控制器作为无人驾驶方程式赛车的横向控制器。

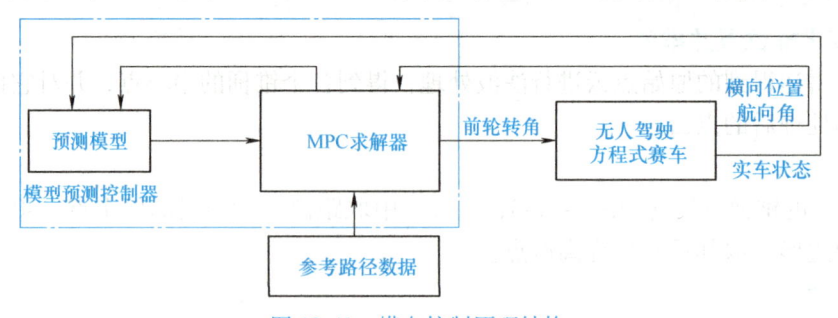

图 10-41　横向控制原理结构

10.4.2　无人驾驶方程式赛车纵向运动控制

无人驾驶方程式赛车纵向运动控制是指赛车纵向车速与加速度的控制。当赛车在直道行驶时需要将速度提高，在进入弯道前需要进行减速，因此为了使赛车快速且稳定地完成比赛，需要根据赛道情况对纵向的速度进行实时调整。无人驾驶方程式赛车的纵向控制原理是通过对驱动系统的转矩进行实时控制调整，间接地控制赛车的车速与加速度，完成对无人驾

驶方程式赛车对期望车速的跟踪与控制，如图10-42所示为纵向控制原理结构。

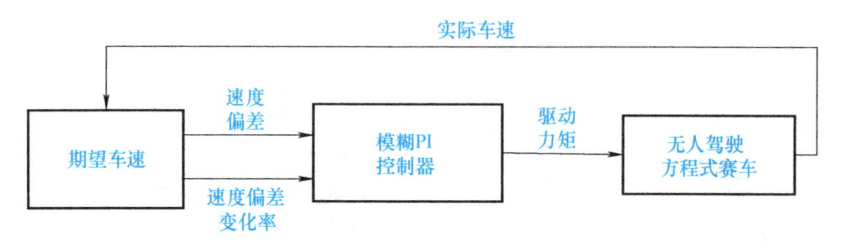

图 10-42　纵向控制原理结构

10.4.3　无人驾驶方程式赛车横纵向协调控制

横向控制系统或纵向控制系统单独作用时，并不能很好地表现赛车实际运行时的特性，同时满足不了各种比赛赛道的需求。因为横纵向控制之间有较强的耦合关系，为提升横纵向的控制效果，因此将横向控制器与纵向控制器联合起来构建协调控制系统。横向控制器需要有纵向的速度作为输入参数，纵向控制器需要有横向位置的偏差作为输入参数，横纵向参数相互约束，根据对赛车多种工况的分析，制定相应的协调规律，调节参数实现横纵向协调控制。横纵向协调控制整体架构如图10-43所示。协调控制器根据赛车的实际位置与横向偏差解算出附加的驱动力矩，并判断赛车需要加速还是减速，最终实现赛车的横纵向协调控制。

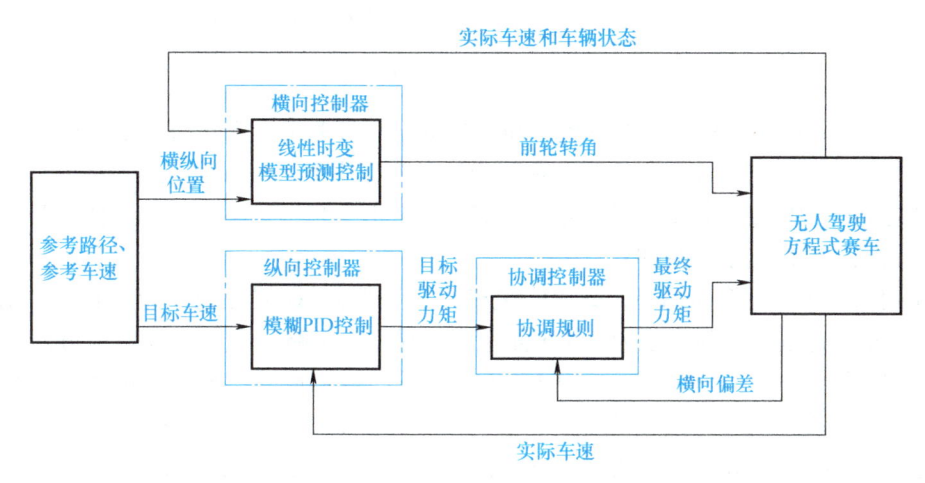

图 10-43　横纵向协调控制整体架构

在无人驾驶过程中，赛车没有跟踪上参考路径时会出现偏离参考路径和趋近参考路径的两种情形，为了使赛车快速且稳定地跟踪上参考路径，根据赛车的识别范围和所在的位置，综合考虑了如图10-44所示的四种情形。在图10-44a中，赛车与参考路径之间出现了横向位置偏差，同时赛车在参考路径的左侧且有远离参考路径的趋势；在图10-44b中，赛车与参考路径之间出现了横向位置偏差，同时赛车在参考路径的右侧且有趋近参考路径的趋势；在图10-44c中，赛车与参考路径之间出现了横向位置偏差，同时赛车在参考路径左侧且有趋近参考路径的趋势；在图10-44d中，赛车与参考路径之间出现了横向位置偏差，同时赛车在参考路径的右侧且有远离参考路径的趋势。

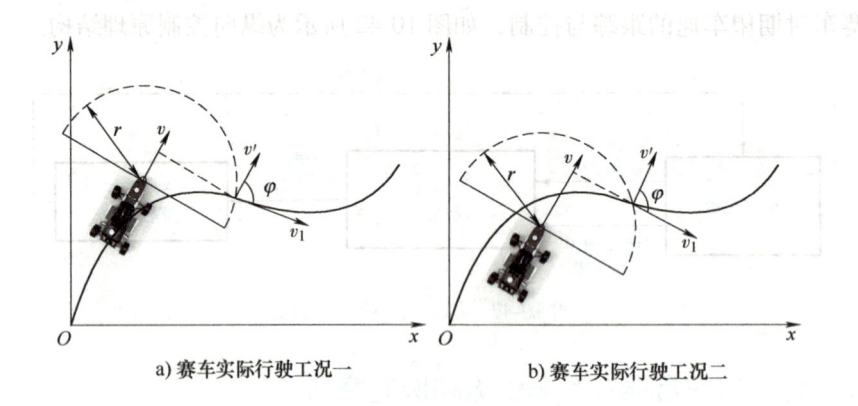

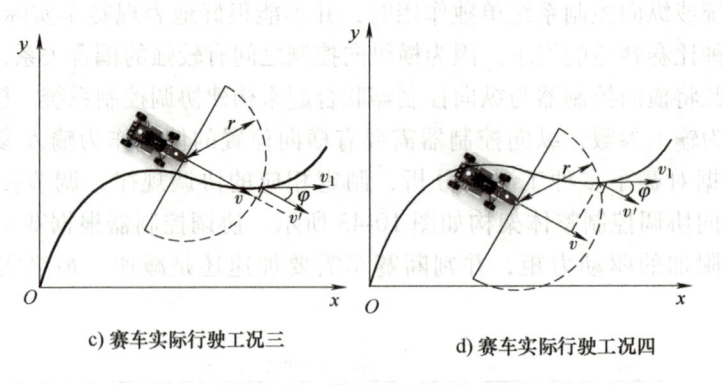

a) 赛车实际行驶工况一   b) 赛车实际行驶工况二

c) 赛车实际行驶工况三   d) 赛车实际行驶工况四

图 10-44　赛车实际行驶工况

通过对图 10-44 中四种工况的分析可知，当赛车与参考路径之间出现横向位置偏差且远离参考路径时，应适当减速，以使赛车在横向控制的作用下尽快跟踪上参考路径；当赛车与参考路径之间出现横向位置偏差且趋近参考路径行驶时，应适当地加速，以使赛车快速地跟踪上参考路径。总结出以下规律：

首先判断是否产生横向偏差，如果产生横向位置偏差 Δy 且超过一定的值 γ，则判断 φ 角，φ 角为车辆速度方向与半径为 r 的预测范围边缘和参考路径交点处速度 v_1 方向之间的夹角，以 v_1 为固定轴，若车速 v' 与 v_1 之间夹角 φ 是顺时针形成的，则定为正值，逆时针则为负值。然后判断赛车在参考路径的哪侧，若在左侧且 φ 为正则赛车有远离参考路径的趋势，应当减速即减小驱动力矩；若在右侧且 φ 为正则赛车有趋近参考路径的趋势，应当加速即增大驱动力矩；若在左侧且 φ 为负则赛车有趋近参考路径的趋势，应当加速即增大驱动力矩；若在右侧且 φ 为负则赛车有远离参考路径的趋势，应当减速即减小驱动力矩。协调控制器结构如图 10-45 所示。

图 10-45 中为判断横向位置偏差 Δy 是否大于阈值 γ，当 $\Delta y<\gamma$，则认为赛车跟踪上了参考路径，控制器不介入；当 $\Delta y>\gamma$，则认为赛车产生了一定的横向位置偏差，控制器需要介入来减小横向偏差，通过 PID 控制器解算出一个附加驱动力矩 T_1，然后根据协调控制器判断目标驱动力矩 T 应该加上附加驱动力矩或者减去附加驱动力矩，最终实现横纵向的协调控制。通过使用 MATLAB/Simulink 软件搭建的协调控制器模型如图 10-46 和图 10-47 所示。

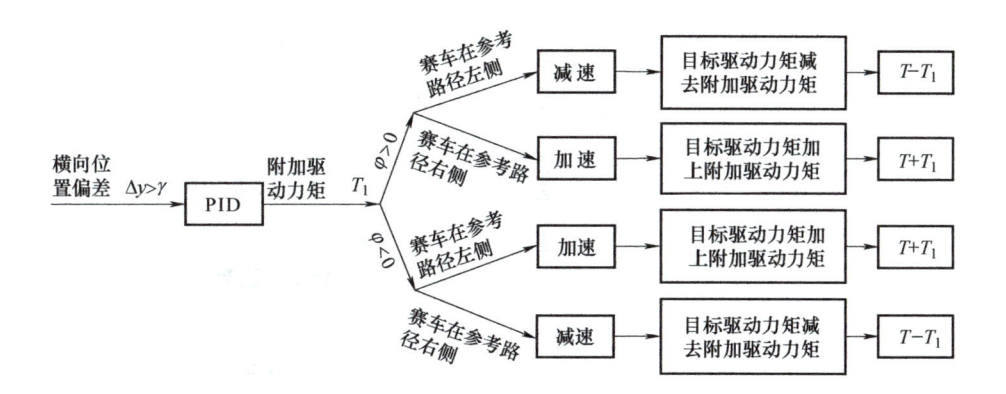

图 10-45　协调控制器结构

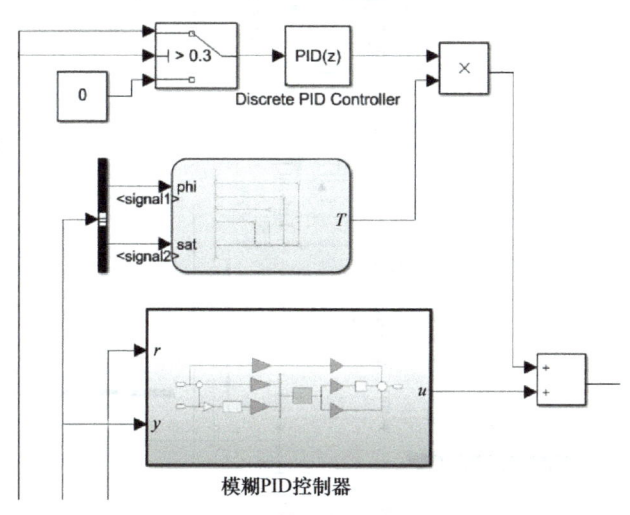

图 10-46　协调控制器模型 1

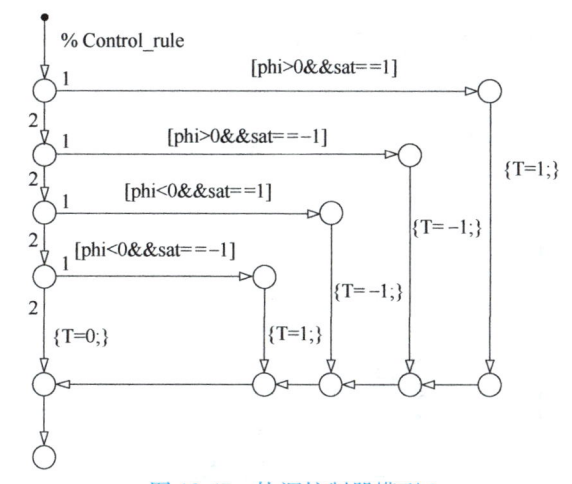

图 10-47　协调控制器模型 2

将横向控制模型与纵向控制模型在 Simulink 环境下进行整合，并通过协调控制模块将横向控制与纵向控制模型进行参数的耦合，再通过与 CarSim 软件联合搭建仿真环境，最终完成横纵向协调控制的仿真试验验证，如图 10-48 所示。

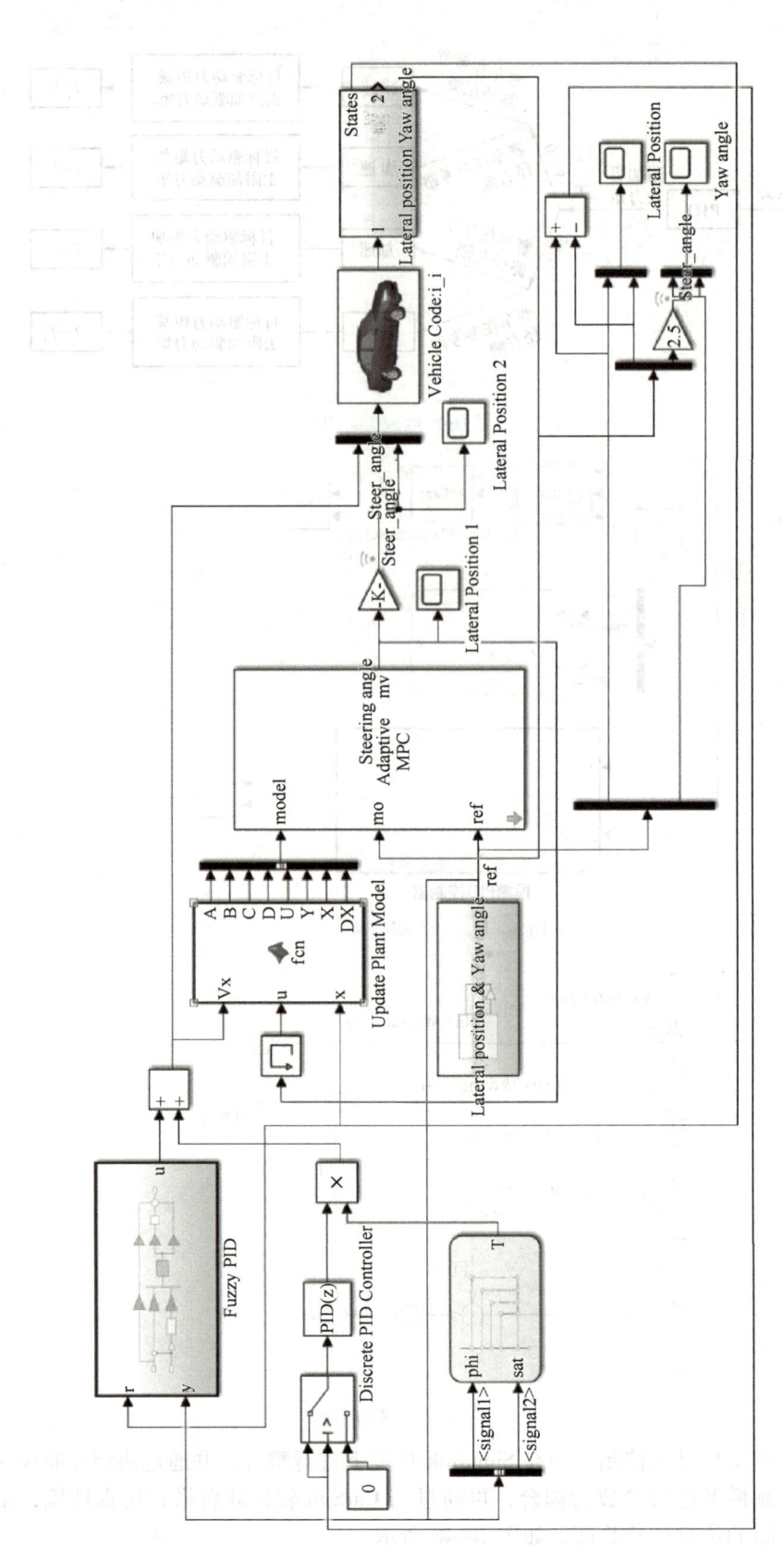

图 10-48 协调控制器仿真模型

横向、纵向独立控制时的仿真曲线与横纵向协调控制时的仿真曲线进行对比分析,结果如图 10-49 所示。

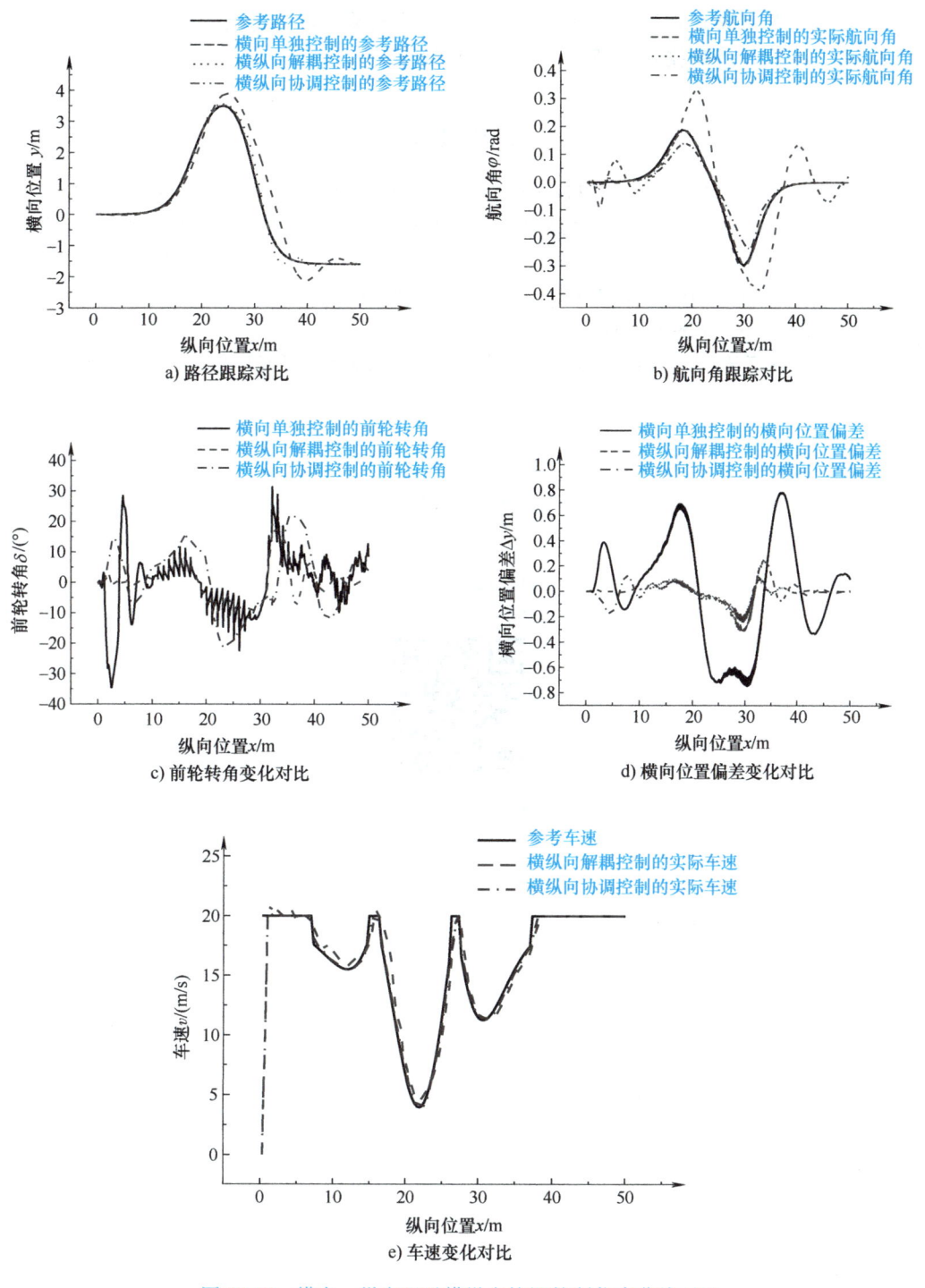

图 10-49　横向、纵向以及横纵向协调控制仿真曲线对比

【课后习题】

1. 无人驾驶方程式赛车的关键部件有哪些？关键部件的功用是什么？
2. 常见的轨迹跟踪控制有哪些？它们的优缺点是什么？

参 考 文 献

［1］唐海琴. 基于车车通信的联网车辆跟驰行为交通适应性研究［D］. 北京：北京交通大学，2020.

［2］卢海林. 基于 2D-3D 图像信息融合的列车车底中心销螺栓故障检测方法［D］. 北京：北京交通大学，2021.

［3］郁强，王宽，王海. 一种多尺度 YOLOv3 的道路场景目标检测算法［J］. 江苏大学学报（自然科学版），2021，42（6）：628-633+641.

［4］崔志斌. 基于深度学习的自然场景下管线文本的检测与识别系统研究开发［D］. 广州：广东工业大学，2022.

新时代北斗精神